U0085613

書山有路勤爲徑
學海無涯苦作舟

書山有路勤為徑
學海無涯苦作舟

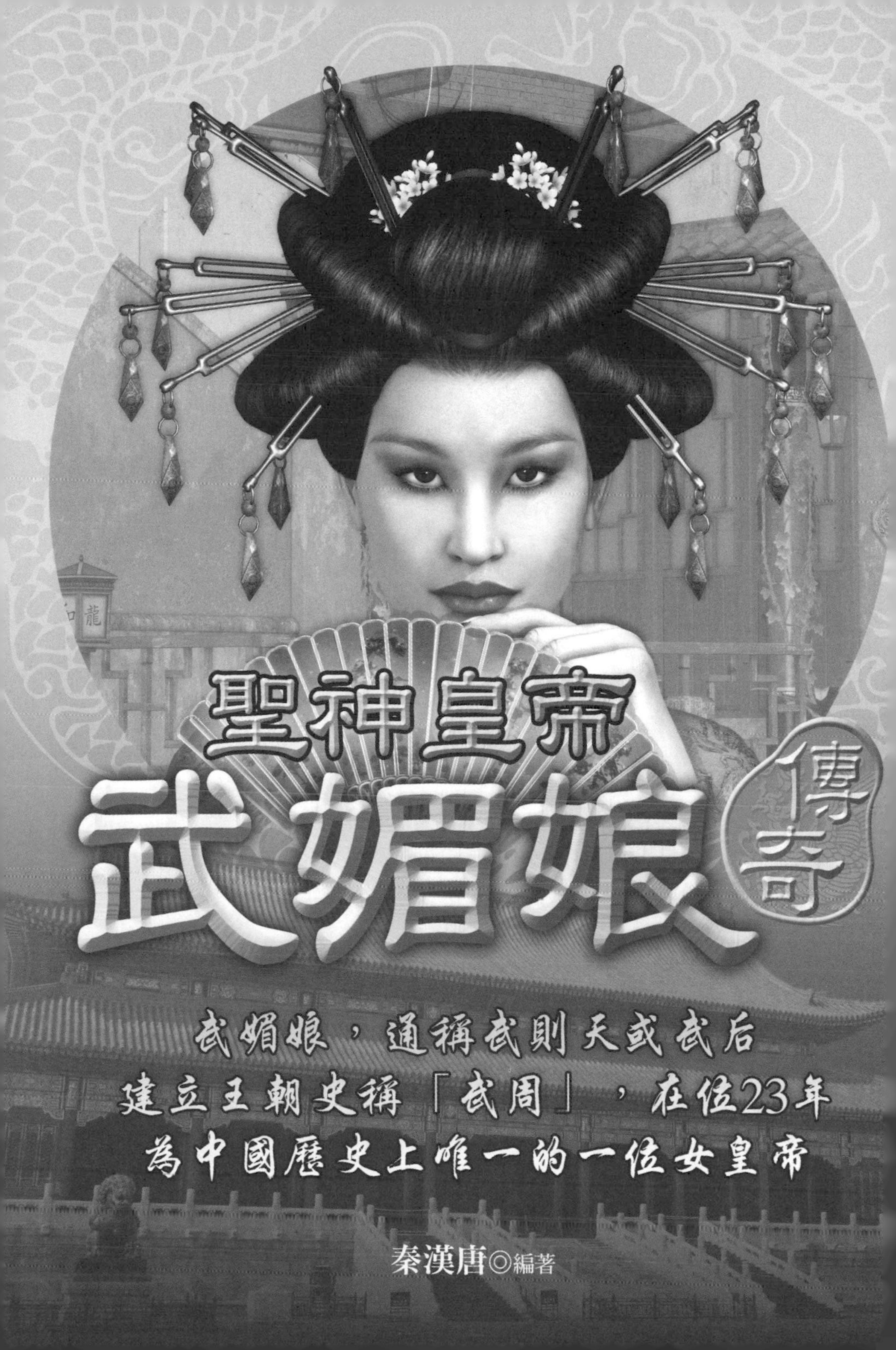
聖神皇帝
武媚娘傳奇
武媚娘，通稱武則天或武后
建立王朝史稱「武周」，在位23年
為中國歷史上唯一的一位女皇帝
秦漢唐◎編著

前言

武則天——武媚娘是一位什麼樣的人?她是中國歷史上唯一的一位真正的女皇。

她死後在乾陵立了一塊中國唯一的無字大碑。

她又是中國歷史上唯一的能與皇帝合葬的女人。

她所佔的「唯一」實在太多,在無數傑出的古代女性當中,在數不清的爭權稱制的帝妃皇后當中,能佔得到一個「唯一」的,就已很了不起,而武則天卻在許多方面都「創下了歷史記錄」。如果把中國的歷史比作一場群雄逐鹿的運動會的話,那麼,武則天不僅囊括了女子項目的絕大多數金牌,連男子項目的一些獎牌,她也當仁不讓地摘走了!

「大江東去浪淘盡,千古風流人物」。武則天可謂華夏第一號超級辣妹、辣媽。她令當世多少人冷眼以對,又令後世多少人怒目而視。然而在她執政近半個世紀,上承「貞觀之治」,下啟「開元盛世」,歷史功績,昭昭於世。

當初,《書經》中嚴禁「牝雞司晨」的觀念遍佈等級森嚴的封建社會。這句話如同金科玉律一樣,

神聖不可侵犯。然而武則天以一生的鬥爭與成就，向整個時代和整個世界證明：男人能做到的，女人一樣能做到，並且比男人做得更出色！

可見她的駕術馭人智慧是經得住時間考驗的、值得後人研究的；其借位集權、因人而異、進退自如、除舊創新等等各大韜略，是值得後人研究、借鑑的。

人們都說：女人是一種靠感情而生活的動物。筆者的感受的確如此，一個女人的生命中倘若失去了情感，那她將依靠什麼存活下去？

然而為了基業，毅然放棄感情，她將會怎樣？唯一正確的回答是「勢不可擋」。人都說：一個女人有了仇恨，她可以扳倒十個男人。

那麼一個沒有了感情的女人她將可以扳倒多少個男人？

答案是：無數。

前言 7

第一篇　女中豪傑，男兒性情 15

俗語說：「三歲看小，七歲看老」。

武則天在其父母翹首期盼家有男丁的渴望下出世。雙親的那些失落和冷漠是不言而喻的，然而天賜予她自強不息樂觀開朗的性格，最終使她奪得了雙親的青睞，得以父喜母愛。小小武則天，身穿男衫，額束高髻，儼然是一個俊俏的男孩。

然而，父母及周圍的關注得之不易，在她的潛意識裡深刻地存留著爭強好勝、人前顯聖的因子，這與她日後集權天下、不視外物而自我上進的性格是分不開的。

女身男裝，得父寵愛 16

不喜女紅，心繫政事 19

好學不倦，必成大才 22

極具自信，有所不同 24

強者意識，鋼鐵作風 28

曠世女傑，胸襟開曠 31

第二篇　以媚為劍，闢荊開路 35

漂亮是女人是老天的眷顧，而獻媚在有智慧的女性手裡，更是一把無堅不摧的寶劍了。在以男人為主的世界裡，女人要想出人頭地，就得充分運用這把寶劍。寶劍運用得好，豪宅、遊艇、珠寶自然不在話下。但還想更上一層樓的話，就必須做到「人劍合一」的境界。

什麼是人劍合一呢？金大俠說得好，人即是劍，劍即是人。一個女人若能像一柄劍這樣冰冷無情，雪亮鋒利，卻又外表美豔，楚楚動人，那就算是想得天下也並非不可能。

劍鋒只從磨礪出 36
知進退再謀來時路 40
獻媚有術，方能脫穎而出 42
感業寺為尼，再候時機 46
為得李治眷顧，以詩傳情 50
利用后妃矛盾牟自身利益 52
男人能做的，女人一樣能 56

第三篇 鐵血鐵腕，力鎮朝綱 61

想要獨攬大權，穩坐江山，文武百官、天下百姓都心悅誠服，當然有一套嚴密獨特的政治管理，而管理除心計與手腕外，更重要的前提條件是「隔離」。「隔離」產生了距離，距離產生誤解，產生神秘，距離也產生了「美」，從而便產生了威嚴和敬畏！

古自王侯將相，今至經理老闆，凡成功之士，他們都做到既要籠絡人心，又要保持距離。因為他們深深地懂得，保持距離能更好地籠絡人心，籠絡人心能促進距離的效益。

距離的藝術，妙在「隔離」 62
老臣恃重，不知武氏心狠 64
為爭權不惜殺女嫁禍 72
為清除阻礙不惜滅親 75
借位謀權，運籌帷幄 81
隱藏實力，喜怒不形於色 84

沉著不亂，反敗為勝 87
借人成事，清除阻礙 92
水到渠成，一蹴而就 94

第四篇 培植親信，厚植人心 99

愚者認為自己是聰慧的，真正的智者知道自己是愚笨的。

自古「文能安邦，武能定國」。一個窮奢極慾的聰明人會不惜一切抓住時機去學習，去摸索。唐太宗譽魏徵為「人鑑」，誰又能想到他自己卻為身旁一個小小的才人提供了最好的借鑑？她以唐太宗為自己的楷模，取其所長，學習了他求賢納士，知人善任，從諫如流……這些美德，襯托了她巧於心計、知機識竅、心狠手辣的特性。而她的雄心浩浩、魄力威威亦令人震驚。

向來是魄力與實力成正比，實力與尊嚴也成正比。

女皇帝，應天命？ 100
厚植親信，強化權力網 110
鳥盡弓藏，兔死狗烹 115
修《姓氏錄》躍身名門 121
完善制度，建功立業 126
集中力量對付主要敵人 132
酷吏、忠臣並用，軟硬兼施 134
健全科舉制度拔擢人才 140
藉佛道矯情偽裝，智巧深藏 146

寬、猛相濟，王、霸相雜 151
論外交先禮後兵，因敵制勝 158
備軍事寸土必爭，平定邊疆 164

第五篇 剷除異己，不擇手段 173

要統馭天下，先管理身邊；要統馭百姓，先管好文臣武將。君臣同體，卻有分工。如同首腦與四肢與耳目的區別。人臣對於君主，就像四肢支撐頭顱，耳目支配於心，相互依賴、相互支配然後發揮作用。我要扶持我的子民，你來輔助；我要致力於四方，你來施行。臣子要做君主的眼睛，負責審察，你做君主的耳朵，負責聽取。一個好君主，最大的優點不在於自身是能人，而在於他能使用比自身更能的能人，設置百官如擺棋局，使之一心歸順於他，按他的旨意走自己的人生之路。

剷異己以毒攻毒，請君入甕 174
廢中宗，婆媳間互相較量 180
既使寵信男寵，但宰相終究是宰相 186
窮追猛打，致長孫無忌於死地 193
豺狼成性，連殺三親 203
殺外甥清除後患 213
賞以勸善，罰以懲惡 221

第六篇 借刀殺人，為攬民心 229

人君好比舟，人民好比水，水能載舟，也能覆舟，武則天吸取了先帝唐太宗治民的真理，想要獲取民心。然而她是女人，傳統認為女人掌管朝政，是違反夫規，為天地所不容。當時，從官到民，反抗起義此起彼伏，為了達到目的，她不擇手段，一面妖言惑眾，一面以酷吏治民。她借刀殺人，殺到駭人聽聞為止，從而又過河拆橋，以平民憤。

「在其位，謀其政」，她驀然發現，治民非難事，「民以食為天」，關鍵在務農致富，農業發展了，人民就富裕了。人富則易化，——這原來是萬古不變深刻而簡單的道理，誰做皇帝，並不重要，重要的是誰讓百姓脫貧致富，誰讓人民人和家興，造福蒼生，百姓就擁護誰，推崇誰。她做到了。

製銅軌，召密奏，任酷吏 230
利用迷信，興造輿論 244
勸農桑，重農耕 252
粟多則人富，人富則易化 259
水利通，民力鬆 264
未雨綢繆，移民邊境 268
第七篇 千秋功過，誰與評說 279

就這樣，她以一生的精力付諸於大唐江山，她為政期間政治趨於穩定，經濟得以發展，封建統治的社會基礎擴大了，人口增長了，國防也加強了。然而「兼聽則明，偏信則暗」是至理名言，「順我者昌，逆我者亡」又豈能久行，所謂：皮之不存，毛將焉附？弑子如仇，毋將何去何從……

就這樣，她立了無字碑：「我死後，墓前立一塊無字碑就行了，功與過留給後人去評說。」

就這樣，一個女人，一則人生，一段歷史……

改朝換代，登基為皇 280
破格用人，敢為天下先 289

明堂立誓，李武聯姻 298
當退則退，民意難違 305

第一篇　女中豪傑，男兒性情

俗語說：「三歲看小，七歲看老」。

武則天在其父母翹首期盼家有男丁的渴望下出世。雙親的那些失落和冷漠是不言而喻的，然而天賜予她自強不息樂觀開朗的性格，最終使她奪得了雙親的青睞，得以父喜母愛。小小武則天，身穿男衫，額束高髻，儼然是一個俊俏的男孩。

然而，父母及周圍的關注得之不易，在她的潛意識裡深刻地存留著爭強好勝、人前顯聖的因子，這與她日後集權天下、不視外物而自我上進的性格是分不開的。

女身男裝，得父寵愛

大部分人的性格，常常一部分是先天的，另一部分是後天練就的。人在成長的過程中，逐一發揮著先天或後天給予的潛能，但不平常的人，則一定蘊孕著不平常的天性，更重要的是他必然擁有不平常的經歷，在其幼年時，自有不平常之舉。

自古以來，中國社會在其特定的氛圍裡一直存留著重男輕女的傳統意識。直到今天，在父母心目中，還一直認為生女不如生男。封建社會更是如此，男人們血氣方剛，志在四方，男人能繼承家業，光宗耀祖，男人是傳宗接代的支柱，門庭興旺的象徵。女人則不然，女人生性柔弱，沒有權力，地位卑微，女人要依附男人生活著。然而一代女皇武則天卻不然。

武則天為武士彠與楊氏之女。

武士彠原籍并州文水縣（今山西文水縣），祖上是農民，到父輩才開始經營點小生意。武士彠有兩位兄長，即武士稜、武士逸。兄弟三人早年沒有讀多少詩書，武士稜務農，武士逸在隋府軍中當一個兵卒，而武士彠則忙於木材的購進賣出。也是他活該發跡，隋文帝晚年漸趨驕奢，大興土木，木材銷路很好。聰明勤奮的武士彠有一副讓人信賴的憨厚農民的外表，又有商場上練就的能說會道的本領。他周旋於低層工程監督官員之間，做了不少木材生意，家境逐漸富足起來。商人雖為「四民」(士、農、工、商)之末，地位卑下，但實際上與平民百姓比來卻大不一樣。有了錢可以買田置地，結納權貴，成為地主官僚，地位就可上升為「四民」之首。武士彠就是如此。史書上說他「家富於財，頗好交結」，娶了一位退職將軍的女兒相里氏為妻，又得岳父推薦，當了個鷹揚府隊正（隋時府軍中的小官，約統領五十人）。

就家世而論，他只是個出身低卑的庶族子弟，而楊氏卻出生貴族，家族是楊隋帝的親戚，並且世有達官，門第相當顯赫，無疑是士族之高門。

按照魏晉以來的門閥制度，士族和庶族之間是不能通婚的。武士彠與楊氏之所以能夠結為夫妻，與南北朝後期士族制度的鬆弛有關，但這不是主要的。主要的原因是隋末農民戰爭打擊了士族制度，改變了武士彠的地位，因此他們結合了。後楊氏十月懷胎，生有一女。

武士彠前妻生四子，無女，今見楊氏生女，自然歡喜。長女不到兩周歲時，楊氏又懷孕了。而這一次，武士彠卻非常希望夫人能生個兒子。他需要兒子傳宗接代，再者兒子多了自然門丁興旺。楊氏盼兒子的心理更甚於武士彠，因為她已是四十六歲的人了。在古代社會，膝下無子，對女人來說，那是件可悲又可怕的事。她不只一次地焚香拜佛，求神問卜，盼望肚子爭氣，為武家、也為自己生個胖兒子。

就這樣，武則天她在雙親翹首期盼家增男丁的渴望中，宣然問世了。父母的失落和冷漠是不言而喻的。她沒有給家人帶來好感，父母也沒給她取個名字，隨便得像普通人家的孩子那樣叫她「二囡」。

然而正所謂「三歲看小，七歲看老」。武則天並不理會父母如何對待自己，她長得很快，非常健壯，白胖的小臉圓鼓鼓的，兩隻眼睛大而有神。她不滿周歲便能走路，還會做出多種討人喜歡的動作。她很愛笑，經人一逗，便笑個不止。她又像是在抗爭、在奮鬥，以改變這個家庭對她的不公正看法。上天賜予她自強不息，樂觀開朗的性格，最終她奪得雙親的青睞，得以父喜母愛。

父親武士彠的愁眉漸漸舒展了，母親楊氏每天數次呼喚乳母將孩子抱進房間。她的玩具也多起來，武士彠也時常前來關照。然而，武士彠在歡喜之餘也不免時作喟嘆：「孺子若為男兒，定是偉丈夫！」

武則天的乳母是個很精明的中年婦女。她向武士彠建議：「這孩子一副男兒相，何不讓她著男裝？一定好看！」武士彠理著鬍鬚，微笑著點了點頭。乳母很快為她縫製了一身合體的男娃衣服。

當乳母把這個男裝的女兒抱到武士彠夫婦面前的時候，兩人禁不住笑了。小小武則天，身穿男衫，額束高髻，儼然是一個俊俏的男孩。

從此後，女兒幾乎不離武士彠膝下，連他的客廳也成了孩子玩耍的場所。這孩子生性好動，搬這弄那，翻東倒西，一刻也閒不住。有時，竟把武士彠的書卷扔到地上。看著這個淘氣的「假男兒」，武士彠露出了慈愛的笑容，他從心裡滿意了。

然而，無知而又潛在的意識中深刻地存留著：父母及周圍的關愛多麼來之不易。無形中她舉止更加男性化，行動更活躍好表現，聰慧過人，又爭強好勝，再加上她天生樂觀不氣餒不自卑。男兒般生龍活虎的闖勁是她日後為人處世的基礎；也成為她後來集權天下的前提條件。

不喜女紅，心繫政事

武則天少年時期，就舉止不俗。她好動、任性，勇於打破閨中女兒的陳規陋習，嚮往外面的世界。在那個夫權社會，遵守婦道、三從四德是社會對女子精神上的束縛；在封建社會，特別是宋明理學盛行以來對女人的約束更嚴格。其實在隋唐以前的社會風氣相對而言是較為開放的。對女人的限制遠沒有宋明那麼多。而那些對女子教化政策在某種程度上是針對等級低下的勞動人民而言，絕非為皇親貴族而設。如唐室宮廷見於史冊的就有徐惠、長孫皇后、上官婉兒、太平公主及韋后、安樂公主等一連串女流之輩，她們都讀書習禮，不論思想、政治謀略都非平俗之輩可比。

然而武則天雖非皇親國戚，少年時期，其父武士彠卻已位居工部尚書，因此她也是官家子弟。

在父親有閒暇時，武則天喜歡坐在父親的膝上，翻看父親寫的奏疏和保存著的詔敕檔，愛擺弄父親的官服，問一些朝議方面的事，好奇心挺強。有時也纏著父親要他講追隨高祖、太宗打天下的往事，聽得津津有味。在高祖、太宗之中，她還是最崇拜太宗，在她童年的記憶裡，唐太宗是她心中的偶像英雄。她設想各種唐太宗的樣子和舉止，這一影子又透過她後來入宮侍奉太宗十多年而具體化，成為一個活脫脫的英明君主形象。後來她輔佐高宗和對皇子們的要求無不以太宗作為模版，希望他們父子都能像太宗那樣治國愛民、駕馭臣下、畏服四夷，以留芳後世。可見她自身的言行思維裡有太宗深刻的烙印。

有一次，武士彠接到皇上宣詔：赴京參加慶祝平定東突厥的盛會。作為一個地方官能遇此會，他感到十分榮耀。武則天當時還不知道突厥為何物，但強烈的好奇心引起她極大的關注，「父親，突厥是怎麼回事，在哪裡？」

武士彠只好回答她：「突厥是漢時匈奴人的後代，分東西二部，王稱可汗。突厥生性野蠻，喜肉食，吃乳酪，逐水草而居。東突厥頡利可汗經常襲擾大唐邊境，搶掠人口玉帛，邊民久受其害，皇上為此憂慮已久。」

「啊，原來是這樣。」武則天恍然大悟。接著，轉了轉眼珠，又問：「突厥這樣欺侮我們大唐，朝廷就忍受著？」

「前兩年，聖上新即大位，國力尚弱，對突厥多是納貢求和。前年，突厥內部不和，頡利可汗和他的姪子突利可汗互相攻伐，突利來大唐告急，皇上決心乘此機會徹底清除邊患。去年十一月，聖上派大將軍李世勣並李靖、柴紹、薛萬徹等率兵十萬，往擊突厥，俘獲了頡利可汗以下眾多人口，洗雪了幾十年的奇恥大辱。突厥俯首稱臣，四夷齊尊聖上為天可汗。為此，京師盛會慶祝，太上皇召聖上和重臣齊聚凌煙閣，太上皇彈琵琶，聖上起舞，深夜方休！」武士彠見武則天聽得非常入神，不覺興致大增，眉飛色舞，娓娓講述。

他面對著的，彷彿不是一個六、七歲的孩子，而是一個關心國事的成人。

名門望族出身的大家閨秀楊氏，溫柔賢慧，想以自己的方式教育女兒，說：「妳太沒規矩了，人與人有男女之別，尊貴卑賤之分……女孩子終究是女孩子，女孩要有女孩的本分。」她帶著少年武則天學做女紅，教她刺繡。武則天坐在那兒，屁股比針扎著還難受，她不是把手扎破，就是開小差溜了。楊氏無奈，只好做罷。

她已不再著男裝，但是她保留著幼時那種男孩的氣質和性格，被喚作「假郎君」。她不像一般女孩子那樣文靜柔弱。她開朗、執拗，愛蹦蹦跳跳、大聲說笑。她不願意接受管束，喜歡隨心所欲，充分發揮自己的個性。在屋子裡學女紅，對她來說是難以忍受的，不啻於活受罪，所以根本心不在焉。為這些，乳母不知著了多少急。而乘船到嘉陵江去遊玩，到烏龍山去採野果子，她則心花怒放，興致百倍。就連去看看街景、轉轉坊裡，她都頗感興趣。她喜歡屋子外面那個世界。

好學不倦，必成大才

梁啟超先生說：蓋凡定大艱成大業者，無不學養得來。學養與定大艱、成大業似乎有著因果性的關係，自古有志之士，無不為好學者。

秦始皇以呂不韋的言語「不知則問，不能則學」為誡。「不學而能聽說者，古今無有也」，李世民「少從戎旅，不暇讀書；貞觀以來，手不釋卷」。武則天從小到大，不論為人女，為才人，為昭儀，為皇后，最後為帝，她在人生的每一個階段都不斷地學習，不斷地進取，從而將書本知識加以系統化、理論化，並將理論付諸於實踐。她還根據自身的體驗，總結出只屬於她個人的獨特的管理模式，她編撰了流傳後世的《臣軌》，君臣同體，「夫人臣之於君也，猶四肢之載元首，耳目之為心使也。相須而後成體，相得而後成用。故臣之事君，猶子之事父，父子雖至親，猶未若君臣之同體也。」言簡意賅，平淡卻深刻，可見她不僅有豐富的實踐、經驗，更有一定的文學功底。

她一生的學習歷程，為她深厚的思想埋下了深刻的伏筆。

武則天童年受到了良好的教育。家境富足、貴為國公的武士彠延請名師傳道授業。出入府邸的文人騷客亦不為少。何況楊氏自己就是熟讀詩書之人，教育兩個女兒綽綽有餘。因此，武則天的各種才能的習得與她童年所受的教育和母親的薰陶不無關係。唐初的教育，與後世完全為科舉而讀書有不同之處，既讀經史，學詩文書法，還重禮、樂、騎、射等全面的才藝。武則天天性聰穎，性情活潑。在母親的影響和教育之下，對詩文書法很感興趣，她的書法楷草兼備，雖不十分傑出，但也韻味很足，自成一體，堪稱佳品。她對音樂的天賦也高，因此後來入宮為才人後寫下了許多祭祀用的配曲歌詞。同時武則天也是一個脂粉氣較少的淘氣頑童，時常讓父親的侍衛教她騎馬射箭，騎術高超，她的學習興趣是廣泛的。

貞觀九年，武士彠死在荊州任上。父親死後，武則天那種受寵的小公主的地位喪失了。她不得不聽命於她的兩個異母哥哥，有時還得學做一些她所不情願的紡織、刺繡等女紅。她讀詩習文的時間少了，但仍擠出時間來讀些《毛詩》、《昭明文選》等書籍。她也很知道體貼孤寂的母親，愛護妹妹。她已經十二歲，她像個大人了。

異母哥哥對武則天的讀書是從來不關心的。在他們眼中，女孩子做不了什麼事情，無非是將來嫁個人，讀不讀書實屬可有可無之事。只要將來給她找個好人家，也便盡了他們當哥哥的義務。他們不僅不給武則天創造讀書的條件，有時甚至壓制、指責。武則天對這些並不理會，她在默默地反抗著。生活道路上的波折反而使她變得更加堅強。

極具自信，有所不同

一次機遇能改變人的一生，而機遇對於一個人並不是太多的。這話一點不錯。在武則天十四歲時，命運就給了她一次機遇，一紙詔書就改變了她的一生。關於武則天進宮還有一定的原因：貞觀十一年（六三七），楊氏帶著武則天姊妹離開了文水。本來，按照傳統的習慣，楊氏母子要為武士彠守孝三年。但是，武士彠的塚土未乾，其元配夫人相里氏所生二子就對楊氏母女百般刁難，武士彠的兒子維良、懷運也欺負他們。楊氏感到無法在文水待下去了，便決定返回長安，投靠親戚。

當時武則天已是十四歲的姑娘。楊氏即攜女兒去看望她的堂兄楊師道。這時楊氏的長女已嫁，武則天與妹妹隨往。桂陽公主心喜武則天，讚她知書識禮，聰明伶俐。

一日，桂陽公主謁見長孫皇后時齊王妃楊氏也在。齊王妃是武則天的表姊，齊王被誅後，她孑然無靠，長孫皇后念娣姒情誼，讓她搬來正宮居住，時常一起聊天，俾解愁緒。

桂陽公主談著宮外趣事，不知不覺把話題移到楊氏母女的身上。桂陽公主說：「這武家二女兒可奇了，這孩子雖是閨中弱質，但其詩文不亞於男兒。小小年紀還會騎馬射箭，哪天在我園中親試親見。」

長孫皇后說：「這武家是先皇功臣，我聽叔父長孫順德提到過。楊妃啊，武家夫人不是你的姑母嗎？」

楊妃說道：「皇后記性真好，武家夫人是我的堂姑，這兩個小姊妹也就是我的小表妹。」

長孫皇后說：「我說是吧。唉，也怪可憐的，這麼小就沒了爹。桂陽公主啊，哪天你把她母女帶進宮來瞧瞧。」

桂陽公主忙答道：「是！」

這時太宗皇帝退朝回宮，巧逢桂陽公主，便問何事令兩人如此歡暢。長孫皇后就重述了愛卿武士彠家人及其愛女的處境，欲將其兩女帶進宮來，謀面一番，合意的話，給她尋個位置。

太宗也說了：武愛卿是個忠廉的賢臣，其女必會是塊料子，有其父必有其女嘛！

「皇上有所不知，當謂『有其母必有其女』，楊愛卿才貌雙全，年輕時可是閨中一傑呢，她是聞名於眷屬之間的才女。」桂陽公主說。太宗笑著同意了，或許也有所心動吧。

武則天被召進宮時，年僅十四歲，她自身特殊的經歷，給了她較為成熟的思想，雖然她年紀稚嫩，而心計城府與其他妃嬪比較，有過之而無不及，在宮中她從不虛度光陰，她從不浪費一天時間。後來，終於她被太宗冊封為才人。「才人」是內宮佳麗的名稱之一，屬妃嬪中的一個等級。唐沿隋制，除皇后外，宮中還置有眾多的妃嬪。

人說後宮佳麗三千雖然有所誇張，但有一定的道理。其中貴妃、淑妃、德妃、賢妃各一人，正一品；昭儀、昭容、昭媛、修儀、修容、修媛、充儀、充容、充媛各一人，正二品；婕妤九人，正三品；美人九人，正四品；才人九人，正五品；寶林二十七人，正六品；御女二十七人，正七品；采女二十七人，正八品。才人的地位在妃嬪中算個中等偏下，其職責是記錄妃嬪們的飲宴睡寢和蠶桑之事，向皇帝報告她們一年中的收穫情況。相對而言，這種內職是比較重要的。

唐太宗直接封武則天為五品才人，是挺看重她的。但不知為什麼，她卻沒有得到唐太宗的寵幸。也許是因為唐太宗這位一代英主，只喜愛像長孫皇后、徐賢妃那樣溫柔的女性，而武則天的個性過於剛烈的緣故。就這樣，日復一日，年復一年，十多個春秋過去了，不少妃嬪都有所晉升，而她仍然是一個普通的才人，過著寂聊無聞的生活。這對她來說，當然是很失意的事。

但是，在此時間，她也學到了不少新東西，在學識方面比以前有了較大的長進。首先，她接受了嚴格的宮廷教育。唐制：妃嬪不僅要跟皇后等學婦禮、四德、祭祀、賓容，而且還要跟宮教博士學書算眾藝。由於長孫皇后病故，太宗沒有再立皇后，所以，武則天進宮後沒有受到皇后的約束，除盡到自己的職責外，她更加奮發學習，培養了自身素質，在唐太宗身邊的耳濡目染下，她讀透《四書》、《詩經》、《史記》、《戰國策》……，為她日後治國大業打下了紮實的理論基礎。

唐太宗以亡隋為鑑，知人善任，從諫如流，勵精圖治，是封建帝王的楷模。在他統治期間，政治清明，經濟發展，社會安定，國力強盛，這是盡人皆知的事實。作為唐太宗的才人，武則天雖然沒有干預政事的權力，但對此一定是很清楚的。很難想像，一個多年生活在皇帝身邊的妃嬪對皇帝一無所知。可以推斷，在唐太宗的薰陶下，武則天的閱歷逐漸增加。

再者，她基本上弄清了宮廷生活的內幕。長期的才人生活使她深深感到，皇宮並不是每個人的天堂。這裡有承歡粉黛的笑顏，也有皓首宮娥的辛酸。表面上，妃嬪舉止，彬彬有禮；實際上，爭風邀寵，衝突重重，爾虞我詐，不進則退。從這裡，她得到了許多有益的經驗和教訓。

「物競天擇，優勝劣汰」是人類生滅的規律。從此以後，她不再懷念母親、懷念家鄉。她每天都告誡自己不再回憶過去，回憶宮外自在、歡樂的生活。她快刀斬亂麻，毅然揮別了過去。她盼望著脫穎而出，但首先要立足於宮廷，她用全部的熱情適應宮裡的生活。她以堅強的意志融入了環境。她將全心的渴望化為力量。她努力了，並很快就有所收穫。她獲得了自信！

一個自信的矮子比一個不自信的高個子有魅力一百倍，一個自信的醜女比一個不自信的美女美麗一千倍。更何況她原本就是一個美女。一個自信的美女，她的力量更是不可估量的。可見自信對她有多麼重要。從此，她對自己說：只要我信！我就能成功！她盈盈的風姿壓倒後宮群芳，她亮麗而端莊的氣質更讓她們相形見絀。她的氣勢更加咄咄逼人了。

強者意識，鋼鐵作風

「白頭宮女在，閒坐說玄宗」，古來皇宮粉黛無數，多少女子將青春埋沒於此，更有甚者，有的女子進宮後竟一生見不到皇上一面，這對女人來說是一生一世的痛苦。

武則天自強不息的個性不允許她如此做他人的犧牲品，她不願這樣虛度一生，她不願失去任何一個機會去表現自己的與眾不同。

一天，太宗下朝，對武媚娘說：「居安思危，朕不能刀兵入庫，馬放南山。況朕不騎馬有點憋得慌。聽說愛卿善騎，就陪朕驅馳一番如何？」武則天當即答應。

內侍們早遣人告知殿中省尚乘局，前呼後擁而至。閒廄管事太監跪地迎接。太宗問道：「可有新到馬匹。」

太監答：「回皇上，有一批吐蕃剛進不久的千里駒，統已馴服，唯有一匹『獅子驄』未及馴服。」

太宗說道：「牽來朕瞧瞧。」

太監答：「皇上，此馬野性不泯，恐驚擾聖駕。」

太宗一聽是匹烈馬，越發來了興致，便執意要試牠一試。

太監們得旨，迅即入馬廄，牽來一匹高頭大馬，幾名馴馬太監圍護周圍，以防驚擾聖上。太宗把馬一瞧，只見牠高聳頭項，四蹄不住踢踏，確是一匹桀驁不馴的馬，便說：「真龍駒也，若能馴服，必是一匹千里馬。」又對眾內侍及尚乘太監們說：「誰能馴服，賞銀百兩，絹繡十匹。」侍者們無人敢應。誰知武則天說：「皇上，妾斗膽應旨。」

皇上瞧著武才人，見她口出大言，朗聲答問道：「才人行嗎？妳能用什麼辦法呢？說出來讓朕聽聽，朕即敕太監們如法馴之。」

武則天說：「請皇上賜妾三樣東西：鐵鞭、鐵鎚和匕首。」

太宗不解，又笑問道：「要這些東西何用？」

武則天說：「我先用鞭子抽牠；牠若不服，再用鐵鎚打牠的頭；如再不服，我就用匕首割牠的喉嚨。」

太宗聽了，哈哈大笑：「誠如卿言，這匹好馬不是被汝刺死了嗎？」笑著笑著，心裡掠過一陣陰影。他一面不得不欣賞武則天的騎術和她超人的膽識，另一面卻想：區區一個女子，一個外表如此嬌媚的女子，竟有著如此殘忍的手腕。太宗的厭惡之情油然而生。

太宗自己就是如此心狠手辣的成功者。他太強大了，因此他喜歡的是那類嬌美柔弱的美女，如他所寵愛的長孫皇后、楊妃、燕妃以及後來的徐惠才人等，都是性情純善溫柔賢淑的美人，他把她們柔軟甜美的胸膛當作自己擺脫朝政，得以輕鬆片刻的港灣。他認為殘忍、權慾、智謀、強大，這些都是屬於男人們的東西。女人的美在於聰慧、仁慈、純善、脆弱。然而女人一旦沾染了前者，就會變得貪婪，變得比男人更醜陋。因此，唯有軟弱、仁慈，猶豫不決的高宗才對武則天喜愛有加。缺乏什麼，就追求什麼，這其實極其符合人類的心理。

然而武則天並未察覺太宗的心理。其實，剛剛進宮不久，她無聲的抗拒並非就是針對誰的，並非是有目的的。她要掙脫的或許就是那根無形的，卻真真實實存在著的，捆綁得她喘不過氣來的命運之繩，因此她性格中的奔放不羈讓她無法隱藏她要改寫命運的慾望。就這樣，她的強硬和倔強讓她失去了太宗這個靠山，卻得到了高宗這個機會。

多年以後，她大權在握，高居皇位，她已把她的強硬發揮得淋漓盡致了。

她知道：只要她執政一天，這些具有傳統士大夫人格和正統儒家思想的人就不會真正向她俯首貼耳。武則天卻絕不是一個輕易讓步、輕易後退的人，她的倔強並不亞於這些男子。她就不信她一個女人執政就不能讓這些人服從她，為她所用。在一場誅殺和爭鬥之後，她想向群臣說一次知心話。一天，她把群臣召集起來，嚴肅地問：「朕並沒有辜負天下，辜負諸位大臣，你們說是不是？」

群臣連忙答道：「是的！」

這時，壓抑在武則天內心的往事一齊湧了上來，讓她百感交集，她說：「你們的爵位富貴，是朕給的；天下安樂，是朕治理的。今天，反對朕的領頭之人卻都是將相，對朕的辜負是何等深、何等快速啊！」

說到這裡，武則天內心的確很難過，幾乎克制不了自己的沉重感情。「你們之中有受遺命的老臣，倔強難制能超過裴炎嗎？你們中間有將門的後代，可以迅速糾合亡命之徒，但能超過徐敬業嗎？你們中間有掌握兵權的宿將，但能超過程務挺嗎？他們都是人中豪傑，但敢於反對朕，朕一樣能誅殺他們。」

武則天環視群臣，誰也不敢吭聲，只有她的話迴盪在殿內。這時，她聲色俱厲地說：「你們當中有能超過他們三人的，就請你們早點步他們的後塵，來反叛朕吧！否則，你們就要很好地服從朕，為朕辦事。不要做出讓天下人笑話的事情來！」

如此的聲勢和魄力，不愧為女中豪傑，教裙下的文武百官自愧不如。男人們不服也得服！

曠世女傑，胸襟開曠

「量小非君子，無毒不丈夫」，許多人認為武則天的肚量與她的歹毒正合此言。

往昔，有人說你有多少能耐，就能辦多大事業。非也！今天我們才懂得：你有多大胸懷，就能辦多大事業。許多有關武則天的著述說武則天器度如何之小，肚量如何之微，嫉妒心又強，又鼠肚雞腸……。如此，未免太小看武則天了，她就是慈禧而非武則天了。當然，至於嫉妒心肯定是有的，都是女人嘛。

殊不知武則天統治期間，封建經濟得到一定的發展，特別是農業、國防得到大力加強。她當政期間，朝中幹將，比貞觀時有過之無不及。她收羅人才，廣聽納諫，多少學會了一些唐太宗的風度，使得唐太宗貞觀時期所取得的統一與強盛的局面，得到了切實的鞏固。她若實行「武大郎開店——比我高的一概不要」豈能將國家治理得如此興旺發達，又怎麼取得如此的豐功偉績！

「太后可曾留意您頭頂幽深的夜空？世間萬物，唯有天地永存，自盤古開天闢地，已歷經百世，可是天空與海洋卻愈活彌堅，源遠流長，靠的也只是一個『忍』字，所以天空長壽，因為它心志平和，海洋浩蕩，因為它包羅萬象。人生百態，概莫如此，一切悲傷失意，一切生老死別，一切陰晴圓缺，皆為自然，為人世常志，心要學會包容，像天空那樣將風雨化為彩虹。唯此，則任何人就都可以活得像天空一樣久遠，像海洋一樣永恆不渝。」

武則天以陸皓翁的「忍」字為她的處世之道。雖陸皓翁多次想毒害她，以至最後謀殺計畫破產，服毒自殺，但仍不減武則天對他的尊敬。武則天視他為先帝忠臣，對他的豪氣佩服有加。她對陸皓翁的敬意，並非官場虛偽的推崇，她是真誠的、由衷的，對他人格魅力的敬佩，她是發自心底的。

徐敬業在揚州起兵的時候，請當時著名的文學家駱賓王替他寫了一篇討伐武則天的檄文：《討武曌檄》。武則天叫人把這篇文章拿來念給她聽。文章裡說了武則天許多壞話，罵她「豺狼成性」、「殘害忠良」、「弒君鴆母」。武則天聽了，只是笑一笑，並沒有生氣。當她聽到「一抔之土未乾，六尺之孤何託」兩句的時候，反而連連稱讚寫得好，後來聽到「試觀今日之城中，竟是誰家天下」兩句，更加讚不絕口，問道：「這篇檄文，不知出自何人之手？」有人回答說是駱賓王寫的。武則天十分惋惜地說：「有這樣的人才，讓他流落民間，得不到重用，這是宰相的過錯呀！」

此外，上官婉兒，她是上官儀的孫女，上官庭芝的女兒。上官儀父子因反對武則天被殺後，上官婉兒被沒入掖廷宮為奴婢。上官婉兒天性聰敏，善寫文章。有一次，武則天發現上官婉兒寫了一首七言詩，該詩文辭精美，不禁引起她的注意。儘管字裡行間不乏對武則天的憤恨，武則天並不計較，反而把她召到自己身邊，放手任用，讓她批閱表奏，起草詔命。這一年，上官婉兒僅僅十四歲。從此，上官婉兒對武則天由仇視轉為擁護，在武則天的薰陶下，對唐代文化的發展做出了貢獻。由此可見武則天胸襟的開闊。若能做到這樣，打開心胸，用人不疑，唯才是舉、禮賢下士，怎樣的事業不能把它做好、做大？

第二篇 以媚為劍，闢荊開路

漂亮是女人是老天的眷顧，而獻媚在有智慧的女性手裡，更是一把無堅不摧的寶劍了。

在以男人為主的世界裡，女人要想出人頭地，就得充分運用這把寶劍。寶劍運用得好，豪宅、遊艇、珠寶自然不在話下。但還想更上一層樓的話，就必須做到「人劍合一」的境界。

什麼是人劍合一呢？金大俠說得好，人即是劍，劍即是人。一個女人若能像一柄劍這樣冰冷無情，雪亮鋒利，卻又外表美豔，楚楚動人，那就算是想得天下也並非不可能。

劍鋒只從磨礪出

古語云：福兮禍所伏，禍兮福所倚。意思是說，禍福是可以相互轉化的。

一個人在年輕時候飽經滄桑磨難，對他當時而言可能是一件禍事，但對他將來的人生而言，也可能是一件幸事。因為磨難會使人變得早熟，磨難會塑造人堅韌不拔、奮發向上的性格，而這些都是成大事者所需具備的必要條件。

武則天孩提時稚氣和歡樂的童年，都結束於父親武士彠之死。苦難的歷程和痛苦的心理壓力從此開始了。

武士彠在荊州上任，他嘔心瀝血，忠於職守，直到老死善終。當時，對武士彠的死，既不隆顯，也不卑下，就如同他本人一樣穩重實幹而無大才，也就像他生前的地位和在所忠心信奉的皇帝心目中的形象完全相符合。太宗追贈他為禮部尚書，謚曰「定」特命歸葬文水，並委派武士彠好友並州都督李勣監護喪事。

在大唐皇室和大多數重臣心目中，武士彠就如一匹老馬，走到了盡頭，大唐照樣要運轉。但對武家來說就遠非這麼簡單。對出身低微之家來講，在朝為官者就是家庭的棟樑，他一倒，房舍就垮了，一家人就會由官屬變成平民百姓。

對幼嫩的子女來講，父親則是一棵大樹，遮擋炎日雨雪，樹倒了，就無所庇護了。武則天姊妹中，大者尚未出嫁，小者還在童稚，父親一死，無論從哪方面來講都是一場大考驗。元慶、元爽還可以功臣之後的名義託蔭授官，這棵樹的蔭蔽還在，但對女兒們來講，何處是歸宿呢？

背著這一家庭的大轉折帶來的悲傷，楊氏母女隨元慶、元爽兄弟扶柩返原籍文水。從荊州到並州，有數千里之遙，以馬車和馬匹代步，他們一路晝行夜宿，走走停停，還要應酬沿途官府的弔喪。這一路悽慘的心境竟與沿途的下層人民的處境找到了溝通之處，震動了武則天的心靈，她第一次深刻地感受到人世滄桑，世態炎涼。

雖然她們生活不缺錢，但在精神上，她覺得自己母女如此孤立，如同失所流離的遊民。從前在官衙裡住著的日子，她從來未曾想過明天的日子將如何度過，她從不知道年邁父親的逝世將改變她全部的生活。看著長途跋涉中的母親，因悲傷父親的死而在一夜間老了許多。母親已近風燭殘年，妹妹年紀甚幼不諳世事，她自己感到悲傷無助。楊氏每每想起老爺，都淚如泉湧，武則天便與楊氏相擁而泣，每一次淚水都是生命的輪迴，哭過之後，她更堅強了。她要保護自己，她要自立，靠人不如靠己。

走了一個多月，武家人才到並州境。武士彠的葬禮很隆重，但除了朝廷使者和並州、文水的官員外，以前京中往來的達官貴戚卻稀稀落落。長安還像在荊州時那樣遙遠，這些人不來光顧喪禮情有可原。但楊氏備感孤寂，有一種人走茶涼的感覺。

葬禮之後，李勣也不再露面，他有北御突厥、內鎮諸州之任，又與武士彠素無瓜葛。州、縣官吏們也不再像荊州時那樣趨奉如蠅。這一切使武則天一家感到了由官屬到平民的殘酷轉變，也使他們接觸到了下層人民的生活情狀。

元慶、元爽為父守制在家，但對楊氏母女不理不睬。楊氏母女遂赴長安投親。到長安不久，武家長女出嫁賀蘭家。等待武則天的也將是待聘出嫁的命運。如果她本身不優秀，如果她本身不堅強，如果她本身不知機識竅，爭強好勝，她也許像眾多有才華的婦女一樣，永遠埋名於深閨之中。

如果一個人的生存境界，富貴也好，貧窮也罷，日日如此，年年如斯，他已經習慣了生活際遇，已經麻木，已經習以為常，一旦經歷波折，一陣騰挪跌宕過後，就會豁然開朗，變得目光如炬，心靈也非常敏感。

武則天就是這樣。父親死後，武元爽、武元慶理所當然地繼承了家產，管理家業。武則天和母親的日子卻非常難過，兄長畢竟不是一個娘生的兄長，他們對楊氏更是冷言冷語，故意百般刁難。她們無異於寄人籬下，飽受了欺凌。武則天敏銳地察覺著兄長對她們母女的敷衍和苛刻。親戚們也都趨炎附勢，待她們很是虛偽，她覺得自己孤兒寡母，如這世間多餘之人，她敏感幼兒的心靈如刀絞一般。

但她學會了在逆境中默默地忍受，為母親和妹妹，更為自己的將來。她有意地以自己的方式將傷害和磨難隱藏起來，然而，年幼的她開始體會到把眼淚藏到心裡，其實更難受。她開始將挫折視為磨練和福音，她將自卑和自傲、冷淡和狂熱、進取和容忍結合起來，她很早熟，她變了，她變得沉著、寡言而冷漠。

那夜她讀到，孟子說：「天將降大任於斯人也，必先苦其心志，勞其筋骨，餓其體膚，空乏其身，行弗亂其所為，所以動心忍性，增益其所不能。」她認為這是上天刻意安排給她的遭遇，她還認為《孟子》這一章節是只為她寫的。因為她覺得她將變成一個能幹的人，自立的人，再也不必勞長兄養活她們母女，再也不讓人們視她們為累贅。

如同蚌貝含沙的故事，一群蚌貝被海浪推到沙堆，海風掠過，一粒粒小沙紛紛落到蚌貝們微張的嘴裡，沙石的蹂躪是痛苦不堪的，一些蚌貝死了，另一些蚌貝不斷地吐著一滴滴分泌液，將沙石緊緊裹住，使它們形成為閃閃發光、光潔無瑕的珍珠。珍珠的產生是痛苦的過程，那一滴滴的分泌液是蚌貝們一顆顆晶瑩的淚珠。淚流得多了就變成了一顆顆晶瑩的珍珠。「寶劍鋒從磨礪出，梅花香自苦寒來。」講的是同一個道理。

知進退再謀來時路

武則天雖以她特有的個性和才情得到太宗的喜歡，但他一直不曾十分地寵幸她，她的地位也一直沒有改變，直到唐太宗駕崩。武則天和後宮所有的妃嬪被送入感業寺時，她還只是個小小的才人。可見唐太宗並不十分關愛她，也並不重視她。

當時，眼看身邊的徐才人在皇帝身旁，躊躇滿志，她好不傷心。人都是這樣，常常在看到同級的人發達了，與自己的距離相去漸遠，才感覺到自我的落寞與悲涼。更何況武則天原本就不是一個既來之則安之、甘於現狀的平凡之輩。

這個徐才人，名惠，比武則天小三歲，不僅相貌極美，且極聰慧。據說她剛剛五個月時就能講話，四歲時就能讀《論語》、《毛詩》，八歲則能寫出漂亮的文章。她遍涉經史，手不釋卷。唐太宗聽說後，召她入宮，納為才人。太宗喜歡她文章華美，揮翰立成，不久又封為婕妤，繼而又遷充容，品級很快便遙居武則天之上。嬌媚的武則天被聰慧的徐充容取代了，君王時常光顧的福綏宮冷落起來，素不相信紅顏薄命、不識愁滋味的武則天，也陷入了紅顏薄命的憂愁之中。

這時，年輕貌美、兼通文中的徐充容卻大得青睞，春風得意。她不僅是唐太宗的枕席佳偶，而且成了太宗的政治上的內助，大有已故的內廷良佐長孫氏之風。她關心著太宗政治的得失，牽掛著大唐的皇祚長久，每見太宗有過，便直言切諫，好言相勸。唐太宗從她身上彷彿看到了長孫氏的影子，所以倍加寵愛。

有一次，徐充容見太宗兵馬屢動，宮室互興，百姓苦於勞役，便以她卓越的政見和綺麗的文筆寫了一紙才華橫溢的諫書。那諫書說：自從貞觀以來，風調雨順，年登歲稔，國無饑饉。但近年役戍過多，百姓不堪其苦。為了大唐的盛業長久，應行無為之策，減少勞役，與民休息。勸諫太宗牢記桀紂亡國之際，居安思危，慎終如始，「消輕過以添重德，循今是以替前非。」

徐充容得寵時，武則天是不無妒意的，她幾乎嘗到了比失寵更苦澀的滋味。但是，她識時務，她所想到的是更現實的問題，就是她在宮中的地位該何去何從。她沒有就此沉溺，沒有過於傷感，自暴自棄。而是把她那含情脈脈的目光移到太子李治身上去了。她深知，皇上的年歲不多了，而太子正當有為之年，李治才是她日後可棲之木，攀上李治才為長遠之計。

李治有一個特點，就是忠孝老實。貞觀二十年，太宗病重，詔軍國大事，並委李治處決。李治在聽政之餘，入侍藥膳，不離左右。太宗讓他休息一會，他也不肯。太宗極為感動，便在自己的寢殿旁設置「別院」，供李治居住。也就是在這個時候，李治認識了武則天。

武則天與太子治在名義上是母子關係。按照封建倫理道德，他們之間絕對不能有什麼越軌的行

為。但事實上，唐初皇族的倫理觀念比較淡薄，男女之間的禁忌也比較鬆弛。出於獨特的審美觀念，李治被武媚娘的美麗吸引住了。而武則天在受多年冷落之後，也從李治這位未來的皇帝身上看到了一線希望。於是，他們之間逐漸產生了愛情。

開始期間，武則天與李治的愛情是很值得懷疑的，武則天是否真愛李治無人知曉。李治不過是她的一條退路。

與其說她喜歡李治的為人，不如說她喜歡李治的權勢與地位。武則天與李治如真有愛情，則是以後的日子中點點滴滴堆積起來的相濡以沫的感情。李治將她從感業寺接回宮中，扶她從才人到昭儀到宸妃再到皇后，李治是她的擋箭牌，李治容忍她的霸道和權慾，她的才幹是李治所認可的，李治以她的高位庇護著她，扶持著她。一直到「雙聖」時期，武則天藉機這個位置，以她的能力幫助李治治國為政。直到後來，在權慾中翻翻滾滾到一發不可收拾的地步。

獻媚有術，方能脫穎而出

命運對人是公平的。每個人的機會總是一樣多的，關鍵在於你如何看待機遇，如何把握機會。

所謂「機不可失，失不再來。」在這方面，武則天是知機識竅的。

是太宗的才人時，武則天就暗中觀察太宗的言行舉止和日常習慣。太宗常常從太極殿下朝後，去御花園散步。一日太宗從御花園轉過一道假山，忽聞濃濃林蔭深處有女子在輕吟歌詠，那歌聲隱隱約約如泣如訴，歌聲清麗而婉轉，生動如詩，吸引了唐太宗的腳步，走近只聽道：

節彼南山，維石岩岩。赫赫師尹，民具爾瞻。
憂心如惔，不敢戲談。國既卒斬，何用不監？
節彼南山，有實其猗。赫赫師尹，不平謂何！
天方薦瘥，喪亂弘多！民言無嘉，憯莫懲嗟。
尹氏大師，維周之氐。秉國之均，四方是維。
天子是毗，俾民不迷。不吊昊天，不宜空我師！
弗躬弗親，庶民無信。弗問弗仕，勿罔君子；
式夷式已，無小人殆；瑣瑣姻亞，則無膴仕。
昊天不傭，降此鞫　。昊天不惠，降此大戾。
君子如屆，俾民心闋。君子如夷，惡怒是違。
不吊昊天，亂靡有定。式月斯生，俾民不寧。
憂心如酲，誰秉國成？不自為政，辛勞百姓……

太宗命人將詠者帶上來，面無表情地問：「愛卿在誦唱什麼呢？」

武才人答到：「妾因做宴樂歌詞，一時才竭詞窮，乃在此僻靜處習誦《詩經》，略加曲詞，輕唱嘗試，以取靈感。」

太宗仍面無表情地言道：「你適才所誦乃是《節南山》，《節南山》乃是嘲諷周王用人不明，以致尹氏濫權，百姓怨恨困苦。而武才人是想引經據典，把它帶入當今朕的宮廷，讓樂女傳唱嗎？」

武才人一聽，雖然她是有備而來心有城府的，仍不免有些心驚膽戰。但她還是鎮定地答道：「臣妾怎會如此不明事理。只是臣妾素愛《詩經》，因小雅古雅鋪張，國風自然淳厚，便以之啟臣妾之智，供妾描摹揣摩，別無他意，請聖上明察。」

太宗見武才人憑她的膽識卻也花容失色，仍是懼怕皇上的威儀，他心裡很高興，忍不住大笑起來。又問：「朕聽到『昊天不傭』『昊天不惠』，周人不怪天子，反道責怪起天來，何故？」

武則天說：「臣妾以為，這裡看似埋怨天道不均，實是怨恨周王不能任用『君子』，才招致『喪亂弘多』，『民言無嘉』，如果上天有咎，又為何對尹氏的暴戾要『薦瘥』呢？可見世事之暗昧，乃是人主的昏庸不明所致。人主聖明，揚善抑惡，就不會『昊天不均』，也就不會『我王不寧』了。恕臣妾斗膽。」

太宗又笑起來，說：「正因為如此，朕才信重魏徵。」說著，他似乎沉浸在回憶中了，「魏卿曾對朕說，人主『兼聽則明，偏信則暗』，還舉秦二世偏信趙高、梁武帝偏信朱異、隋煬帝偏信虞世基的故事。可見，人主不明，則會「昊天不平」，也就會最終得不到安寧了。」

武則天這是第二次面對面與皇上交談，但直視皇上還是第一次。皇上魁梧挺拔，沉思之中透出一種威嚴，滿臉的絡腮鬍張起，樣子讓人害怕。但一旦笑起來，卻又溫文儒雅，親切和藹，像一個仁慈博愛的父親，可以投懷撒嬌。

太宗在遐思之中，見武則天迷惘地打量著自己，突然省悟，這不是在太極殿同臣下論道，而是和一個弱女子尋開心，自己的話說得太遠，這讓他自己有一絲慍怒。武則天冰雪聰明和她對太宗恭敬柔順，使太宗不敢正視她鮮美、嬌媚而又柔情似水的模樣。

他不敢迎著她的目光，那眼睛裡寫滿了憂怨。他不知道為什麼克制自己，不接近她。然而，他由衷地喜歡上她。太宗終於給了她一個機會「武才人就和徐才人一起為朕侍候筆墨吧」。然而，私下裡他又覺得這個女子聲勢非凡，思路敏捷，博學強記而又沉著，不簡單，無形中他又有某種不快。

武則天的獻媚終於獲得初步成功，得到太宗的承讓，從六宮粉黛中脫穎而出。機會不是盤膝而坐，翹首以待的，機會是自己創造出來的。以後在武則天想藉李治之位，高攀而居時，她就使出了全身的解數，大膽地表現著自己的千嬌百媚，俘虜了李治的整顆心。

漂亮是女人天生的幸運。在獻媚有術而智慧的女性手裡，更是一把無堅不摧的寶劍了。在這以男人為主的世界裡，如果女人想要出人頭地，脫穎而出，就得充分運用這把寶劍。寶劍運用得好，豪宅、遊艇、名車、珠寶自然不在話下。但還想更上一層樓的話，就必須做到「人劍合一」的境界。

什麼是人劍合一呢?金大俠說得好，人即是劍，劍即是人。一個女人若能像一柄劍這樣冰冷無情，雪亮鋒利，卻又外表美豔，楚楚動人，那就算是想得天下也並非不可能。

感業寺為尼，再候時機

在秦王朝統一過程中，不甘心失敗的奴隸主階級，藉用孔子屈伸之術，向新興力量作殊死鬥爭。奴隸主貴族公子虔反對商鞅變法受到懲罰，即八年「杜門不出」，等待時機，秦孝公一死，他立即聯合復辟勢力，殘酷殺害商鞅及其一家。秦始皇統一六國後，六國舊貴族紛紛「以屈求伸」，如孔子後代孔鮒隱匿不出，楚將項燕之後項梁「避仇於吳中」，魏國「名士」張耳、陳余受秦通緝，逃至陳地，自稱不因「小辱而欲死」，待陳勝起義後，他們趁機四處奔走，策劃「立六國後」，妄圖復辟。在近代，每當革命高潮來臨，革命的代表人物更是力行此道：忍辱負重，把握時機。他們或隱匿不出，以「遵養時晦」，或混入革命隊伍，投機鑽營，無不千方百計保存自己，積蓄力量，窺測方向，選擇時機，把握機會，作以反撲，求得勝利。

在逆境中，忍辱負重，把握時機是聰明的做法。「留得青山在，不怕沒柴燒」，「君子報仇，十年不晚」這些名言啟發他們的心志，成為他們忍受困窘的慰藉和動力。

感業寺可謂是武則天生命的驛站，那裡單調枯燥，卻遠離世俗紛爭，在她在皇后，為天后，乃至登上皇帝的寶座的各個階段，當她厭倦時、感傷時、或疲乏時、或要贖罪時，她就在感業寺逗留片刻，得以休養生息，養精蓄銳，再回宮重振雄風。她曾經還帶自己嬌生慣養的愛女太平公主，在感業寺小住，要讓太平陶冶性情，鍛鍊情操。

然而，初進感業寺的悲苦經歷，對她來說是刻骨銘心、沒齒難忘的。唐太宗於終南山含風殿過世之後，按照宮廷規矩，後宮沒有生過孩子的嬪妃都要進皇家寺院為尼，為先皇的靈魂超度，也為先皇守貞。

上古時代，皇帝妃嬪在皇帝死後要殉葬，到地下去陪侍皇帝。後來這種殘酷的制度有所改變，改殉葬為出家。其實，妃嬪出家，剝奪了世俗生活的權利，以青燈蓮座為伴，形同枯槁，僅是保命而已，這是相當殘酷的一種制度。

武則天作為妃嬪之一，也不得不隨眾進入皇家寺院感業寺，削髮為尼。而另一位有才華但很軟弱的女侍徐充容卻不願這樣，她哀慟不已，滴水不進，名是懷念先皇，更多的則是一種無奈和一種無聲的反抗。不久，徐充容去世，她以生命為代價贏得了「賢妃」的尊號和正統史家的溢美褒揚。

「好死不如賴活著」，武則天是強者，她不願作一個默無聲息的漂零鬼，她要成功地活著，不要可憐地死去。

這個世界，人們向來都喜歡成功者，不會同情失敗者。

武則天溫溫馴馴地服從命運的安排，這是因為她只有兩種選擇：要嘛像徐充容那樣自殘生命，要嘛入寺為尼等待時機。她選擇了後者，因為在她心中還有一個重要支柱，那就是新皇。她絕不甘心剛剛升騰起來的愛慾之火就此熄滅，她絕對不會將萌動的還不明晰的野心以及她引以為自負的才幹和能力一一銷毀，將之變成一盆冷冷的香灰，她不甘，更不願，她憤懣這種吃人的制度和對女人的踐踏，但一個小小才人怎能與宮廷禮法的巨掌相搏呢。

她還清晰地記得她同太子在老皇病中的私下談話，這是她和其他出家的妃嬪所不同的地方，這種心思，使她得以壓抑恥辱和仇恨。

她拿著九龍玉環，祈盼著渺無希望的人，等待著遙無音訊的日期。那九龍玉環是高宗送給她的，高宗說過：「待三年服喪期滿，我就來接你入宮。」並解下九龍玉環偷偷交給媚娘，說道：「以此為證，誓不相負。」

那個遠離的人兒，此時在哪兒，她每每一想到曾經與自己依偎不捨，海誓山盟的聖上，此刻卻偎依在另外一個珠圓玉潤、美奐美侖的女人的懷裡，她的心都碎了。每每夜深人靜時，她幾乎都聽到自己心碎的聲音，一瓣一瓣地像玉石般裂開，她淚如雨下。她被折磨得日夜消瘦下去，她也想忘記，但她做不到。看到寺裡的老尼清清冷冷一輩子，最終淒冷地死去，比宮裡的白頭宮女還悲慘，她就害怕，她心跳得好厲害。

她六根不淨地念著經，一遍再一遍，她求佛祖賜給她平和的境界。她次又一次地背著《孟子》：「天將降大任於斯人也，必先苦其心志，勞其筋骨，餓其體膚……天！還有什麼樣的痛苦比這更摧殘生命的，天！」

漸漸地，終於她做到了冷靜、沉著，她的內心焦慮如焚，愁苦如浪，但她的外表是冷漠的，是無動於衷的，常常走進雲房，逝去的年月，走馬燈式地晃過一個個人物，她無聲地進行了思索，進行著檢討，從閨秀到才人，由失意淪為丘尼，她經歷了人生的大起大落，命運的戲弄，感情的挫折，世態的炎涼，足以使她脫胎換骨。

她不再以曾是得先帝喜歡，得太子寵愛的媚娘而感到自豪，而是力圖使今天的她和昨天的武媚娘一刀兩斷。嫵媚、柔順、嬌豔，這曾經是她爭寵的武器。現在，她不需要了，她要拋棄它們。她常常故意把身子挺直，表現得滿不在乎。她的目光仍然是誘人的，但是，卻不光有秀美的神采，而是潛含著複雜的、令人生畏的神情，狡黠、多疑、剛毅、冷酷、兇險而且放蕩。總之，她變了，變成另一個人，一個與武媚娘大相逕庭的武則天！這是命運的神力，是環境對她的再造。她在這裡忍受著屈辱和最艱難的等待。

為得李治眷顧，以詩傳情

客觀事物發展中有主要衝突和次要衝突之分，主要衝突是決定該事物發展方向與前途，起著影響全局的衝突。抓住了主要衝突，就找到了解決事物的關鍵，解決了主要衝突，其他問題就迎刃而解。明確了目的、任務，抓住主要衝突，才能不為其他所動，在解決主要衝突的過程中，還要步步為營，把眼前的衝突作結構上的調整或重新安排，再一個蘿蔔一個坑，步步取得最佳效果。人們熟知的孫臏助田忌與齊王賽馬的故事，就體現了孫臏透過調整結構來使事物發生質變的系統謀略思想。齊王的上、中、下三類馬都分別優於田忌的上、中、下三類馬，如果田忌以上等馬對上等馬、中等馬對中等馬、下等馬對下等馬與齊王比賽，絕無獲勝的希望與可能。孫臏建議田忌以上等馬對齊王的中等馬，以中等馬對齊王的下等馬，而以下等馬對齊王上等馬與齊王賽馬，這樣取勝的機率就很高了。武則天便是如此，她知道關鍵時刻，該如何調動本身僅有的「兵力」來解救自己。

武則天與高宗的愛情常常是被許多人所流傳的愛情佳話，實則不然，武則天這一生最愛的人是她自己。既然她為了達到稱帝的目的，連親生的女兒、兒子都親手殺死，她就更加可以為了達到重回宮廷的目的，不惜利用愛情。此時，她對李治的愛情是苦心經營出來的，就連她對李治的每一封情書，每一次笑或顰都是經過精心策劃的，她優雅的文筆，幽怨的情愫成就了她以詩傳情的計謀。

在這些方面，她一點都不失女子本身的細緻和柔情。關鍵時刻，她是面面俱到，風情萬種，她曾寫過一首《如意娘》贈李治：

看朱成碧思紛紛，憔悴支離為憶君。
不信比來長下淚，開箱驗取石榴裙。

意思是說：「我等你、盼你，以至於看朱成碧，形容憔悴。無限的思念使我暗地裡不知哭了多少回。如果不相信，請你打開箱子看看我的石榴裙，那上面還有我流下的眼淚。」

年輕的皇帝並非薄情，他在思念著武則天。他有一首《七夕》詩，恰可與《如意娘》應對。那詩云：

霓裳轉雲路，風駕儼天潢。
雲星凋夜靨，殘月落朝璜。
促歡今夕促，長離別後長。
輕梭聊駐織，掩淚獨悲傷。

對李治而言，武則天簡直就像牽牛鼻子走似的，她太了解高宗了。他根本玩不過她，他深深地愛上了身在佛門的武則天。

是的，愛而不見的悲傷在折磨著高宗李治。但是，在太宗死後的一年多時間內，他還不能把精力過多地用在武則天身上。新臨皇位的繁雜國事使他忙得不可開交，他還無暇多顧。儘管先王謝世後並未發生政治上的動亂，但擺在新君面前的問題仍多如積山，年輕的皇帝不得不躬親處理。

如果說身為一國之君的李治能在朝政紛繁複雜之餘還能惦念著先皇的武才人，說明絕非薄情寡義之輩，而這一切則是武則天不屈抗爭、苦心經營的結果。

利用后妃矛盾牟自身利益

一個聰明的人，他隨時隨地都能敏銳察覺到自己與別人不同之處，從而利用自己的特殊之處，牟取特殊利益、特殊地位。不論誰，不論身處何境，只要自己仔細地分析，總會有特殊之處。武則天就很投機地利用了這一點。

當時高宗為晉王時，選西魏大將王思政的孫女為晉王妃，李治當上皇太子後，她被冊封為太子妃。高宗即位不久，她又被立為皇后。她是唐太宗心目中的好媳婦，長得也很有姿色，但由於名門出生性格過於賢淑，從而顯得刻板無情調。

在後宮，皇后王氏以出眾的淑靜賢德聞名於朝中，她恭順依從，不違背上意，不失為一個國母。以一個國君的角度看，或許她是一個母儀天下的好人選，但站在一個男人的角度看，她卻並非是個如意的好妻子。而高宗性情浪漫儒雅，他是個男人但並非一國之君的好料子，因此如王氏這樣的女子不大為高宗喜歡，只是出於對唐太宗的順從和對長孫無忌等佐命大臣的尊重，才將她立為皇后的。

此時，皇帝正寵愛蕭妃，蕭妃舉止風流，氣質高雅。她為皇上生了一女一男，而且又已懷孕在身，王皇后與蕭淑妃爭風吃醋，衝突達到了尖銳化的程度。蕭淑妃為何許人，史無明文記載，可見其家世不如王氏。李治當太子時，她被選入東宮，封為良娣。高宗即位，她又被升為淑妃。在當時眾多的妃嬪中，她是唐高宗比較喜歡的一個。王皇后不會生兒育女；蕭淑妃卻兒女雙雙，從而直接危及王皇后的地位。因此兩人勾心鬥角，這又引起了唐高宗的不滿。

永徽二年，是太宗去世兩周年的忌日，也是他服喪屆滿的日子，高宗李治履行諾言到感業寺去燒香，並藉機看望媚娘。禮完佛事，他察覺到侍立的尼姑中有一個人在低聲啜泣，仔細一看，正是他昔日戀人武媚娘！她雖然穿著緇衣，但卻還是那樣光彩照人。高宗心裡一喜，藉口龍體勞累，停駕寺中廂房歇腳，遣人密召武媚娘。兩人一見，武媚娘百感交集，兩人相擁而泣。媚娘把滿腹哀怨痛楚化為一語：「陛下位登九五，竟忘了九龍玉環的舊約嗎？」高宗擁抱著媚娘，也墜下淚來，說道：「朕何曾忘卿？只因喪服未滿，不便傳召。今天特到此，名是悼祭先帝，實是來望候愛卿的呀。」

高宗自恨失約，中途沒來看她，也纏綿情懷，溫款撫慰。武則天感動了。

從此，高宗就找機會偷偷來看她。時而歡聚時而別離，倏忽近半年。就在此期間，武則天懷上了太子李弘。皇上與武則天的事情很快被王皇后知曉了，開始她很猶豫，最終她還是決定讓高宗接武則天回宮。她想：接武則天回宮也好，共同對付那個趾高氣揚的蕭妃。蕭妃舉止風流，年輕漂亮，很受高宗寵愛，而這個蕭妃也根本不把王皇后放在眼裡，王皇后想鬥倒她很難，她有高宗撐腰。既然武則天很受皇上寵愛，那讓武則天來對付蕭妃是最好不過的了。

感業寺中的武則天知道這個喜訊時，反倒冷靜下來。返宮雖早已讓她望穿秋水，但她並未料到來得這樣快，她還缺少充分的心理準備。一年多的尼庵生活也使她體驗到人生之路的險象叢生。她猜想，召還的背後一定還隱藏著什麼。她沒有得意忘形，而是更多地想到回宮後的事，預想著將會出現的種種情況。

一個白雪皚皚的冬日，皇帝親自派來的使者向武則天宣佈了召她返宮的聖旨。接著，一行宮人、太監捧著御賜服飾、用物來到感業寺。武則天一年多來第一次認真地坐在妝台前理妝。望著銅鏡中仍具魅力的面容和神奇地生長出來的滿頭烏絲，她露出了得意的笑容。這是勝利者的微笑，是黑夜盡頭復見光明般的喜悅。黃昏青燈旁難挨的日子啊，你終於結束了，感業寺的鐘聲將不再給人以淒苦，它將伴隨著歲月的流水，永遠地消逝。

自然而然，皇上冷落了蕭淑妃，據說有一次，蕭淑妃終於耐不住寂寞來東宮，瞧瞧王皇后找的這個合夥人武媚娘到底是怎樣的一個妖精。王皇后非常氣憤，身為妃子到皇后的門上來找麻煩，真是豈有此理，卻聽淑妃說道：「臣妾今天特意來看娘娘。聽說娘娘自己的母雞孵不出蛋，從什麼尼姑庵裡找了一隻來，我想看看是隻鳳凰呢還是隻野雞呢！」

王皇后聽了，反唇相譏道：「妖狐狸嗅覺靈，放的屁也臭。」

武則天腆著肚子出來，她知道免不了一場交鋒，從這女人嘴裡她知道其陰毒厲害。但她身分低，便隱忍著羞恥，先施禮道：「妾拜見淑妃。」

蕭淑妃打量了她片刻，並不答禮，哈哈大笑地說：「噢，果然齊整，怪不得能讓皇上入迷，專門從尼姑庵裡揀回來呢。」又說，「瞧你這樣恭謹有禮，本妃怎麼受得起呀？」

武則天不軟不硬地說道：「知禮乃人道，非禮乃禽獸之道耳。淑妃在皇后娘娘面前非禮，妾卻不能不知禮也。」一句文雅清冷的話竟是這樣有理有力，無形中又回罵了淑妃先說的「野雞」的罵語，讓淑妃一愣，竟是無話可答。惹得王皇后嬌笑不止，蕭淑妃討不到便宜，悻悻而去。

這個王皇后和蕭淑妃兩個冤家一對頭，誰也不讓誰。王皇后什麼賢淑、端莊的品性都煙飛雲消了，剩下的只是呲牙咧嘴地與蕭妃針鋒相對。然而，武則天知書達禮，反應敏銳，皇后非常喜歡，她極為感激武則天的應和，她更為滿意武則天的機靈和才識，心想，以後我們倆聯手起來不怕對付不了你個蕭狐狸。於是便在高宗前面稱讚武氏之賢，高宗極為喜歡，如此和睦相處的妻妾，能不欣慰嗎？皇后又勸高宗給武則天一個名分，武則天就被封為昭儀了。

男人能做的，女人一樣能

武則天對自己非常自信，然而她的自信是有所依恃的，她是有實力的，經磨歷劫，信念堅定，洞察微毫，勵精圖治。她堅信自己的能力與實力，當政時期天下太平，萬邦悅服。她懂得了，實力乃自信之根、威嚴之卒。實力與威嚴是成正比的。武則天與皇上並立而坐，共理朝綱，從不斷的實踐中增加了她的才能，更增加了她的自信。

高宗生性仁懦，讓武后不放心朝政之事，性格中的好強驅使著她。每次上朝，皇上在前視事，武后垂簾在後，直接聽政，政無大小，都直接由武后與高宗一道裁決。於是，群臣朝謁，萬方奏表，都稱武后、高宗為「二聖」。武后名副其實的成為執政皇后。從此，唐朝進入了「雙聖」統治時期。她在治理大國，討伐東征，鞏固邊防上都做出不可磨滅的功績。

曾經一時，武則天懷著太平公主，即將臨產時期，體力不支的她還不得出廷干涉朝政。而當時，突闕正進攻大唐。朝堂上氣氛肅穆緊張，朝臣們黑壓壓一片跪在地上，一致懇求唐高宗李治發兵，征討突厥，收回已經淪陷的西北五省，不能再猶豫了，否則國將不國。李治被朝臣的勸諫所振奮，同時也有些猶豫不定。

此時武則天匆匆進來，當堂跪下，「臣請聖上從速發兵，以緩邊境燃眉之急！」

所有人都很吃驚，李治不由自主地起身從龍位上站起來，扶起武則天，低聲埋怨道：「媚娘，你怎麼來了？別動了胎氣！」

武則天推開李治的雙手，「臣妾請皇上馬上發兵，五省已經淪陷，突厥長驅直入，再縱容他們的話，大唐基業將危在旦夕！」

李治吃驚道：「不是說孕期應避免戰事，避諱血光嗎？」

武則天慷慨激昂地陳辭道：「我腹中之子與大唐基業比起來，輕如鴻毛。現在是危機時刻，請皇上以國事為重。」

李治的心情一下輕鬆了，「好！說得好！這是皇后對大唐的一片心意。」所有大臣都被武后的器度所打動，名將裴行儉出列跪地，慷慨陳詞：「我要親戰突厥，保證在十日之內，凱旋而歸，把突厥打到關外。」

李治被跟前的情景所打動，他莊嚴地發出了征討蠻族的宣戰令，「傳旨，即刻發兵，討伐突厥！」眾臣群情激昂，所有人齊呼萬歲，異口同聲地說：「謝皇后，大唐基業將永遠記住這一天。」

此處並非武則天故意造作，她為政期間，鞏固邊防，收復安西四鎮，做出了一番鴻業。用她自己的話說是：「先帝棄世，把社稷託付給我輩，不敢多加愛惜自己的身體，一心只為國為家……」的確她為天下事是盡心盡勞、竭盡全力的。

當一士卒飛奔而來說：「大總裴行儉大將軍一路渴飲……刀頭血睡，臥馬鞍橋，連戰七天七夜傷亡慘重……但最終……最終取得了勝利。」站在皇帝後面的武則天，脫口而出：「好！」那神情，非天者不備也。

她還將李世民交下的國業發揚光大，條條是道，當邊疆高麗國內部發生內亂時，她乘機行事，派兵遣將，東征討伐。為了使高麗之戰事盡快取得進展，武后又調整部署、加強兵力，以老將李勣為遼東道行軍大總管，以司列少常伯郝處俊為副大總管，帶領左武衛將軍薛仁貴等，水陸並進，援應前軍，並授龐同善、契苾何力為副大總管，悉受李勣節制。薛仁貴遂領兵為前鋒，與高麗兵相逢，大戰一場，竟獲全勝，殺死、俘虜高麗兵萬餘人，攻下扶餘城。接著，扶餘川中四十餘城均懾於薛仁貴之聲威，望風請降。

李勣聞扶餘城克，很是高興，即派侍御史洛陽人賈言忠向京中告捷。武后問軍事進展情況，賈言忠說：「此次高麗必平。」高宗問道：「卿何以知之？」

賈言忠回答說：「隋煬帝東征而不克者，人心離散故也；先帝東征而不克者，高麗內部團結、無隙可乘故也；今高麗微弱，權臣擅命，泉蓋蘇文一死，兄弟交相攻奪，泉男生傾心內附，為我之嚮導，彼之情況，無不知之。以陛下之聖明，國家之富強，將士之用命，其勢必克，不須再費事了。」

武后又問諸將情況，賈言忠說道：「薛仁貴勇冠三軍；龐同善雖不善鬥，而持軍嚴整；高侃勤儉自處，忠勇果敢有謀；契苾何力沉毅能斷，性格雖有點刻薄好妒，卻不失有統馭之才。不過夙夜小心，志身憂國，卻還不及李勣。」高宗及武后深信其言。從賈言忠的話來看，武后對將帥的調度任用是很適當的。知人善任，是致勝的關鍵。

此時，她早已看清，李治的優柔寡斷和懦弱無為，她十分失望，慢慢地她在內心看不起他。她認為萬人之主的皇帝，做事要有魄力，拿得起，放得下。「仁愛」對於一個天子而言，那只是手中的一套把戲，用得著的時候，打開心胸用「仁愛」。那只是騙人的手段，千萬不可當真，而高宗就是在這方面太認真了，因此常常會因小失大。做大事的人就要有一定的心理承受力，經得起風雨和輿論，才能完成胸中的大目標。居高位者，必定是大利小利不能兼得，大忠小忠不能兼備，不放棄小利就得不到大利，不捨棄小忠得不到大忠。

在武則天不動聲色的表情下，心靈深處在吶喊：男人能，女人也能，而且做得更好，卻為什麼在簾幕之後，統馭萬眾，為什麼只能是一個李家的兒媳，為什麼不能是名正言順的武氏女皇。

她的自信是可敬的，她的野心是可怕的。

在與敵手的較量中，她逢戰必勝，這使她更加狂妄放肆起來。她行事更加霸氣十足。天下太平，四境畏服，百官迎合，這歌舞昇平的現像是在她手中製造出來的，她為之自豪。

從一般的妃嬪上升為皇后，而後又成為輔政皇后，與皇帝並列聽政，有生殺予奪之權，能決定天下萬事，一種權威和榮耀感在武氏的內心掀騰，自尊心得到極大的滿足。

以前她就羨慕這一男人世界，感到後宮之狹小，現在這個男人世界卻操縱在自己的手中，她成了萬人景仰的統治者，這使她神清氣朗，活力倍增，豪氣頓生。一種騎在馬上自由驅馳的幼時景象竟浮現腦中。現在她權威赫赫，俯瞰群臣，就像這種感覺，她面前的天地開朗無涯。她自己認為因她武則天的輔佐，她與高宗已和歷史上的秦皇漢武、和她景仰的唐太宗並駕齊驅了。

如今天下此般盛況，經濟繁榮，人口興旺，她可以向整個蒼穹大聲的宣示大唐的聲威和繁榮，宣告她的政績，她要讓天下百姓知道這是我武則天莫大的功勞。她還要宣告世人：還小看女人嗎？男人能的，女人一樣能！並且比某些男人做得更為出色！

她把自己身心都給了天下，現在開始，她要向天下一點一點要回整個自己。她具有這等魄力！

第三篇　鐵血鐵腕，力鎮朝綱

想要獨攬大權，穩坐江山，文武百官、天下百姓都心悅誠服，當然有一套嚴密獨特的政治管理，而管理除心計與手腕外，更重要的前提條件是「隔離」。「隔離」產生了距離，距離產生誤解，產生神秘，距離也產生了「美」，從而便產生了威嚴和敬畏！

古自王侯將相，今至經理老闆，凡成功之士，他們都做到既要籠絡人心，又要保持距離。因為他們深深地懂得，保持距離能更好地籠絡人心，籠絡人心能促進距離的效益。

距離的藝術，妙在「隔離」

武則天的行動是不動聲色、並且譎疑莫測的，她給人的感覺是站在你眼前，卻離你很遠，沒有人從她的表面神情中，揣測出她在想什麼、如何想，下步又會出那顆棋子。

做了女皇後，她更加懂得如何運用「隔離」的手段，造就距離的藝術。她知道這很重要，她從不曾將真實的自己全面地展現在另一個人面前，而且她還故意製造隔閡。人前人後她從來不多說一句多餘的話。她認為話說多了，自然而然將自我的各方面流露了出來，對她而言，被人了解並非好事，被人了解多了便容易被掌握、被攻克。因此，她深深地明白隔離所能帶來的效益。隔離產生了距離，距離產生誤解，產生神秘，產生了信你是不同與我輩，信你不是非凡之類，從而距離便產生了美和敬畏。

一個至高的統治者，她要成功，必須有一套別人捉摸不到的「隔離術」，從而擁有一個誰也無法越雷池的自我領域，在那個空間裡，很神奇、很理智、很陰晦，但也很公正。

「人在高處不勝寒」她常常覺得世界和她自己一般冷酷，她很孤獨很寂寞。

其實，人生的本質，本來就是孤獨。平凡的人在孤獨中默默地度過一生，不平凡的人在孤獨中最大限度地發掘出自己的人生價值，從而超凡脫俗，與眾不同，卓而不群。武則天便屬後者。

武則天從不會面對面與人進行對壘，她自己得留著雍容高貴的面貌去面臨天下臣民，如此才有威信。她需要一批各持所能的支持者，不遺餘力地為她剷除絆腳石和反叛者；而她自己只需聲色不變地發號施令，就足夠了。

李義府、許敬宗、崔義玄、王德儉、侯善業、袁公瑜等人在擁立武則天為皇后的過程中可謂鞠躬盡瘁。特別是許敬宗、李義府等還為武則天解除威脅立下了大功。因此，他們率先得到了武則天的提攜和重用。

許敬宗一直是武則天最得力的支持者。早在武則天第二次進宮後不久，他就成了武則天的心腹。當唐高宗欲立武則天為皇后時，他與李義府等人「贊成其計」，不僅暗地裡東奔西跑，拉攏勢力，而且宣言於朝，製造輿論。當武則天要解除政敵威脅時，他又誣奏韓瑗、來濟與褚遂良不軌，進而誣奏長孫無忌謀反，將他們或貶或殺，收拾殆盡。因此，他受到武則天的高度重視。

眾所周知，許敬宗是歪曲歷史的能手。如他在隋末江都兵變之際，父親許善心遇害之時，貪生怕死，不敢營救。封德彝知道此事，並說了出去。於是，他便對封懷恨在心，「及為德彝立傳，盛加其罪惡」。他將女兒嫁給出身微賤的左監門大將軍錢九隴，「乃為九隴曲敘門閥，妄加功績，並升與劉文靜、長孫順德同卷」。凡此種種，都說明此人史德很糟。

但是，論才能，許敬宗確實是一個學識淵博、文采出眾的人物。

總的來說，武則天抓住了各人的特性，分配其任務，在解除威脅、爭奪皇權地位的鬥爭中，她利用了李義府、許敬宗為首的一批支持者。待長孫無忌、褚遂良等人命喪黃泉之後，他們的政治位置都被李義府等擁武之輩取而代之了。原來長孫無忌、褚遂良、韓瑗是宰相，而今宰相成了李義府、許敬宗等人，他們以巧妙的手段支持了武則天，為她登基之路掃清了阻礙，發揮了極其重要的作用。他們君臣一唱一和，其實是互相利用，卻各取所得。這是政治的需要，也是政治鬥爭的產物。

她需要有人為她唱黑臉，李義府、許敬宗等人做到了。她要留著顏面好唱白臉，因此，即使她和別人離得很近，但是永遠都猜不到她在想些什麼。她給人的感覺就如同兩顆星星之間的距離，看似很近，然而那兩個星球的距離，總是那麼遙遠。

老臣恃重，不知武氏心狠

「揮淚斬馬謖」的故事，眾所周知，凡事不以情感好惡而定，而依利害得失而行。其身不為我所用，至賢至忠之臣，忠於他主，賢為他君，何用？殺！更何況所謂「無毒不丈夫」，古來成大事者，無不如此。唐太宗殺兄逼父而有「貞觀之治」，雍正血腥殺子奪宮奠定乾隆盛世之基。政權的鬥爭向來是：非魚死即網破。論毒論狠，天下至毒莫過於婦人之心。

武則天早已謀算好要登皇后高位，然而她明白王皇后的勢力和地位，王皇后並非簡簡單單為李治的結髮夫妻，她家世在朝中勢力強大，她在後宮又威勢奪人。並且那幫權威赫赫的老臣與皇后都有著互存互利的關係，朝廷中以褚遂良和長孫無忌為主的關隴集團與王皇后父輩祖輩是南征北戰榮辱與共之交，武則天要爭奪皇后之位，就等於要與這幫老臣們爭權，因此要登皇后之位，先將這些三朝元老鏟平，才能對付王皇后，只有如此，才能一躍而上，步步青雲。

而這個長孫無忌是李世民託孤之臣，以前在立高宗為太子時立下大功，又是高宗舅父（長孫皇后之兄），他的話李治不能不聽，如此以來武則天只能另尋辦法擺平他。

為了能打通長孫無忌這一關，以示敬重，緩和緊張的關係，也是請舅父不要固執的意思，武則天與高宗決定到長孫無忌的府第去一次，武則天要到虎穴裡去闖一闖了。

在一天黃昏，高宗攜武則天乘著便輦，偕至太尉長孫無忌府第，還派人送來十車金銀珠寶、綾羅綢緞。長孫無忌驟聞高宗與武則天來到，急忙恭迎，並備下美味佳餚招待，彼此閒談暢飲，歡快和諧。酒過數巡，武宸妃問及長孫無忌嗣子，無忌即命諸子出見。長子沖已任職秘書監，唯寵姬所生三個庶子年齡尚幼，均未列官。

武則天即請於高宗說：「元舅為國元勳，理應全家受蔭，願陛下推恩加賜，遍及舅門，方是酬庸盛典呢。」高宗會意，即面授無忌三位庶子散朝大夫的散官銜。無忌想推卻，不蒙允准，乃令三子拜謝。又賞賜各樣禮物，無忌也收下了。此時高宗才旁敲側擊地說：「皇后無子，又無后德，怎麼辦呢？」長孫無忌明白來意，但他狡猾地裝做不懂其意，顧左右而言他，不做正面回答，但也沒有明確地表示對武宸妃不滿的態度。

此後，武則天又讓母親楊氏到無忌府第拜訪，點明意圖，女兒要立為皇后，必須借重舅父的力量。可是，長孫無忌仍不明確表態。武則天又潛令許敬宗去勸說長孫無忌，如此多次，長孫無忌對他不理不睬。許敬宗因立武則天為宸妃有功，高宗已下詔升他為禮部尚書。長孫無忌本不喜歡這個關外士族出身的人，後見他屢來勸說，到最後，竟大發雷霆，指著他的鼻子大聲斥責他。

努力爭取的結果是失敗。長孫無忌等心意已決，透過這種迴避不言的態度告訴了高宗，意在讓他退縮，讓武則天死心。看來，與關隴集團硬碰硬勢在難免。

武則天在幕後泰然注視著這一切，她暗下決心：無毒不丈夫，我已做到仁至義盡了，既然你不仁，休怪我不義了，不除長孫這塊絆腳石，誓不為人。

高宗又召集長孫無忌、褚遂良、來濟等人於內殿商議立後之事。

褚遂良與長孫無忌約定，由他來面爭，以免皇上非難元舅，沒有退路，無法收場。高宗問及立后廢后之事，褚遂良上前言對。高宗不聽。褚遂良即跪奏道：「陛下就是想改易皇后，亦當擇選貴族。武昭儀昔事先帝，大眾共知，今若復立為后，豈不貽譏後世？臣今忤陛下意，罪當萬死。」他將上朝用的朝笏放在寶座之前，以退職相威脅，說：「今將朝笏敬還陛下。」說著，解下頭巾，在地下叩頭出聲，以示強烈抗旨之意，頭上的血都叩出來了。

高宗見他如此態度，大怒，命左右牽出褚遂良。長孫無忌趕緊說：「遂良受先朝顧命，有罪也不可加刑。」

韓瑗這時站出來說：「皇后是陛下在王府時先帝所娶，沒有大錯，就予廢除，令天下人寒心。」來濟也幫腔說：「立皇后應選知禮義的名家之女，文靜賢慧，符合天下人之所望。所以文王娶貴族之女，就興旺發達。」

高宗對三朝元老這一招非常厭惡，事態發展到這種地步，變得非常棘手，「苦口婆心一籮話，不如枕邊一陣風。」高宗擁武則天為后決心已定，事到如今，弄得他終日寡歡。而李勣卻極識時務，其實憑他正直而真實的感覺，他是擁王皇后的，他比較了解武則天這個女人：她不本分。然而他與武士彠又是多年深交，無論在情在理都不該反對易后之事，更何況他了解高宗的平庸和懼內，他想既然事已經勢在必行為什麼還做無謂的反抗。而此時如護武則天，把必能蔭庇後世，此時的高宗正需要一個像他這等聲高望重的大臣來支持一把，讓他有理好講，有路可走。李勣是先皇重用之人，如果得到他的贊同，就名正言順了，可以撇開關隴集團而給易后之事畫上個圓滿的句號。

武則天洞悉朝中爭議，她看到了唯有李勣是沉默的。李勣也是個聰明人，他不願得罪勢力雄厚的關隴集團。於是，武則天指使李治私自召見李勣，高宗對他說：「易后之事，朕意已決，可是遂良與無忌等臣固執不從，朕甚是為難，試問愛卿意見如何？」

李勣微微一笑，輕鬆地說：「此乃陛下家事，不應該問外人。」這句話似乎並沒有正面回答皇上的詢問，但實際上明確地告訴了高宗：「不要聽他們的，自己決定的事不要猶豫，他們不敢把皇上怎麼樣。」

是啊，以天子之尊，決定一件易后的事，誰管得了呢？對那些人以後不倚重就是了。薑是老的辣，這句話既啟示了高宗，又啟示了武則天，但他們又必須有他這位與長孫無忌同樣德高望重的元勳這句話才行，才能夠有勇氣。

不久，高宗下詔，貶褚遂良為潭州（今湖南長沙）都督。這已經是撇開關隴集團，決定改立皇后的一個信號。再不久，高宗下詔：王皇后、蕭淑妃陰謀害人，廢為庶人，后母及兄弟，一並除名，流放嶺南。並除削王皇后父親王仁祐的特進、魏國公、司空的尊號。

武則天不能就此甘休，走到這一步，她的殘忍和毒辣一發不可收拾了，她將王皇后和蕭淑妃囚禁在後院，要把她們活活折磨到死為止，以此來平衡自己內心的隱秘和痛苦，她將內心受忍的無人訴話的苦心都發洩在王皇后和蕭淑妃身上，以解心中的仇恨。

高宗他畢竟是個重情之人，他與王皇后十多年的夫妻之情，怎麼會驟然忘卻呢？在易后問題上關隴集團的固執太讓他生氣、沒面子了，而今天回想起來，又覺得把王皇后、蕭淑妃整得太慘了一些，內心不忍。今她們被打入冷宮，情況不知怎麼樣了？他從隨從那兒知道了王、蕭兩人的囚禁之處，即到後院去探望她們一下。高宗來到後院，只見一間封閉得嚴嚴實實的石屋，雙門緊閉落鎖，只有牆角下留有一個小洞，可以遞送飯菜。高宗見此情景，心中大不忍，便喊道：「皇后、淑妃，你們在哪裡？」

石屋裡的人聽到皇上的聲音，哭泣起來。王皇后一邊哭泣，一邊答道：「妾等既然得罪陛下，做了囚犯，恨不得立即死去，轉世再來侍奉皇上，怎麼還能享有這樣的尊稱？」

淑妃則哭著求皇上道：「皇上如果還念昔日的情分，使我們重見光明，請皇上就把這院子取名為回心院吧。」高宗勾起舊情，不勝悲痛，就安慰說：「朕想辦法，你們不要過於悲傷了。」臨走，王皇后還一再叮囑高宗早日來接她們。

武則天得知此事，非常氣惱，看來皇上還舊情未斷呢。索性一不做，二不休，乾脆來個先斬後奏，殺了這兩個賤人再說。

第二天，武則天便帶著貼身爪牙趙田，去了封閉的後園。

太監打開了房門。門一開，臊臭之氣立即衝出門來。武昭儀擺手示意，讓趙田等人靠牆站著，她則迎著臊臭氣走向門口。她看了看王皇后與蕭淑妃，便說：「皇上來看望你們，我本想同來，可是讓事情纏住了，只好此時來看望二位。」她的語氣柔和，無絲毫惡意。

王皇后仍低頭坐著，看不見面部的表情，蕭淑妃的面色有點緩和、疑惑的樣子，兩人都沒說話。她接著道：「皇上曾說過，要將二位從這裡搬出去，可是，這事還比較難辦。搬到哪裡才好呢？皇上甚為躊躇，我也在費心思。蕭淑妃好辦，只要仍去住淑妃宮就是了。可是皇后該怎麼辦？昭儀宮倒是閒著，可是皇后去住又覺不合適。如果再立個名吧？一時還沒想出來。後來，我想就用個明妃的名字如何？皇上還沒拿定主意，也不知二位意下如何？」

王皇后聽了武則天一席話，抬起頭來，也用懷疑的目光向門口看。她懷疑是自己聽錯了，這話能是武則天說出來的嗎？難道太陽能從西邊出來？不會的，於是她道：「能聽豺狼念經嗎？惡人能變善心嗎？淑妃，妳怎麼能相信鬼話呢？」她的語氣平靜，不怒，不嗔。

武皇后道：「姓王的，妳是狗咬呂洞賓，不識好人心。像妳這樣的人活著沒用，死了卻又臭一塊地。」

王皇后平靜地道：「如何？狐狸尾巴藏不住了吧？從妳一開始，我已猜定，妳是不會有好心的。今天，妳到底來幹什麼？為了奚落我們嗎？哼！」蕭淑妃用鼻子哼了一聲，惡狠狠地道：「阿武，原來妳是來戲耍我們。妳……妳這個潑婦，是不會好死的。」

「住口！妳以為妳們還是往日的皇后和淑妃嗎？妳以為妳們想罵我就罵我，想整我就整我嗎？」「打！給我重打五十杖，兩人一齊打。」武則天氣急敗壞地命令道。趙田等五人衝進屋，舉杖向兩人打去。王皇后與蕭淑妃從出娘胎，也未挨過一次打，這次，太監手中的竹杖，打下去又重又狠，毫不留情。王皇后與蕭淑妃從竹杖第一下打中就哀聲叫起來。竹杖不斷打下去。

「叭！叭！叭！叭！叭！」

「哎喲媽呀！哎喲。」王蕭兩人一齊叫喊疼痛。竹杖不斷打下去。王蕭兩人在草堆上滾動，挨了十杖，已是衣衫破碎，血從臉上、身上流出來。兩人不斷哀叫。太監手中的竹杖不停地揮動，武則天仍在喝令狠打。沒有人查數，不知打了多少竹杖？

王蕭兩人已從草堆中滾下來，滿地滾動。兩個人的囚服本就破爛不堪，此時已是一絲一縷的了。頭髮披散開了活像是個鬼，臉上、身上流出不少血，血染紅了衣衫，染紅了地面，又沾上一些乾草。竹杖仍在兩人頭上、身上落下。「叭叭、叭叭叭」的聲音不斷從兩人身上傳出來。起初，王皇后不斷喊叫，蕭淑妃邊叫邊罵。後來，王皇后的叫聲低了，蕭淑妃已無力罵了。王皇后不再叫了，蕭淑妃也不叫了，只是輕輕地滾動著，似在下意識地躲閃。最後，兩人全不動了，都暈過去了。

她還當即利用後宮家法，下令將王氏、蕭氏截去手足，塞進酒甕。王、蕭兩人慘遭酷刑，哀號而死。臨刑前，王氏跪在地上絕望地說：「願皇上萬歲！昭儀當了皇后，妾身只有死的份了！」蕭氏卻怒罵道：「阿武妖精，害我到這種地步，願我再生為貓，阿武為鼠，永遠咬她的喉嚨。」兩人死後，武后下令改王氏為蟒氏、蕭氏為梟氏，因為「王」與「蟒」、「蕭」與「梟」聲音相近。武后害死王氏、蕭氏，是她鞏固皇后地位的一個重要步驟。

但從此以後，她就沒有安穩覺了，她時常做噩夢，夢見她們血淋淋的樣子找她報仇，恍恍惚惚中還見到過她們的鬼魂。

能做到如此地步，非常人所為。一個女人能做到如此，不能不說她沒有絲毫變態的心理。難怪人們說：天下最毒婦人心，就憑這種殺人方法，足以讓人毛骨悚然，敬而遠之了。

為爭權不惜殺女嫁禍

「賊乃小人，智高於人」，正因為足智多謀，才達到「賊」的目的。曹操為了應付缺糧問題，先是決定以小斛散糧，激起眾怨，然後又向主管散糧的軍吏王垕借頭，嫁禍於人，以平息眾怨。這樣透過故意傷害個別人的利益，博得大多數士兵的同情，讓士兵在心理上認為他確有缺糧困難，從而透過此計，把士兵由於小斛散糧對他的怨恨，轉化為對王垕個人的怨恨，轉移了士兵的注意力，達到了平息眾怨的目的。誰能說他是君子還是奸賊，以他的行為而言，乃是個大賊、惡賊、賊王。然而從他的智勇及成就看卻是天下雄霸。

武則天面對爾虞我詐，相互傾軋的宮廷，面對物競天擇、優勝劣汰的世態，為了權勢，為了更好地生存，她不惜犧牲了自己的女兒，嫁禍於王皇后。經過精心的設計，在關鍵時刻，她賊喊捉賊，聲情並茂，對自己的所失痛苦不堪，獲得了周圍的信任與同情。當事人及受害者，誰又能想得到喊捉賊者，乃是賊？

武則天生李賢後，再度懷孕，她生下一位漂亮的女兒，在眾多的子女中，大多是王子，公主就這麼兩個，高宗高興極了。每日下朝，他都要來看看這位漂亮的小公主，疼愛地撫弄逗鬧一番。而王皇后並無一親生子女，皇上與宮女劉氏卻有個兒子名李忠，李忠為李治長子，當立太子，劉氏地位卑下，王皇后收李忠為養子，這樣王皇后也有了皇子。李忠立為太子以後，王皇后又自以為是，子尊母貴，王皇后覺得自己地位可以保存，心中稍有安定。於是，她想緩和一下同武昭儀的關係，以此來獲得高宗的好感，穩固她取得的成果。所以她一改往日冷冷的態度，主動去看望武昭儀，問寒噓暖，抱著小公主又誇又讚。武昭儀是何等的聰明，也虛與委蛇，兩人似乎又和好如初。但王皇后與她在背後互相詆毀，她是瞭若指掌的。她要主宰自己命運的願望和行動一刻也不會停止，她知道這種表面上的和好只會對皇后有利。她也知道，高宗雖然不喜歡王皇后，但對她並無太大惡感。要讓心腸軟的高宗廢去王皇后，是非常困難的，必須採用計策使高宗對王皇后厭惡惱恨。如果高宗這一關都過不了，何談過朝中大臣那一關呢？

王皇后常常來逗小公主玩，雖然她心裡不喜歡這孩子的母親，但她喜歡孩子，尤其是漂亮的孩子，她多麼希望這是自己的孩子，她抱著孩子，將她圓圓的小臉貼著自己的臉皮膚，膩膩的，柔柔的，她憐愛如親生。武昭儀一見這一幕心裡猛地一驚，一個惡毒而且殘忍的計謀湧現在腦中，她咬著牙，那目光是嚇人的，她決心已定。

小公主一百天那日，武昭儀正在宮中散心，聽太監沙啞的嗓子喊道：「皇后駕到。」她便急忙閃入側室。皇后如同往日，將公主抱在懷裡，撫弄一番，小公主哭了，她逗著她，待小公主喜笑顏開。又漸漸睡去，才放回床上，用夾被蓋好，見武昭儀還未回來，便起駕回宮。

門輕輕地打開了。隨之，風一樣地閃進一個人來。她是武則天。她的臉色不大好，有些發紫的雙唇緊閉著。進得門來，她悄悄地插上了門栓，背靠在門上，閉上了眼睛，深深地呼了一口氣。稍頃，她的眼睛睜開了，那目光咄咄逼人，嚴酷兇狠。她走到嬰兒床前，彎下腰去，在那孩子的小臉上熱烈地、長時間地親吻了一下。與此同時，兩滴冰冷的淚珠滴在孩子稚嫩的面頰上，驚得孩子猛地一動，轉過身去。就在這一剎那，一雙顫抖的然而卻是有力的手扼住了孩子的脖子，愈扼愈緊……

武則天像個活死人一樣離開了育嬰室，步履慌張地閃進一處佛堂。面對泥塑佛像，她虔誠地燃上一炷香，跪倒在地，雙手合什，雙目微閉，默默地念起經來。

武則天的貼身宮娥找到她的時候，她正在御花園內陪伴皇上悠然地賞花。此時，她已完全換了一種面孔：神情是安詳的，目光是柔媚的，一雙紅唇帶著動人的微笑。不等宮娥開口，武則天便問：「小公主還在睡嗎？」宮娥點點頭。

武則天便用一種命令的口吻對她說：「快去把小公主抱來給萬歲看看！」宮娥應諾，轉身去了。侍女啟被一看，嚇得半天不能出聲。高宗與武昭儀來到床前，只見女兒面色灰白，身體早已僵硬。武昭儀捶胸頓足地大哭起來，這時她才真正把一腔悲哀盡情傾瀉而出。高宗十分驚異，便追問侍女，侍女們跪著說道：「剛才只有皇后來過，來時公主還哭，走時便沒有聲音了。」

武昭儀邊哭邊埋怨起王皇后來。高宗頓時大怒，說道：「如此悍婦，竟殺朕的女兒，以前與淑妃相互讒毀，如今又做出這樣惡毒的事情。」高宗便去責問皇后，王皇后跪地而哭，無以自解，魂飛魄散。高宗越發相信，廢后之意更加堅定。武則天的目的達到了。

武則天為了權力，不惜一切代價，包括犧牲自己的女兒，親手殺死自己的女兒，殺死一個還在襁褓中的不知人世的嬰兒，古往今來，沒有一個人如此做過，即使在血的政治鬥爭中也不多見，但她做了！

為清除阻礙不惜滅親

大義滅親，本意應是為了維護正義，凡對團體體對國家有害的、違反國家百姓利益的，絕對要不徇私情，使其受集體紀律、受國法制裁，是一種大義凜然的行為。利用這個神聖不可侵犯的「大義滅親」之辭，來實現自己的目的，其威力之大，效率之高是可想而知的。因此在權力面前，武則天毫不猶豫地選擇了這一「正義」之辭，而正是憑藉它，她才順理成章地清除了障礙，從而成功地走向了權力的巔峰。

權力，那是一種君臨萬眾之上的迷人而飄逸的感覺……，武則天凝視著城外廣場上凱旋的戰士們那張張英武的面孔，聆聽著號角洪鳴如展翅的雄鷹，橫掠蒼穹的壯景，她頓悟，她已登上了權慾的梯子，戰鬥不息，無法制止。在權力面前，沒有親情可言，即使是母子。一旦進入角色，武則天是冷血的。

聰明人做事，不想事，只有傻瓜才想事不做事，聰明人在不動聲色地行動中，心裡卻早已在謀劃著下一步，因此他常常在做這一件事時，想的是另外一件事，永遠讓人諱疑莫測。

武則天費盡心機，得以冊封為昭儀，而後又封為「宸妃」，又不辭勞苦，傷筋動骨地清除了關隴集團，不擇手段地置皇后於死地，謀其高位，取而代之。當她與聖上並肩作戰多年以後，她的皇子們已漸漸長大了，這時她才發現最危險的正是離她最近的。

武則天的長子是太子弘，弘沉穩，又仁義，他是一個高貴典雅的皇子，他活在自己設置的理想境界裡，離現實非常遙遠，但他又因為有著高遠的理想而孤獨。這孤獨使他內心時刻蕩漾著一種類似秋水般深沉的悲哀，李治非常愛惜弘的仁義，李治在文武百官前提拔弘時，武則天嘴角不經意地露出淺淺的深不可測的笑容。誰也不知此時的她究竟在想些什麼。

一次，武則天和皇上把自己皇子弘、賢、顯、旦，帶到馬場，想看看各人的技能，眾人議論著各自對幾個皇子不同的看法。一匹紅鬃馬正在木圍的柵欄內狂躁地奔跑。皇子們針對如何馴服烈馬，闡述各人的態度。

賢說：「我要先餓牠，餓得牠沒力氣了，再騎就沒事了。」

顯支支吾吾地說不出來，說：「今天是母親生日，駙馬幹嘛呀？」

太平公主說：「我會找母親幫助我。母親一定會有辦法。因為母親沒有辦不成的事。」

只有李旦非常禪機地說：「我不知道是誰在馴誰？我騎上牠的時候，實際感覺不是我在馴牠，而是牠在馴我。」

弘藉馬抒情，闡述仁義治國的道理，說著突然跪下：「母親，我想在您生日之際，赦免長孫無忌，以體現國父國母的仁慈。」弘一再地糾纏這件事，眾目睽睽之下，武則天頓時啞口無語，非常難堪。而弘卻無法理解母親的處世之道，他把自己的完美理想架在母親肩上，以建立自己作為太子的初步政績。

有一次他又在大庭廣眾之下，又請求武則天將李治的另兩個女兒放掉，說：「兒臣有一建議，請母后考慮。請母親將後宮中的兩個公主姊姊嫁出去。」

武則天一愣，表情明顯地陰暗下去，說：「你知道我為什麼讓她們在那裡嗎？她們在為大唐撫育紅、白蓮花，替李唐王室祈求佛國的福祉。」

弘說：「是的。但是宮裡誰都知道她們是蕭淑妃的女兒，她們在為自己母親的錯誤接受懲罰。母親已經是一國之母，應該不計前嫌。一切已經過去了，上輩的恩怨糾葛不應該再延續到她們身上，她們的年齡已經二十六、七歲了，應該有自己的歸宿了。母親，您的敵人早在地下遭受吞噬與腐爛。

這已是最嚴厲的懲罰，請您放過我的兩位姊姊吧！活人為死人承擔罪責是有違上天仁愛本性的。作為一國之母，萬民仰慕的神明皇后，您更應該不計前嫌，賜予她們女人應得的歸宿。」

武則天看著激動而面孔緋紅的弘，壓抑住怒氣，嚴厲的目光緩慢地轉向平靜。

她壓抑著自己的憤懣與失望，久久凝視著自己的親生兒子，她明白這個孩子已無可挽回地成為了自己的敵人。

一日，弘從武則天寢宮回來後，顯得十分激動，有些神經質地跟孌童合歡討論關於教化民眾的典籍書的編法，就在此時，突然，一口鮮血從弘的口中噴湧而出。所有的人不由都瞪大了眼睛。就這樣，弘不明不白地猝然死去了。

弘的猝死在宮中成為一個謎，這個「謎」淹沒於大明宮漆黑的陰影中。陰影的背後，卻藏著武則天的冷笑。正是她，將劇毒之物置於酒中，賜予了她的親生兒子——弘，以作為對弘平日裡的桀驁不馴的懲罰。礙我眼者，必斬之，她雖是婦人，但卻絕不會在關鍵時刻心存半點猶豫和仁慈。

弘死後，賢被立為太子，賢隱約察覺到，自己的地位極可能會促使他成為母親的敵人，自己也許很快就會成為母親餐桌上的一道剩菜，被扔進垃圾中去。而事實果然如此，只是沒有他想得那麼快。

上元之夜，皇宮戲台上，武后安排自己的親信明清遠上台演戲，要他飾演白虎，內宮侍衛催促著明清遠，上台前，明清遠不安地問道：「我不會，為什麼非得讓我演戲？」

頭領告訴他：「這是武后的意思。」

明清遠一聽懵了，掐指一算，大呼我命休矣！他穿上白虎的衣服抱著拚死搏鬥的信念走上舞台。

明清遠上場後，開始和演東海黃公的人激烈爭鬥，兩人幾上幾下，一攻一守，打得十分兇惡。大家都為黃公捏把汗，而武則天則不動聲色。太平公主覺得氣氛不太對，但所有人都被台上愈演愈真的格鬥吸引住了，不斷歡呼叫好。太平公主看了一眼賢，他緊張的咬著手指甲。

突然，台上的黃公抽出了一把帶齒的尖刀，除了飾演白虎的明清遠，台下的人幾乎都看到了。面具擋住了明清遠的視線。太平公主不自覺地站起身來。黃公已經一刀捅進了白虎的身體，明清遠被捅死了。所有人都站了起來，賢也站了起來。演黃公的人在台上轉過身來，看著賢，抱拳施禮，表示完成了秘密旨意，而後當場自刎。所有人都不解地注視著李賢。

武則天也站了起來，她看了賢，輕吭一聲離席而去。賢完全懵了，他陷入崩潰的狀態。後來，他終於克制不住自己來到武則天面前，武則天問：「你有什麼事呀？」

賢把屍體掀開，不顧一切地說：「請母后明察，為兒臣洗冤！」賢已經失去了理智。

武則天冷冷地問道：「你的意思是說我派人殺的明清遠？」

賢又慌了，馬上回答：「兒臣不是這個意思。兒臣只是想請母后明查此事，剷除謠言。」

武則天煞有介事地問道：「什麼謠言？」

賢被問糊塗了，一下子亂了方寸說：「這……朝臣之上無人不認為是兒臣指使人殺死的明清遠……」武則天進一步逼問，「如果這是謠言，那又是誰指使的呢？」賢最後一次努力失敗了。武則天讓他先退下，這件事她自有發落。

武則天的步驟在加緊進行，她找到皇上李治，李治的視力已基本上接近失明。武則天義憤地說：「賢殺了明清遠！」李治全然不理。武則天進一步提醒李治：「賢家裡窩藏著很多江湖浪人，圖謀不軌……」最後，李治氣憤、無奈而悲切地告訴她：「妳要廢就廢，別殺他就行，不用跟我說這麼多。妳做事向來不和我商量的。」

就這樣，賢被貶往異地。賢走了，帶著他昔日皇子的夢想與光榮，帶著他曾經擁有的雄偉抱負，往昔的榮耀都隨著這一切漸漸離去……也許，他還應該感到幸運，畢竟他還保住了身家性命。

然而最終，武則天還是派人將他殺死在途中，賢客死異鄉，臨終前他也沒有瞑目，面對著蒼天，他似乎在問一個與弘心裡存在的相同的問題：「為什麼？為什麼我們一定要死？！」不為什麼，只因他們的母親是武則天，只因他們是武則天的皇子，所以他們都得死。

武則天很清楚地意識到，在四個兒子中，只有弘和賢有能力威脅到她，至於顯和旦對她則絲毫沒有危害。常言道：「知子莫如母」，她了解自己的孩子，顯糊塗平庸，永遠長不大。旦安於現狀，清心寡慾，他們不具備為人主國君的任何一個條件。即使他們做了皇帝，大權照樣落在武則天手中。

俗話說：虎毒不食子。在權力面前，她連老虎此類禽獸也不如。在她心中王權勝過一切，包括骨肉親情。

借位謀權，運籌帷幄

李治並非如人們所了解的那麼「昏庸」無能，李治並非昏君是史有所載的。在武則天未冊封為皇后時，李治在眾臣的輔助下，也處理過一些值得稱道的事件。

李治有一個叔叔叫李元嬰，封滕王，金州刺史。此人驕奢縱逸，遊獵無休，常夜開城門，勞擾百姓。還用石彈打人，把人埋在雪裡取笑。高宗得知後，予以嚴厲的指責，並以考官九等的第七等來羞辱他。

高宗曾賜諸王帛五百段，唯獨沒給滕王元嬰和與他同樣驕奢的皇兄蔣王惲。說：「滕王叔父，蔣王兄長，自己能夠經紀，不需賜物，那就給二位兩車麻吧，好用來貫錢。」兩人大為慚愧。李治這一做法，頗見唐太宗當年風範，就如當年唐太宗對長孫順德的處理：明為贈物，實為折辱。

李治辛勤地守著宮殿，辛勤地操辦家業，辛勤地推動著他的祖輩、父輩建立的王朝。他每日料理政事，批閱奏章，認真地仿效其父皇那種行之有效的施政作風。他厲行節約，以身作則，免去狩獵觀覽和奢侈的宮廷宴會，並一度下令皇家御廚不許進肉食。他禮待大臣，共議國事，尋求坦率的規諫與建議，力扭父皇晚年那種獨斷專橫的陰影。

他事必躬親，在大臣王公面前撐起果敢堅強的樣子，努力使自己符合儒家經典和各種史書上所提出的一介君王的政治抱負。

然而事與願違，李治偏偏遇上了武則天。在陰謀手腕上，他遠遠不如武則天。如同平常百姓之家，誰更有能力，誰更精明，誰就當家。就李治和武則天而言，也是同樣道理的較量。

溫文儒雅的李治不具備一個國君所具備的才能和魄力。武則天卻堅韌不拔，膽識非凡，她具備李治所缺乏的特性，武則天大李治四歲，為先帝的才人，後宮的爾虞我詐，朝廷的爭權奪勢，她比李治感受得更深刻。僅僅憑她自身，就可以一手駕馭李治於無形之中。

她用愛情俘虜了李治的心，使得堂堂一國之君，在六宮粉黛、美女如雲的環境中，竟頻頻向她發誓專寵她一人。雖然李治並沒有做到，但那畢竟是他的心境。況且李治最愛的人還是武則天。李治這棵大樹護庇著她，扶持著她，以「聖上」這不可侵犯的高位成全了她，她成了「聖后」，她的前途和李治的沉浮緊緊相連在一起，他們夫妻共同理政，他們平起平坐，料理國務，一起批閱奏摺。她和聖上是同等尊貴，同等榮耀的。

武則天的確是李治的好助手，李治非常了解她的能力，並欣賞她的才幹。他愈來愈覺得武皇后是他的好幫手，對朝政的種種分析很有道理，提出的許多建議一經採納，朝臣們竟是無話可說，或許還目瞪口呆，他們似乎覺得高宗漸漸不像他們所熟悉的皇上了。這讓高宗很得意，他愈來愈離不開他心愛的武皇后了，漸漸開始對武皇后言聽計從，寵眷不衰。他將朝政交給武則天是最放心的，因為他相信武則天絕不會使國力日漸衰退，而只能使之更加繁榮。事實上，武則天的確也做到了。

由此，李治越發沉溺在對武則天的愛情中，他與武則天共理朝機多年後，漸漸冷落了朝政。在朝堂上漸漸變得日益倦怠，逐漸依賴於武則天了。其實，這只是武則天在不動聲色中一手操縱形成的。

時常在朝堂上，大臣們都被李治倦怠慵懶的情緒所感染。一次上朝時，李治倦怠慵懶，大臣們又為其情緒感染。某大臣有氣無力地稟報：「關中大旱，已近三年，如繼續縱容，臣敢斷言，不出一年，關中皆病夫……。」

李治漫不經心地看著、聽著，或者盯著某些東西出神。他的精力根本無法集中在朝廷的政務上。李易甫剛要開始陳述，李治突然打斷他，說：「李大人，聽說長安城的古井，昨天噴了點水……」他對朝廷的政務頗感厭倦，他感興趣的只是長安城中的奇聞異事。又一大臣出列奏報，「皇上，關於定州的蟲害，該如何處置？」

李治習慣地回頭，說：「皇后以為……」話一出口，他才意識到皇后沒在，李治顯得有些尷尬，大臣們都注意到李治因為武則天不在的失落。李治伸了一下懶腰，看著桌上堆積如山的奏摺，心煩意亂地說：「朝堂至此為止，你們退堂吧。」

李治對政事的懈怠由此可見一斑，這也就給了武則天以可趁之機。「雙聖」時期，只要是比較重要的事件，都必經武則天決定。如《資治通鑑》就總結說：「天下大權，悉歸中宮，黜陟殺生，決於其口，天子拱手而已」。從而可見幾乎是武則天獨攬朝綱了。

在此期間，她運籌於帷幄步步為營，練就了一身不敗的本領，暗中為自己鋪平了奪權、掌權的道路。

隱藏實力，喜怒不形於色

謀略家一般都是有勇有智之士，他們能臨危不懼、泰然處事，且又善於應變。能制狂瀾的情緒呈祥和之貌，喜怒不形於色，愛憎深藏不露（製造假象，迷惑政敵）。使人忽略了他的意志，忽略了他的行動，於是他得以喘息，以謀東山再起。

這種鬥爭手法在中國古代史上屢見不鮮。如西伯之對商紂，劉秀之對劉玄，即提供此種韜晦的典型。商紂時，西伯不負眾望，眾人都稱他為聖人，說他未卜先知，由此深招商紂的猜忌，商紂試探西伯能否未卜先知，以加殺害，將去後患。因此，商紂殺西伯之子以饗西伯，觀其行動。西伯明知其子之肉，而忍痛食之假裝不知，恐商紂知為聖人而加害於他。這種忍耐果能麻痹紂王，紂王放走西伯，後來西伯養精蓄銳，率領諸侯討伐商紂，滅掉商代。

當武則天迅速地受到高宗皇上專寵以後，她的願望和打算曾經是相當美好的：皇后無子，四個庶子之母皆已寵衰，地位低下，而自己正是春風得意之時，生下皇子定被立為太子無疑。子尊母貴，有了這顆定心丸，當皇后難道還成問題嗎？而一旦登上后位，便等於得到了大唐的半個江山。她看得很清楚，皇上處事優柔寡斷，很容易被左右……。野心勃勃的武則天浮想聯翩，喜不自禁，只盼嬰兒順利出世，最好是男兒。

然而，當她正專注於心計，步步為營，設立自己的大好前景時，她的途中卻壓上了一塊石頭。皇上突然決定立燕王忠為太子，這個消息使她憤怒萬分，如遭當頭一棒。但她很快就平息了自己心中的烈火和憎恨，像沒有發生過什麼一般，暗中敏銳地觀察事態，分析原因，很快她便得知是王后的舅舅和褚遂良、韓瑗三人與長孫無忌一起找皇上促成此事。他們向高宗陳述利害，勸其早立皇儲，立王皇后的養子燕王忠為太子。

他們的講述也是很有道理的。皇上登基已三年，而儲位至今還空著，這不利於國家的治理。無嫡立庶，以長為尊，既合古法，又不違今禮。燕王忠少小聰穎，可擔大任；王皇后贊主立庶，胸襟寬廣。速立燕王忠為太子，可以說是安王室、固根本、利國家的大好事，何樂而不為？站在高宗面前的幾乎是他整個宰相班子，是他賴以治國理天下的支柱，對他們的有備而來，高宗根本無法輕易推辭。

面對強大的對手，剛毅的武則天並未氣餒。她在冥思苦想地謀劃對策。她意識到，孤軍奮戰絕無勝利的可能，當務之急是要壯大自己，削弱對手，避其鋒芒，擊其弱處；同時，不可急於求成，企圖一個早上便大獲全勝，應當一個一個去攻，一口一口地將他們吃掉。

首先，她繼續拿王皇后開刀。她像一個飽富韜略的將領一樣對敵情進行了細緻的偵察，對皇后、柳奭身邊的人一個一個地摸清底細，看哪些人是他的親隨和夥伴，哪些人為他們所冷遇、所欺壓。她發現，皇后之母魏國夫人柳氏和其舅柳奭舉止傲慢，不能籠絡人心。他們的宮娥僮僕中不少人都對他們怨恨乃至仇視。或怨他們處事不公，或恨他們對下嚴酷。這些人雖然不得不唯命是從，內心裡卻牢騷滿腹。

武則天像發現了稀世珍寶一樣馬上向這些人靠攏過去。她不失一切時機地表示對他們的好感和關切，甚至秘密派人送去財物，露骨地進行收買。時間既久，柳氏母子和柳奭的侍從半數以上都暗地裡成了武則天的人。他們表面上對主人恭維備至，實際上卻在執行著武則天的指令，觀察著主人的一言一行，並及時地將這些情報傳送到武則天耳中。這樣一來，武則天獨坐宮中便可盡知王皇后等人的行止，對他們瞭若指掌。從此，王皇后柳氏等人便成為了武則天砧板上的肉，武氏可以隨時準備將他們各自做成什麼樣的菜。

她暗自憤憤地說：「褚遂良、長孫無忌，我們走著瞧，誰輸誰贏，還得看日後呢！」

沉著不亂，反敗為勝

遇非常之事時，內心要沉著冷靜。權衡利弊，穩紮穩打，不能感情用事，使自己處於被動之境。臨事不亂，沉著應變，處置得當，以防生亂。古代帝王精通權術，善於應變，精於此道者，大有人在。

金朝末年金宣宗的資明夫人鄭氏就為一例。

當時，蒙古軍犯侵金境，屢屢得勝，同時宋國也進軍金朝，兩面受夾，形勢不利，而宣宗臥病不起，朝廷亂作一團。宣宗立第三子完顏守緒被立為皇太子，而龐夫人之子完顏守純為長子，因此與三子不和，困難當頭，龐夫人母子盼著興兵舉事，以亂取勝，奪取政權。

一日傍晚，來探望的大臣們都離去了，只有資明夫人鄭氏留在室內，看護著宣宗。不一會兒，宣宗自知不妙，便對鄭夫人說：「速召太子，舉後事！」鄭夫人連連點頭。宣宗說完便不省人事，很快就離開了人世。

當時，鄭夫人很鎮靜，只流了幾滴眼淚，並沒有放聲大哭，也沒有大聲呼喚他人。她有自己的考慮：宣宗既死不能復生，哭也沒有用；守純、守緒都是宣宗的兒子，過早地讓他們知道宣宗逝世的資訊，他們肯定為爭奪皇位而發生政變；況且，守純奪儲之心，已有所知，宮中內亂將必不可免。國家正處在危急時刻，宮中再起內亂，那江山必敗無疑。所以，當務之急是要穩住宮中，穩定人心；主要辦法便是確保守緒的皇位，杜絕守純的叛亂。

於是，鄭夫人便裝作若無其事，將宣宗去世的消息封鎖起來。入夜，皇后及貴妃龐氏一起來問安。鄭夫人冷靜沉著，靈機一動對龐氏說：「皇上正在更衣，不便進去，后妃不如先在外室小憩等候。」龐氏信以為真，便走進了外間。鄭氏夫人立即將外間門鎖上。龐氏恍然大悟，知道上當，但悔之晚矣。

鄭夫人立即召集大臣，宣佈皇上駕崩的消息，宣告皇帝遺詔，立皇太子守緒。大臣知道皇上去世，心情沉重，但知道詔立守緒皇太子，心情又覺舒坦，便紛紛告退。這時，鄭夫人才用鑰匙打開外間門，放出龐氏。龐氏萬分氣憤，但大局已定，她無力回天了。

當時，長安城裡傳唱著：「病龍不長久，朝堂飛鳳凰，日月當空照，終究是月明」。上官儀為人清正廉明，他是朝廷忠貞之臣，聽到這些，便和幾位老臣稟告給高宗李治。

李治一臉不屑的樣子：「就這幾句狗屁不通的順口溜，能把朝廷攪到哪兒去?」

老臣裴貞見皇上不以為然，立即聲色俱厲地奏道：「聖上千萬不可掉以輕心。您記得貞觀末年，有太白星晝現，當時眾官都說是『女主昌』的徵兆。民間又有妖書《秘記》流傳說，唐三世之後，武姓女王主有天下。當時，長安城術士雲集，人人皆設壇作法，妖言惑眾。」

「記得，不都給殺了嗎？當時城裡一時血雨腥風，現在想起來，還心有餘悸！不過，先帝認為那些低微的才人、宮娥沒有什麼翻天動地的能量。」李治答道。

上官儀憂心忡忡地道：「可是今非昔比，時勢造人啊。」上官儀一言點中了李治的要害。李治非常明白武則天近些年來接受的實際的鍛鍊。如今武則天在朝廷的勢力和地位和往昔沒法相比。李治親身感受到自身經常受到武則天的轄制，作為一個皇帝，他有苦難言。她的才幹和能力使李治極為壓抑，並且她霸佔著一切發揮才智的機會，不讓李治涉足。李治極為苦悶，天下沒有一個皇帝，天生願意皇后的權力勝過他自己。

「這倒是有損李家皇朝的名譽。」李治用手撫顏，看得出他的頭疼病又犯了。上官儀見皇上發話了，立即說道，「皇上，您覺得怎麼好呢？」

他頓了頓，更用力地揉著雙額，「我現在的頭痛病最忌思慮，這麼多年的血親相殘，讓我實在沒心情再幹什麼了，你們應該體諒我的心思。這件事就交給你們了，你們應該知道我是什麼意思。照你們說的辦吧！」

上官儀一聽就明白了，「皇上的意思我們都領會了，這事就由我們來辦。」

李治點頭說：「你們應該體諒我的處境。下去吧。」

第二天，皇上和上官儀同行到武后宮中，武則天看著上官儀說：「喲，上官大人也來了，今天是有事吧？您先坐吧。」武則天盯著上官儀的眼睛，目光寒冷，卻依舊一臉的笑。

上官儀躲開武則天的逼視，乾咳了幾聲，側臉望著李治，意思說：「我什麼時候念呀？您可別心軟啊！」

「上官大人手裡拿著是什麼東西呀？」武則天問道。

上官儀想得到什麼暗示。可是李治什麼話也沒說，上官儀只好敷衍道：「是一本書。」

「書？」武則天一愣，立即再次凝視著上官儀。上官儀一直逃避著不敢正視她的目光。武則天心裡就明白了八九分，她把目光轉向太平公主，「太平你過來，妳的書讀得怎麼樣了？」接著又說：「上官老師您應該好好管教她，教她一些朝廷的禮儀。」說到這裡，武則天話鋒一轉，向上官儀：「您那本書能讓我看看嗎？」上官儀乞求似地望著皇上李治，企盼他能控制這種場面。李治卻開始出汗了。上官儀知道一切都完了，只好把詔書遞給武則天。

武則天拿過詔書，看也不看一眼，轉而對身邊小太平說：「我今天要考考你。你把這本書念給我聽。」小太平看了看詔書說：「母后，孩兒有許多字還沒學呢。」

「沒關係，念就是！」小太平接過詔書，磕磕巴巴地念了起來，「什麼什麼……野心……偽臨朝武氏，性非溫順，什麼妖媚惑主。近什麼邪僻，殘害忠良，什麼屠兄……母后，孩子不認識。」

武則天強壓住怒火：「太平，就念最後一句吧！」

「廢皇后……」

武則天把詔書拿了過來，她從不會感情用事，一哭二鬧三上吊。她沉著、冷靜、善於應變。她從從容容而又一言一詞對上官儀說：「您真不愧是大唐的頭號才子，文章寫得非常漂亮……唉。」說著，說著，她眼中充滿了淚水，心中卻另謀後路，下步該如何先發制人，反敗為勝。

「皇上，您是明天上朝宣旨，還是現在就宣了？」面對滿腹怨屈的武后，李治一下子就像洩了氣的皮球，他似乎完全垮了。上官儀知道此事已無可挽回了，只能坐以待斃，屋內出現難堪的沉默。

第二天朝堂上，李治比平常更顯威嚴地坐著，武則天安然如往日，依然目光祥和，笑臉宜人的。只有上官大人沒有到。

皇上把他派到很遠很遠的地方去了。因為那一紙廢后的詔書，上官儀被流放了，理由是與原太子李忠大逆謀反。

在生活中，有許多人心計頗多，他在辦事過程中讓別人看不出他當時的心情處於哪種狀態之下，他們的內心時常是翻騰的，而表面平靜如水。歷史上成功的謀略家們都是如此，喜怒不形於色，也只有喜怒不形於色才能讓他們步步得逞，最終成為成功的人。這樣的謀略家們個個都有很多張臉，今天這張臉，明天那張臉，連他們自己也弄不清那一張是最真實的臉。曹操是個變臉大師，誠偽結合，智謀多端，讓人難以捉摸，也便難下對策。武則天當然精通此道，正因她處處不形於色，智勇沉著，才能以冷靜的心態去處理惡境中的難題，從而反敗為勝，一舉而成。

借人成事，清除阻礙

在政治鬥爭與軍事鬥爭中，領導者個人的智慧與力量則是有限的，要想戰勝對手，取得事業的成功，必須依靠他人之力。所謂借用他力是指：一、借人成事，即善於利用第三者力量打倒自己的對手；二、借用別人力量，來解救自己的厄運；三、借用部下之謀，解救自己面臨的問題；四、借用外力，擁兵自重；五、以敵制敵，削弱敵人，戰勝敵人。《兵經百字・借字》云：「己所難措，假手於人，不必親行，坐享其利；甚至以敵借敵，借敵之借，使敵不知而終為借，使敵既知而不得不為我借，則借法巧也。」借他人之力為自己圖謀，也是謀略運籌的一個主要內容。

當時長孫無忌等關隴元老已經認識到，高宗再不會像以前聽話了，與以前相比已判若兩人，可見，武后不僅僅只管六宮之事，在後廷生兒育女，間或寫點像《內軌要略》之類的勸婦德的書，而且還不守婦道、轄制皇上。他們感到有必要讓皇上明白女禍誤國的道理，並要反擊武后打擊關隴人士的舉措。長孫無忌自武后冊立以來，銜恨在心，不在朝堂上趨奉，而是編纂《武德貞觀二朝史》等書，穩如泰山，但他的眼睛、耳朵都在關注朝堂上的事。然而，打頭陣的還是韓瑗、來濟。

他們要為褚遂良辯解，讓這位德高望重、敢說敢為的顧命大臣再回到朝廷中來，改善朝中局勢，同時規勸皇上防止女禍誤國的現象發生。

韓瑗上奏說：「褚遂良體國忘家，是國之元老、陛下的賢相。無聞罪狀，就被趕出朝廷，內外百姓無不哀嘆惋惜。褚遂良已被貶多年，就算違背陛下旨意，對他的責罰也足夠了。請陛下念他是無辜受冤，稍微放寬責罰，以順民情。」

高宗聽了，說道：「褚遂良的情況，朕亦知之。然其悖戾犯上，故以此責之，你們為何說得如此嚴重呢？」

韓瑗、來濟見聖上心已動，又奏道：「遂良乃社稷忠臣，為讒諛之人詆毀。昔微子去而殷國以亡，張華存而綱紀不亂。陛下無故棄逐舊臣，恐非國家之福！」又勸以「赫赫宗周，褒姒滅之」等語。這些話很明顯是針對許敬宗、李義府和武后的。皇上不肯聽從。韓瑗等人又以辭官威脅，皇上也沒有准許。

李義府便見機行事，見縫插針，趕緊來個落井下石，誣告褚遂良與韓瑗、來濟密謀反叛。他誣奏說：「侍中韓瑗、中書令來濟，與褚遂良正在暗中謀劃叛亂，因為桂州是用武之地，所以他們提出讓褚遂良當桂州都督，想用他作為外援。」

高宗本來是心無城府之人，聞奏大驚，遂下詔貶韓瑗為振州（今海南省南部）刺史，來濟為台州（今浙江天台）刺史，終身不許入朝。又再貶褚遂良為愛州（今越南清化）刺史，貶柳　為象州

（今廣西象州縣）刺史。這樣關隴集團終於瓦解。在韓、來兩人被貶的同時，李義府被授為中書令（中書省長官之一，掌軍國之政令），兼檢校御史大夫。禮部尚書許敬宗被提升為戶部尚書。

歷史上有作為的帝王將相及高明的謀略之士，他們的高明之處常常就在善於利用集體智慧，借助別人進行謀略。中國古代君主的謀略，許多都是借助於謀士的謀略而做出的，而有些則是君主與謀士共同謀略的結果。因而，君主能否正確地運用謀略之士，直接反映了他們的政治策略。當然，武則天與其走狗李義府的謀略水準是勿庸置疑的，不過，此時的武則天卻完全是邪惡的。所謂：臭味相投，一拍即合。

水到渠成，一蹴而就

水到渠成，瓜熟蒂落。俗話說船到橋頭自然直，它藉靠的是水勢。而要想完成事業，達到最終的目標，就必須創造一切有利的條件，經過一定的過程，然後抓住最後成熟的時機，孤注一擲，一躍成功。

為了登上皇帝的高座，武則天藉李義府等人之手將三朝元老逐一殺戮，她不惜代價，犧牲親生女兒，藉「雙聖」之位，不斷鞏固自己的權力，廣泛培植羽翼，她利用一切強硬的手段，將通往皇權之路的絆腳石一一掃開，她知道，她已達到水到渠成的境界，一旦時機成熟後，她將不費吹灰之力，大功告成，一蹴而就。

武則天殺了弘和賢兩個太子後，她的皇子李顯（唐中宗）登上皇上寶座。李顯的無能是眾所周知的。曾經在一次朝堂上，文武大臣正為出兵邊陲、降伏突厥之事而發生爭執。文官主戰，武官主和，一文官手裡拿著象牙諫板，諷喻不敢出戰的懦弱武將，武將非常氣憤，一把奪過象牙諫板，反唇相譏：「你手無縛雞之力，何談征戰！」文官不服，往回奪板。兩人僵持不下，爭來搶去，十分荒唐。

這時李顯說話了：「眾卿不得無理，既然雙方各有異議，那就聽朕決定，你們就以拔河區分勝負，勝方決定此次戰事。」文武眾臣瞠目結舌。宦官找來繩子，顯把香囊繫在中間，為雙方助威吶喊。

正酣時，御林軍進入兩側，李顯大喝：「朕正議國事，你們來幹什麼？退下！」眾臣肅穆，李顯發覺情況有異，急忙回頭，發現武則天已坐在皇位上。武則天無視李顯的存在，指示婉兒念詔書，廢李顯。李顯不服，質問母親自己犯了什麼錯？武則天說：「你什麼也沒做當然什麼也沒有錯。」武則天考慮到他的柔弱，把他的流放地從遙遠的盧陵改為房州，封他為盧陵王。

之後，李旦登基了。李旦是智慧的，他以清心寡慾的性格得到武則天的寬恕，得以生存機會，他對弘和賢態度冷淡，他了解武則天最終的目的。

一次，武、旦和眾臣都在議事殿商量徐敬業、駱賓王等人的討武檄文該如何處理。兩個老臣藉著徐敬業和駱賓王的才華和影響，以為時機已到，斗膽上書，暗示武則天的權力過大。

武則天淡笑道：「駱賓王鼓動天下討伐的僅僅是一個妖媚的女人，徐敬業十萬大軍要對付的僅僅也是一個女人，這就表現他們的軟弱，我的強大；排除我的個人行為，還有我是個女人外，檄文裡並沒有涉及到我在治理國家的事務上有什麼功過，說明我幹得還不錯。你們說呢？」眾人無語。

武則天轉而問李旦，「我是當退？還是不退？」

一直靜坐一旁的李旦，出人意料地掏出一份早已擬好的辭呈，呈給武則天，說母后非但不能退反而應該進，還應該做一國之君。眾臣譁然，一起給李旦跪下，勸李旦收回辭呈。連武則天也為此感到意外。

人人對李旦的做法都感到困惑。李旦自有他自己的一套人生觀。在他心底，對武則天的能力是欽佩的，對武則天的手段是畏懼的，他的淡薄名利、清心寡慾挽救了他自己。

接著，上朝時分，大殿空蕩，全無往日的喧嘩，朝堂的寂靜更襯托出武則天的寂寞與孤立，只有上官婉兒站在她身後。李旦的位子也是空的，站在皇位面前她第一次覺得孤獨，面對這個兒子親手、畢恭畢敬讓位給母親的皇位，她生平第一次有了害怕的感覺。她知道李旦的讓位，只是明哲保身，以求得生存機會的做法。可見他很了解母親的手段。武則天此時覺得有些悲哀。

於是，武則天親自來請求皇上收回辭呈。李旦婉言道：「母后，我和幾個皇兄不一樣，你還記得嗎？我就不喜歡讀《論語》，我喜歡老莊。我生活的信念是寧靜淡泊，沒有政治的雄才大略，沒有什麼治國的本領。你把我放在這個位置上就像把鳥兒關在籠子裡一樣，永遠也看不到天空，違背我的本性。母后，您不一樣。母后是我唯一崇拜的人，從父皇時到今天，天下已在您手中，至於名分，是男是女，姓武姓李，只要普度眾生即成。請母后不要在乎一兩個腐儒的議論，母后明白這個道理。請母后給我這個機會。」

一番話說得武則天十分激動，對李旦，她是愧疚而又感激的，她感激李旦的智慧給了她一個不必再昧著良心冷酷無情去擊殺骨肉的機會，她沒想到他竟然以這樣的方式、突如其來的畢恭畢敬、拱手相讓將皇位捧到她的面前。她對李旦刮目相看了。既然連皇帝兒子都已看出她的能力，她也不再推辭了。

當萬事準備齊全，達到「天時，地利，人和」之時，再抓住一次機會，一蹴而就，一崛而起，則大功告成也。

武則天就此一步登天，終於坐上了盼望已久，夢寐以求的權力頂峰。

第四篇　培植親信，厚植人心

愚者認為自己是聰慧的，真正的智者知道自己是愚笨的。

自古「文能安邦，武能定國」。一個窮奢極慾的聰明人會不惜一切抓住時機去學習，去摸索。唐太宗譽魏徵為「人鑑」，誰又能想到他自己卻為身旁一個小小的才人提供了最好的借鑑？她以唐太宗為自己的楷模，取其所長，學習了他求賢納士，知人善任，從諫如流……這些美德，襯托了她巧於心計、知機識竅、心狠手辣的特性。

而她的雄心浩浩、魄力威威亦令人震驚。

向來是魄力與實力成正比，實力與尊嚴也成正比。

女皇帝，應天命？

「量小非君子，無毒不丈夫」，一個女人，既非君子也非丈夫，想要大量，必須得忍到有能力制勝敵方時，再使毒招。「忍」字頭上一把刀，忍著很痛，但一忍則百順。以忍求達，以退求進。周易說「尺蠖之屈，以求伸也；龍蛇之蟄，以存身也。」當進則超，當退則忍，得以待機再起。自主沉浮，這是能人的屈伸之法。

君主處於不利形勢時，為了達到一定的政治目的，必須掩飾自己的真實感情，想方設法取得政敵的同情，不使加害於己，乘機溜去，這也是常用韜略。

歷史上還有不少人物每當覺察他人陰謀時總是偽裝自己，裝作麻木不仁，無所知曉，以防他人覺察而加害於己。

掩飾自己的才能，也成為封建君主常見的策略之一。三國的劉備就善於掩飾自己，應付突如其來的事變。劉備善於偽裝，隨機應變，以逃曹操之耳目。他在兵敗之後，投奔曹操，但恐曹操猜忌，終日種菜，示無大志。曹操煮酒論英雄，說他是英雄，他驚恐萬狀，匙箸落地，恰好此時雷聲大作，乘機騙曹操說自己膽小，「聞雷迅速必變」巧妙掩飾自己，瞞過曹操。《三國演義》寫詩以讚劉備：「勉從虎穴暫棲身，說破英雄驚煞人。巧藉聞雷來掩飾，隨機應變信如神。」

當武則天還為唐太宗的才人時，白天經常可看到太白金星。自古以來，人們認為太白在白天出現，是更換天子的徵兆。在太宗取代長兄太子建成，成為皇嗣之前，便有人上奏在白天看到太白閃閃生輝。「這是否就是泰取代承乾，成為太子的預兆呢？」太宗腦海首先閃過的，就是這樣的念頭。接著，太宗的腦海裡，又突然浮現了不知不覺中已忘記的，令人極不愉快的一件事。那就是密藏在宮中書庫裡，有一本書上如此寫著：「唐三代後，有女王武氏滅唐。」太宗偶然發現這個秘密檔案時，心中一震，不過當時以為這一定是怨恨大唐的人所為，並不在意。

現在兩件事交疊在一起，太宗便有些坐不住了，於是他秘密召來太史令李淳風，這個李淳風自幼就有俊才之名。長大之後，對天文、曆數及陰陽之道，有精湛的研究。因此，太宗才親自召他前來擔任太史令。

李淳風到太史局後指出，過去的天體觀測器並不完備，獲得太宗的許可，完成了黃道渾儀，這在當時是劃時代的新儀器。渾儀又稱「渾天儀」，用以描繪天體，測定日月星辰之運行，其形狀與今日之地球儀相似。又根據渾儀完成渾天說。認為天體的形狀，如同鳥蛋；天地之間的關係，就像蛋白包著蛋黃，並可測定兩者之間的距離和角度。所謂渾天，就是「沒有角和凹凸的圓形為天」的意思。和很久以後西歐的天地的概念（他們認為天與地成水平，而且明確分隔，地是平的）比較起來，確實令人吃驚。此學說與今天的科學觀點極為相近。李淳風更能絲毫不差地推算日食的時間，是個使太宗不得不敬畏的天文學天才。

太宗熱切地詢問：太白星在白天出現，究竟代表什麼意義？這件事和過去焚燒的秘密檔，是否有關聯？

「經臣觀察天象，古卜曆數的結果，」李淳風以沉痛的表情，慎重地回答：「這一次的太白之妖，顯然和秘密文件有關……而且，那個女人也已經在皇上的宮內了。今後不出三十年，這個女人就要成為天下的主人，滅亡大唐的子孫。太白之妖正是這個徵候。」說完，李淳風臉上的冷汗，泛著慘澹的白光。

如果這句話是別人說的，太宗可能大怒，並立刻將說這種不祥預言的人，處以極刑。但太宗具有理性，並顧及現實，他也努力使自己保持如此的形象。

因為尊重李淳風的才學，及預言的能力，太宗才勉強抑制憤怒。可是，儘管李淳風是碩學之士，對這一次的預言，太宗卻無法全面相信，也不能心服。他認為自開天闢地以來，中國歷代都沒有出現女天子啊！這簡直是荒唐無稽的言論。但隨後又想到：萬一形成太后專政的局面，並非不可能啊。而且史上也有這個例子。李淳風的預言，使太宗心悸。現在，需趁早將這危險的煞星除去才可以。

「既然如此，就要盡快抹煞、斷絕將來的禍根。」

「可是，人力無法改變天命。由天命決定為王的人，無論如何都無法消滅。徒然殺害許多無辜，也沒有什麼用處！」李淳風繼續說道，「現在，即使能將此人殺害，天或者在以後會生出更年輕的人物，災禍將會更大。如此，可能使皇上的子孫完全滅絕，情況更可怕。以上臣所說的，都是為臣子者不該說的話。但臣誠心誠意卜出的事，只能據實稟告，別無選擇。」

此時，李淳風的臉色已變得蒼白，但聲調仍舊平穩，有諄諄說服之意。他深知這個神秘的預言，經他研究的結果，和直覺的判斷看來，必成事實。面對他敦厚篤實的口吻和十分的誠心，太宗不得不答應。太宗也不知道嬪妃以下的宮人，以及尚儀局等六局的女官，和眾多的宮婢等後宮數千女人中，有幾個是姓武的。太宗心裡首先想到的，就是最近頻頻受寵幸的才人武媚，太宗究竟有識人的眼光，他也很自然地看出：武媚年紀雖輕，卻有著不凡的膽量、智謀和教養。武媚並非一個單純的、柔順可愛的少女。

不理會李淳風誠懇的忠告，趁此時機消滅武媚，連同不祥的預言及流連不捨的情緒一起埋葬，對太宗而言，並非難事。藉故要一名才人死，輕而易舉。若現在立刻執行，等於破壞了李淳風坦誠率直的忠告。「即使要消滅武媚，也要先靜觀一段時間，找個適當的時機」這是太宗最後的想法。

原來唐太宗一直都沒有寵幸武才人是如此多種原因構成的。從那以來唐太宗對武才人更是毫無興趣，卻是暗中多加留意她的行徑。而武才人本身就好爭強好勝，佔有慾極強，看到許多和自己同樣身分的宮女一一受到寵幸，她萬般失落。那些宮女和妃嬪雖然表面像是毫無制度的，只看皇帝喜歡誰就幸臨誰，可是無形之中卻近乎於輪流著服侍皇上似的，因此往往地位、級別極低的宮女也總

會不小心地「輪」到那麼一次。或者就是武才人自己還沒有輪到而已，於是她把一切希望都寄託在「明天……」、「總有一天」會輪到自己，她深信自己的容貌皇帝不會視而不見。但日子一天天過去了，武則天一天天憔悴下去，容顏一天天在改變，她在痛苦中煎熬著。

正在這時，宦室之間互相流傳著，從民間湧進來的流言：「唐三代而亡，女王昌。」唐太宗和李淳風之間的秘密，絕對不可能外洩，但是當時的星相術非常興盛，民間也有大量傑出的星相家，就先前「太白之星」的徵兆，推算出「唐三代而亡，女王昌」這樣的奇徵怪相。

「唐三代而亡，女王昌！」這是多富有衝擊性的流言啊！

武則天想到這裡，一個念頭像閃電般，帶著錐心的痛楚，從心頭掠過。武則天不由得尖叫一聲冥冥中她突然想起，小時候一天，家中來了一位客人，這個客人不是別人，他是赫赫有名的相士袁天綱，益州成都人士，極工相術。據說大業元年曾為杜淹、王珪、韋挺三人相過面，說杜淹以文藻見知；王珪十年以後能得五品要職；韋挺必得士友提攜，初為武職。又對三人說：「二十年外，恐三位同被責黜，但暫去即還。」後來，果如天綱之言，其實只不過是巧合罷了。杜淹很快升任侍御史，武德中為天策府兵曹、文學館學士，王珪為太子中允，韋挺為太子左更率。至武德七年，因慶州刺史楊文於反叛事件的牽連，都流配巂州。玄武門事變後，三人又都被召回，分別授官。

武士彠請袁天綱為其夫人楊氏相面。袁天綱便玩弄起相士騙人之伎倆，審視了一會兒，說：「夫人必生貴子。」

武士彠又喚出兩個兒子，天綱見元慶、元爽說：「此二子官可至三品。」又對楊氏的大女兒說：「此子也能大貴，但不利其夫。」

乳母又抱來了二女兒。她穿著一身男孩衣服，十分活潑可愛。袁天綱一見，大驚道：「此小郎君神色奧徹，不易知曉，讓他走走看。」於是，乳母把她放在地上。孩子走了幾步，袁天綱又讓她抬頭看，大驚說：「這位小郎君龍顏鳳頸，伏羲之相，富貴之極。」袁天綱又從側面將這孩子審視了一會兒，又驚奇、又遺憾地說：「可惜是郎君，若是女，當為天下主。」看！袁天綱多麼會阿諛奉承啊。聽罷袁天綱這一席話，武士彠滿心歡喜，酬謝已畢。

後來，武士彠在病重時，從困難的呼吸中，吐出沙啞的聲音，反覆告訴她的話，每一個字都變成轟轟的雷聲，在她耳畔響起。當時父親為了向八歲的幼女武媚說明袁天綱是何許人，以及要女兒記住他的預言，用盡了最後的一點力量，並且不准武媚用筆記下來。「用筆記下來，等於你心裡打算把這些話忘記。這些話絕對不可以用文字寫下來，只能銘刻在心。而且，絕對不可以說出來，知道了嗎？」父親的樣子，彷彿禁止她詢問。年幼的女兒，以聰慧的大眼睛看著父親。父親眼裡充滿溫暖熱切的光彩。武媚抿抿嘴，對著父親用力點頭。父親死後，武媚有好幾次像念秘密咒文一樣，在心裡默念著這個預言。進宮時，這句話還鮮明地留在腦海裡。爾後，命運的捉弄，使她無暇顧及，預言的魔力也漸漸淡了。出乎意料的殘忍現實，形成一道不可逾越的牆，使武媚對預言的魔力產生懷疑，預言的影子也就一天比一天淡。

這是令人頭暈目眩的一大衝擊，武媚全身顫抖，無法站穩，整個人跌坐在地上。久久不得寵的謎，像積凍已久的冰，碰到春天的陽光，一下子溶化了。

隨著她也就敏銳地察覺到自身危險的處境，伴君如伴虎，一不小心，這隻老虎將張開血口，吞掉你，一想到這裡她不寒而慄，然而，她還能調節自己的心理，很快她緊張的情緒被一臉蒼白，消瘦，不得幸寵而幽怨的楚楚動人所代替。

太宗皇帝一直默默觀察著自己身旁這個武才人和徐才人，她們除了性格一剛一柔之外，幾乎沒有什麼特別突出的區別，武則天也沒什麼異端，對自己畢恭畢敬謙和柔順。徐才人多次受到太宗的寵幸，而這個武才人，只因姓武而受到了如此不公的待遇。太宗心裡嘆了一口氣心道：「武媚娘呀，武媚娘，這不能怪朕，誰叫你偏偏姓武呢。」

武則天，心知肚明，卻不得不忍，她做出一副毫不知情，楚楚可憐，而又不知所措的樣子，讓皇上看在眼裡，憐在心裡。

漸漸的，武則天知道唐太宗是不可能幸寵於她了，她故意再在自己身上雪上加霜。俗話說：「女為悅己者容」既已無人悅己為何而容，武才人為了生存下去，特意偽裝出那種敢怒不敢言的哀怨化作清愁，消瘦在自己的容顏裡，她把薪俸存起來，「留得青山在，不怕沒柴燒。」總會有用得著的時候。金錢，沒有人會真心真意拒絕它，人人都喜歡它。她不再與後宮佳麗一樣刻意打扮自己。慢慢的她與後宮那些庸脂俗粉如天壤之別，她們都各自頻頻臨寵，個個打扮得花枝招展，招搖過市，她們不厭其煩地重複著群芳爭豔、明爭暗鬥的把戲，為了區區一夜的幸臨她們各自得意的飛上了雲霄。

但這些在武則天看來是多麼的幼稚可笑，她心裡對她們是鄙視的！然而現實中，連小小的宮女，得寵後都總不免冷嘲熱諷地數落她一番，那些女人似乎都以為她大概不太像個女人，或者沒有女人所有的本能，否則為何作為天天侍奉太宗筆墨，日日伴隨他左右的一個才人，卻依舊是個老處女。她的心是痛楚的，她默默地承受著，夜夜獨守空房，這分明是一個棄婦，不論在何時，棄婦都是恥辱的。

時常黑暗的疑雲，和毫無希望之光的絕望，以及使人精神上比絕望更不堪忍受的一點微弱的希望，二者互相糾纏，使得武媚夜夜噩夢，無法成眠。武媚輾轉反側，屢屢從噩夢中驚醒，怕吵醒鄰室，只有暗自飲泣。

她看見過，宮人住的一棟棟房屋裡，雖然不多，卻也有幾扇門上貼著白紙，寫著「禁宮」。武則天聽說，這是不吉祥的房間，曾有宮人在裡面上吊自殺。

一般人都相信：上吊而死的人，會成為厲鬼。由於靈魂不能超度，為了免除痛苦，就去找另外一個犧牲者。找到適當的目標之後，就引誘她和自己一樣上吊。如此，厲鬼才能超生，甚至再轉世到這個世界上。

聽一位老宦官說，有一次，一個入宮不久的年輕宦官，由於好奇心的驅使，悄悄的撕下「不開之屋」的封條，準備到裡面看個究竟。就在這一刹那，他一聲慘叫，昏倒在門外。經過悉心照顧後，這名宦官醒了過來，他餘悸猶存地描述當時的情形：當他向房間裡看時，黑暗中有一個打扮華麗的宮女站在裡面，身邊散發著奇異的青光。在他緊張得倒吸一口氣時，那個宮人對年輕的宦官嫣然一笑。就在這個時候，他像遭雷殛似的，撲通倒地，後來就失去了記憶。不久之後，這名小宦官就發高燒，像瘋了一般，上吊而死。

說到殘忍，任何妖魔鬼怪碰到宦官也要退避三舍。然而這樣的宦官也非常迷信，像小孩子一樣，怕見鬼怪和任何不祥的事情。當武則天第一次聽到這個故事時，她看到那個老宦官一面說，一面害怕的樣子，覺得好滑稽，費了好大的力氣，才沒讓自已笑出來。如今，蟄居斗室，且被煩惱所困，夜裡就彷彿看見那名吊死的女人。那個女人脖子上還拴著繩子，雙眼凸出，在淡淡的燈光下，向她招手，嚇得她全身都起雞皮疙瘩。夢魘連連糾纏著她，如此堅強的她都曾想過自殺。但是，不，不，她不想死，她還如此年輕，她還有那麼多的路沒走，她不能如此消極下去，不能！

漸漸地，在空暇之時，她便開始背讀詩經，練書法，她的書法有一定造詣，就是當時在唐太宗身旁，失意、無所事事之時練就的。那時後宮還流傳說：「努力做學問的，都是失寵的人」是非常有道理的。

終於，唐太宗不由得憐惜從心中生起，他看著十八的少女，如花一般正處於人生的春天，卻容顏淒清如早凋的薔薇。她似乎正遭受著整個後宮的欺凌與冷落。她幾乎是素面朝天，蛾眉清秀，臉色蒼白，纖弱的身材，臨風不禁，以至有著淒麗的風味。太宗想這大概便是哀豔吧。在「理」字上皇帝這麼做總是有理的，但在「情」字上皇上反倒像是欠了武才人什麼似的。然而她依舊含淚的微笑，殷勤的態度與誠懇的言語，太宗感動了。一個小小的才人，卻令堂堂國君鼻子都酸了。他氣憤地想：區區一個才人，一個女流之輩，能成什麼大氣候，能使大唐皓皓江山如何？真是荒謬之說。

貞觀二十二年四月，唐太宗聽人劾奏武衛將軍李君羨圖謀不軌。這時他突然想起以前的一件事來，那是在內廷御宴上，大家喝酒喝得開心的時候，他命各大臣以言小名為酒令。輪到李君羨，他說其小名為「五娘子」，當時太宗聽了大笑說：「何方的女子，這麼健壯英勇？」李君羨的原籍在武安縣，又被封為武連縣公，處處帶著個「武」字，聯想到「女主武王」的《秘記》，這不正應在他身上嗎？於是他下令誅殺他。

就這樣，李君羨做了替死鬼，了了太宗這個心結。

在歷史上，一些人物，每當盛世，他們又處於劣勢時，總是乞靈於韜略之術，進行垂死掙扎。他們既不甘心失敗，而又無力公開對抗，只得暫時忍耐，裝死躺下，等待時機，以便東山再起。武則天就是以此手段獲得重生的機會，叫當時人防不勝防，連李世民這樣老奸巨猾的人，都能騙過，還有什麼人能與她對壘。

厚植親信，強化權力網

身處困境時，人人都希望得到別人的幫助。智者身處困境時，天下人爭相與之；而愚者身處困境時，天下人爭相躲之。這是什麼原因呢？這是因為智者平日善待他人，所以在困難時，別人也會善待他；而愚者卻截然相反，所以身處困境時，無人援助他，使他處於四面楚歌的絕境。這就是所謂「欲將取之，必先予之」的道理。

在未親政之前，秦王政就懂得拉攏一大批有才幹的人，如李斯等。而在親政之後，又拉攏了一大批賢士。這些人在他奪回王權一統天下的事業中立下了汗馬功勞。他們之所以忠心耿耿地為秦始皇效力，很大的一個原因就是當他們在社會底層苦苦掙扎時，秦王政慷慨地幫助了他們，使他們走上了富貴之路。因此，他們對秦始皇感恩戴德，為秦始皇出謀劃策，衝鋒陷陣，效盡犬馬之勞。

據《呂氏春秋》載：趙宣子趙盾在到周都絳邑去的途中，見在一棵彎曲的桑樹下有一餓昏倒地的人。趙盾停車給那人吃食，餓昏之人吃下兩口後就緩過氣來，能睜開眼睛了。趙盾問那人怎麼餓成這樣了，那人回答：「我給人做奴僕，回家路上斷了糧，又羞於行乞，也不願隨便取別人的食物，所以餓昏路旁。」

趙盾給他兩塊肉乾，他十分禮貌地接了卻並不把它吃掉，問其原因，他說：「我家有老母，想把這肉乾留給老母吃。」趙盾勸他吃了，另外又給他兩塊肉乾和一百枚錢後，然後就離開了。

兩年後，晉靈公想殺掉趙盾，在房中伏兵以待趙盾到來，靈公假稱請趙盾來飲酒。趙盾來到房中感覺到了氣氛異常，當明白靈公意圖之後，酒飲至半就要離開。靈公命房中伏兵立即追殺。其中一人追得特別快，搶先追到趙盾面前，說：「公主上車快走，我將為你去拚命掩護，阻擋追兵。」他趙盾感激不盡，問其姓名，那人卻說：「何必要知道名字呢？我就是那棵桑樹下的餓倒之人。」他反戈相擊，與靈公兵士拚搏而死。趙盾得以脫險。先前趙盾無求回報地施恩於人，沒想到，使他得到了一名以死相報的勇士，讓他脫離一次死亡的險境。

這一故事說明廣泛助人必得眾人相助。趙盾的智慧就在於他的與人為善，在於他的慷慨助人，不分貴賤窮達。而秦王政只要是有才之士，不分貴賤窮達，他都攬於門下，給予優厚待遇，這實際上也是廣泛助人的一種形式。

武則天要與皇后一決雌雄，她決心一定，便立即付於行動，行事果斷，絕不會猶猶豫豫。她立即意識到自己要籠絡住那些進進出出的六尚女官、女史們。有她們說話，皇后就難以誣陷她。而且她還能掌握皇后及蕭淑妃的一舉一動，可以事先防備。武則天畢竟經歷了種種磨難，思維清晰，能力非凡，一下抓住了誰也沒有注意到的要害。她以前在宮中的經歷告訴她：別小看這些宮女，她們消息靈通，對自己的處境自卑傷懷，希望人尊重，並喜歡搬弄是非，尋機而起，以改善處境。

武則天行事果斷，她既已發動，絕不會猶猶豫豫。她在宮女們身上下起了功夫。本來，王皇后為人端莊有禮，但固執拘泥，時時刻刻不忘自己的地位，因此不太體貼下人，不願籠絡她們、俯就她們。而魏國夫人柳氏自以為是皇后之母，平時頤指氣使慣了，宮女們既怕她，又恨她。武則天自己曾是宮人，體諒宮人們的痛苦，所以並不濫施威風，而且言語有禮中聽，深得人心。而如今，她既有心於此，就更八面玲瓏了。

只要得到皇上的賞賜，她就把禮物不論厚薄，統統轉賞給她們，尤其是被皇后、柳氏薄待的尚官、女史，她更是用心籠絡，賞賜更豐，毫不吝惜。所以宮女們無不敬重、同情和效忠武則天了，有什麼心裡話願同她說，對各宮中發生的事也願告訴她。用這麼一個小小的手段，武則天就輕輕鬆鬆地成了宮中最受擁戴、消息也最靈通的人了，對王皇后、蕭淑妃處的一切事情也清清楚楚。所謂知己知彼，百戰百勝，就是她收到的回報。

原來，王皇后就當時自身的處境來看，面對武則天的步步緊逼，狗急了也會跳牆，無奈之下與其母柳氏出了個餿主意，用了民間「巫術」咒詛高宗和武則天，僥倖咒死他們，太子忠繼位。

但這一策略很快引來了麻煩。因為小小的後宮早已是武宸妃的天下。皇后那邊的事自有耳報神速報告了武則天。說也奇怪，高宗開始感到頭部疼痛，痛的感覺是一陣陣發緊，難以忍耐，太醫也不明白這種病的根源，無從措置，武則天即讓太醫向皇上報告此事。高宗李治得知大怒，親到正宮查驗，結果到皇后床下果然找到證據。李治氣極，當即下令：禁止柳氏入宮。並下詔罷吏部尚書柳奭，貶為遂州（今四川遂寧縣）刺史，接著又貶為榮州（今四川榮縣）刺史。廢去皇后的決心也更堅定了。

武則天不會不有所顧忌，所以能打通長孫無忌這一關，無疑是一條捷徑，也是使朝中穩定的關鍵舉措。因此，武則天與高宗決定到長孫無忌的府第去一次，以示敬重，緩和緊張的關係，當然也請舅父不要固執。

然而努力爭取的結果是失敗。看來，與關隴集團硬碰硬勢在難免。因而，為了謀權，她不遺餘力，想盡一切辦法來拉攏人心，培植自己的擁護者，豐滿自己的羽翼。當她看中了李義府，便不擇手段，不分是非籠絡了李義府。

顯慶元年八月，洛州有一個美貌的婦女淳于氏因姦淫罪囚於大理寺監獄。新官僚李義府聽說大理獄來了一個美女犯人，便想將她置於別宅，收納為妾。為此，囑咐大理寺丞畢正義免除她的罪過。畢正義心領神會，將淳于氏判為無罪。大理卿段寶玄對此案頗為疑惑，上奏天子。高宗皇帝命給事中劉仁軌等人進行審理。李義府唯恐事情洩露，便殺人滅口，逼迫畢正義在獄中自縊而死。皇上早聽武后提過李義府為賢能之輩等等，因此，知道後，竟不怪罪李義府。

侍御史王義方憤憤不平，欲相彈劾。他自知這是件極危險的事，先對他母親說：「義方身為御史，不能糾除奸臣便是不忠；可是如果自己獲罪身危，便是不孝。對此，我難以打定主意，請母親大人指點！」

其母親回答說：「你若能盡忠事君，我死了也沒什麼，只管去做吧！」

於是，王義方面奏皇上，說：「李義府竟敢明目張膽殺害了堂堂的六品大理寺丞，實屬目無國法。即便畢正義是自殺，也是因為畏懼李義府的權勢。生殺之權，本應出於陛下之手，這種無視皇威的作法絕不可長，請陛下詳查！」王義方還說，李義府本無奇能，只不過因他容貌好才被前黃門侍郎劉洎舉薦為官。

王義方的劾奏，皇上根本不聽，反而說王義方毀辱大臣，言辭不遜，並免除了他侍御史的官職，貶到萊州當一個司戶小官，而對於李義府的姦淫濫刑之罪，根本不予追問。

這件事後，李義府兼任了太子右庶子之職。之後，一舉成為當朝的宰相，而監修國史和弘文館學士之職照舊不變。不久，又加封太子賓客，晉爵河間郡公。顯慶三年，又追贈其父李德晟為魏州刺史，他的兒子連懷抱中的都得了官爵。皇上還下詔為李義府選甲第，榮寵無人能比。

李義府的提升和榮寵是武則天支持者崛起的開始，這是一支士族力量的隊伍。武則天不需要向別人乞求援助了。因此李義府的榮寵是武則天的勢力進入新階段的表現。

俗話說：吃人的嘴軟，拿人的手短，李義府所有的這些是武則天一手賜予的，因此對她忠心耿耿。在後來貶謫褚遂良、韓瑗、來濟等李氏忠臣的案例中，李義府起了不可替代的重要作用。

鳥盡弓藏，兔死狗烹

《史記．越世家》道：「飛鳥盡，良弓藏；狡兔死，走狗烹。」意思是說：飛鳥打光了，彈弓就收藏起來了。兔子死了，獵狗也就可以煮了吃了。通常比喻剝削階級的統治者取得勝利後拋棄或殺害給他出過力的人。

武則天一代女皇，當然屬於剝削階級的統治者，並且是最高的統治者。這方面也便做得更加透徹了。

她決心整頓朝綱，更加虛心訥諫。她經常詢問大臣：當前還有哪些弊政需要改革，要求大臣們全心全意輔佐她治理天下。

早在永昌元年（西元六八九年），正當武則天嚴厲制裁諸王叛亂的時候，當時的右衛胄曹參軍（掌管宮廷禁衛的官員）陳子昂，就曾多次上表勸諫減少刑獄。他說：

「周朝歌頌『成康之治』，漢朝人稱『文景之治』，是因為周成王、周康王、漢文帝、漢景帝能夠少用大刑。現在陛下的治理雖然很好，不過太平時代應該使上下都快樂，不應該老是有亂臣賊子犯罪被誅。近來大獄增加，逆徒很多……陛下想寬容，可是獄官卻想用極刑，來傷害陛下的心願，玷污太平仁政，我很痛恨他們……陛下為什麼不把這些囚犯都召來，親自責問他們的罪過？罪證確鑿的可以依法判刑，證據不實的應該嚴懲獄吏，使天下人都心悅誠服，人人都知道刑罰得當，豈不是最高尚、最光明的德政嗎？」

當時，武則天看完這道表章，只微微一笑，把它放到一邊。

她心裡已經接受了陳子昂的說法。她自身是一個文才並茂的人，當然很欣賞革新意識極強的陳子昂，她非常器重他的才華和正直。

為了避免被酷吏蒙蔽，武則天決定親自審定重大案件，有時還派遣使者去檢查審訊情況。當時，宰相狄仁傑正被來俊臣誣陷下獄。按刑法規定，凡一審就招認的人，可以免死。來俊臣經常用這個辦法引誘人們招供。於是，狄仁傑在初審時，就嘆息著說：「大周革命，萬物唯新，我是唐朝舊臣，甘心被誅。反叛是事實。」來俊臣見狄仁傑已經招認反叛，就放寬了監視，獄卒也不再嚴加防備。

見到監控鬆懈了，狄仁傑便找了個機會，撕開被子一角，書寫了自己的冤狀，放在絲綿中，又把它縫好。後來又找到一個機會，對判官王德壽說：「天氣熱了，請你將這被子交給我家裡的人，讓他們把絲綿拿掉。」王德壽沒有檢查，就叫狄仁傑家屬把被子拿回去。狄仁傑的兒子狄光遠，從被子中得到書信，連忙上朝向聖神皇帝告狀。

武則天看了狄仁傑的狀紙，就召來俊臣來詰問。來俊臣說：「狄仁傑一審就招認反叛，但他下獄後不脫衣冠，睡得很好，怎麼會服罪呢？」武則天想了一下，就命通事舍人周綝到獄中去察看。來俊臣急忙叫狄仁傑等穿戴整齊，去見使者；又叫王德壽為狄仁傑等代寫謝死表，交給周綝上奏。周綝向來害怕來俊臣，到獄中只是東張西望一番，就向武則天簡單作了會報。

聖神皇帝畢竟是個深謀遠慮的人，她並沒有上來俊臣的當，終於親自召見狄仁傑。在殿堂上，親問狄仁傑：「你為什麼承認謀反？」

狄仁傑回答說：「當時如果不承認，現在早已死在鞭笞下了！」

武則天又問：「你為什麼寫謝死表？」

狄仁傑驚訝地說：「我從來沒有寫過！」

武則天叫人把謝死表拿給狄仁傑看，才發現原來是別人代寫的。武則天終於沒有判狄仁傑的刑，

只是降職為彭澤縣令。武承嗣又多次奏請殺掉狄仁傑，武則天生氣地說：「朕喜歡讓好人，讓忠臣活著使他盡忠盡職為朕效勞。朕討厭透了整天殺人，殺得整個朝廷似乎都血腥撲鼻的。你別再多說一句話，否則讓朕誤會你了，似乎殺了狄公你才能食有味，寢而安……號令已發，不可更改，你不必多言！」

不過，那時告密的風氣仍然很盛。雲弘嗣、樂思晦、李安靜等大臣，都先後被來俊臣殺害。為此，右補闕朱敬則上疏說：

「李斯任秦朝宰相，用刻薄深刑屠殺諸侯，不懂得用寬和的辦法，終於使秦朝土崩瓦解，這是不知變的大禍。漢高祖定天下，陸賈、叔孫通用禮義治理天下，使漢朝傳了十二代，這是知變的好處。不設審訊，就不能應天順人；不用刑法，就不能摧奸息暴。所以設置政權，開告密之端，使曲直的影子呈現，包藏的禍心暴露。這樣就能計不下席，聽不出門，人民安樂，宮殿換主。但是，急跑就沒有好的腳印，快彈就減少了和聲，過去的好策略可以變為當前的壞東西。請陛下觀察秦、漢的得失，考慮時事的合宜，堵塞羅織無辜的根源，掃除奸人結黨的事情，使天下人民安居樂業，這豈不是令人愉快的事！」

武則天看罷奏疏，大為讚許，賜朱敬則絲帛三百段。同時，特地派監察御史嚴善思，去審訊告密者。嚴善思奉武則天之命，認真秉公審訊告密者，結果查出八百五十多個誣告人。告密的內容大多出於虛構，經武則天批准，這八百五十多個人都判刑抵罪。從此，告密誣陷的人大大減少，《羅織經》也不靈驗了。但來俊臣等人對嚴善思恨之入骨，製造事端對他進行陷害，結果嚴善思被流放。不過武則天很快就知道嚴善思受了冤枉，又把他召回京師，讓他在朝廷任職。

此後時間不長，侍御史周矩又上疏說：「負責審訊的官吏，都常用酷刑虐待囚犯，囚犯只求眼前少吃苦，所以只得認罪。其實，現在天下太平，人們何苦要反叛？難道被告的人都想做皇帝不成？請陛下明察。現在滿朝文武官員都不安寧，怕陛下白天與自己親密，到晚上就變成仇人，感到不能自保。請陛下今後少用刑罰，多行仁政，天下大幸！」

武則天讀了周矩的奏疏後，非常賞識他的膽識和中肯，她心裡似乎一下子明白了一些東西，記起陳子昂的勸告。她想是該到了適可而止的時候了，她便採納了周矩的意見。

現在朝廷的情況完全在改變，武則天知道應該實施仁政了。她決心要整頓刑獄，嚴懲那些民憤很大的獄官。以免再發生如同狄仁傑之案的冤情，導致錯殺無辜。於是她及時採取獎勵辦案公正的官員，如同以前獎勵告密的人那樣。她對辦案公正道義的官員，很是敬重。永昌年間，周興、來俊臣等人爭相使用殘暴手段對待囚徒，而當時的司刑丞徐有功、杜景儉，以寬為治，不用刑具。凡是被酷吏誣陷的，徐有功一旦發現，都為他們重審，前後救活了數十百家。

有一次，在朝廷上爭論辦案的事，武則天厲聲責備徐有功，旁邊的人都為他捏著把汗，而徐有功自己，爭得更激烈。武則天知道徐有功正直，很尊敬他。後來，周興又藉機會告徐有功把反囚放出，應當斬首，武則天仍然不允，只罷了徐有功的官。不久，又啟用徐有功為侍御史。徐有功伏在地上流涕推辭說：「臣聽說鹿跑到山林裡，而牠的命仍然懸在庖廚手裡，這是情勢所造成的。陛下叫我當法官，我不敢違背陛下的法律，那麼我一定會死在這個官職上了。」不管他怎麼說，太后認為徐有功辦案公道，還是堅持要授官給他。

辦案公正的，還有司刑丞李日知。有一次，胡元禮想殺一個囚犯，李日知認為不可，反覆多次，元禮發怒說：「只要我不離刑官，絕不可能讓這個囚犯活著！」李日知毫不退讓地回敬道：「只要我不離刑官，就絕不能讓人殺了這個囚犯！」兩人一直爭到武則天那裡，武則天果然認為李日知辦得公道，批准了李日知的意見。

武則天讚揚了李日知的行為，並且鼓勵他，堅持端正的行為，不會虧待他，以此激勵了朝廷官員們公正辦案。她還特意號召群臣要秉公斷案，絕不能枉殺無辜。緊接，御史中丞李嗣真向聖神皇帝上了一個奏疏，指出當時的弊政說：

「現在告密的事多得不可勝計，可是事實上多數是虛假的，恐怕有些凶奸的小人陰謀離間陛下君臣。古時候審訊罪人，公卿都參加旁聽，帝王要三次寬恕，然後才用刑。近來獄官單人奉使，審訊既定，司法人員就給定罪，不准再審；有的甚至只臨時派人審訊就定罪，不再奏給皇上聽。這樣，大權就到了臣下手中，這不是審慎的辦法。如果有冤枉濫殺，皇上也不知道。況且用九品官專權審訊，操生殺大權，盜用君主聲威，審訊既不在司法的刑部，核定又不經過門下省，國家大權輕易借給別人，恐怕要使國家遭殃！」

武則天看了這奏疏，讚賞他說得對，立即號召群臣揭發酷吏的所作所為，決定對一些罪行嚴重的酷吏，給予制裁。同時，她決定親自審定重大案件。

不久，有人告發丘神勣多次陷害無辜，在博州殺害官吏千餘家，罪大惡極。這年十月，武則天下旨將他斬首示眾，以平民憤。丘神勣原是武則天的親信，如今也毫不容情地加以處決，使廣大官民得到鼓舞。武則天知道臣民們無不痛恨酷吏索無禮，大臣們又恨他又怕他，想揭舉他，又不敢，怕弄不好反而引火焚身，反受禍害。武則天非常清楚這一點，她便自行下令將這個引起公憤的酷吏處死，並且公佈他濫殺無辜的罪行。朝廷內外無不拍手稱快。

修《姓氏錄》躍身名門

《易經》中揭示一個「變」。宇宙間沒有不變的事，變是「道」的法則，是宇宙萬物發展的規律。《易經》中說：「在天成象，在地成形，變化見矣。」人與萬物都是變化出來的，道體變為有形天體時，就有了風雲雷電、日月星辰等自然現象，在地球上就有了山川、湖泊、動物、植物、礦物等萬象的形狀。萬物為象，象在變中，變在象中。然而，象也有不變的象，這就是道中之象，象中之變。

《法華經．法師品》說：「開方便之門，示真實之相。」

《法華經譬喻品》中記載著這樣一則小故事：一天，有位富翁的三個小孩子在家裡玩玩具，忽然，後院猛起大火，火勢迅速蔓延，富翁想起庭院中的孩子，趕緊喊叫起來：「失火啦，快出來。」然而三個孩子雅興正濃，根本不理他。富翁心生一計說：「屋外有裝滿玩具的羊車、鹿車、牛車在等著你們哪，快出去看看。」於是，孩子們安全脫離火災現場。

有弟子說富翁撒謊，釋迦牟尼佛告訴他：「這是為搶救生命，為說明真實所需的方便，而並非說謊。」方便，在佛家語中指權宜之計。

所有的事情都有它的真理，但人類在現實生活中因拘泥於自己的煩惱而不能清楚認識它，不懂得如何應付突如其來的災禍。佛祖為了達到救人的目的，便隨著個人能力或適宜性的不同，提倡「變」，亦即「為說明真實情況而救人，不妨運用權宜之計」。

神農階段過去後，便是軒轅黃帝時代，接下就到了唐堯、虞舜時代。這個時期，人口增多了，社會的結構變了，人們的生活不斷地進步，統治者運用他們的聰明智慧引導人們。要使人民都能適應這種生活方式的改變，人類文化的發展，都是根據社會的需要而來的，這就是「宜」。

天地間沒有不變的事情，萬事萬物，隨時而變，隨地而變，隨社會的發展而變，隨人的生理、情感、觀念而變。時時在變，處處在變，人人在變，變則通，通則達，何樂而不變？沒有不變的道理。

武則天自然懂得「變」，一個「變」字讓她身價驟增，手操人主大權後又能名正言順。

早在高宗易后之時，褚遂良就說過：「王皇后，出身名門，又為先帝所聘，實在是與陛下匹配，先帝曾執陛下之手對臣說：『好兒好婦託付予卿』，陛下親承德音，言猶在耳。臣不敢如此輕易，上違先帝之命，特願陛下再三思審。」又有長孫無忌接著說：「皇上必欲易后，請先妙選天下名門望族，何必區區武氏。」

武則天知道後，更加怒火中燒。原來自唐太宗以來士族的特權已大不同於先前，但是，一些高門大戶仍如百足之蟲，死而不僵。有的老牌士族如山東的崔、盧、李、鄭、王等旺族還具有相當的勢力。為了抑制士族勢力，太宗皇帝在貞觀十二年（六三八年）令吏部尚書高士廉、御史大夫韋挺、史書侍郎岑文本等修改過一次《氏族志》。高士廉把全國的士族家譜收集起來，定為九等。第一次書成，山東崔幹列為第一等。太宗很不滿，提出應以今日官爵高下為等級。於是，高士廉又第二次修改，將崔幹降為第三等。

太宗皇帝對《氏族志》的修改，是想壓制士族，提高宗室勳臣的社會地位，實行唯才是舉、不計門第的用人路線。唐太宗還命令在選擇王妃、主婿時，要取自勳臣之家，不考慮山東士族。如衡山公主聘與魏徵之子魏敘玉，長樂公主下嫁長孫無忌之子長孫沖兩件事，便是想從帝室做起，給天下做個不親士族的榜樣。不過，因修改後的《氏族志》在升降去取時仍顧及到士族的利益，所以當時並未引起士族的反對，而是得到了他們的認可。他們的勢力猶在，門第觀念仍在起作用。甚至連大唐新貴族如魏徵、房玄齡、李勣等人，仍爭相與士族攀婚。

高宗繼位後，曾於顯慶四年（六五九年）十月下詔，高門大族不得自為婚姻，並限定嫁

女受財數量，不得接受「陪門財」。但是，那種風氣仍在好多地方悄悄地延續著。有的在黑夜無人時將女竊送夫家，有的士族之女即使坐待紅顏老，也不肯下嫁異姓人。

武則天恨自己的地位卑下，但她更恨可惡的《氏族志》，暗下決心：有一天，待我武家有權有勢有大能，必將這個陳規陋習蕩滌乾淨，叫它在世不留絲毫痕跡。背地裡她唆使高宗提高其先父爵位，來抬高自己的身價。高宗很為難，他知道僅僅追贈武士彠一人在朝中必會有阻力，武士彠又非大功臣，此舉未免太過唐突。於是夫婦兩人便下詔追贈武德時的一代功臣，追封武士彠為太尉，就這樣武士彠從蜀中利州都督一躍變成了太子少師、太原郡王。這個木材商人的後代搖身一變成了本朝新的名望之族。武則天初步嘗到了「變」所收到「達」的效益，她極為得意。易后之時，她便藉此向朝廷示意：我今日乃唐朝開國功臣之後，你們別想以地位卑微來壓迫我。從此她便常常使用「變」之招術了。

武則天當上皇后，排擠了長孫無忌、褚遂良、柳奭等家族。她登上政治舞台以後，諷諫李治下了一道詔立：將唐初的《氏族志》改修為《姓氏錄》。

武則天下令，打破那種以舊的士族譜系為基礎的慣例，改為以現任官品高低為標準，不講祖宗貴顯，只論家世現狀。規定五品官以上的，不論士庶一律入冊，評定等級，共得二百四十五姓，二百八十七家，凡屬未入品級的士族權貴均排除在外。這一方面是聽了李義府的建議，但更重要的是她自己的心意使然。

《姓氏錄》修成後，引起了一場軒然大波。晉紳士大夫都以被甄敘為恥，憤憤地說此書不過是功勞簿，已面目全非於往日的《氏族志》，甚至向朝廷上表，抗議《姓氏錄》的頒行。武則天聞之大怒，諫請李治駁回士族的上表，並下令收集天下的《氏族志》，統統付之一炬！《姓氏錄》終於以嶄新的面貌問世了，這是她為自身和等級低下士族的利益考慮的，使普通門第低下的官員得到了好處。他們彈冠相慶，相互叫好，武則天的政治獲得了廣泛的支持。她的武氏家族也沾了大光，武氏列為《姓氏錄》第一等，跨入本朝最高貴者的行列。

武則天在平定徐敬業、駱賓王等人發起的揚州起義的同時，她採取了其他一些政治措施，常言道：行事要有個名義，統治要憑藉主義。為了達到她所謀劃的政治目的，她改變了唐百官名，如尚書省改稱為文昌台，左、右僕射為左、右相；門下省改稱鸞台，侍中改稱納言；中書省改稱鳳閣，中書令改稱內史。宰相稱同鳳閣鸞台三品。御史台分為左肅政、右肅政兩台，左台糾察朝廷，右台糾察郡縣。西元六九〇年，僧法明等十人獻《大雲經》四卷，說武則天是彌勒佛轉生，當代唐作天子。武則天頒佈《大雲經》，令諸州都建大雲寺。

接著唐睿宗等六萬餘人上表請改國號，武則天算是順從眾議，經過三十六年的經營，武則天宣佈改國號為周，改年號為天綬，自稱聖

神皇帝，正式建立大周王朝。武則天終於得到皇帝的稱號。武周天綬元年（西元六九〇年）九月初九。

完善制度，建功立業

國有國法，家有家規，連盜亦有道……不以規矩，不成方圓。做事沒有一定的準繩，必然失敗，治國沒有一個法則，沒有一個規矩，天下萬眾臣民又怎能安邦立業。

規定法則規矩需要有各種不同的知識結構。在各種不同的知識結構中，謀略型知識結構與其他類型知識結構相比，其最大的不同是主要體現在主體知識的具體內容上和對相鄰知識與邊緣知識的廣博精深程度上。謀略型知識結構的主體知識要求更加精深全面，相鄰與邊緣知識要求更加淵博豐富。事實上的謀略型知識結構，是多層次發展的，呈現動態性、多樣性、整體性的結構體，每個人都是根據工作的實際需要，有目的的建立自己的知識結構的。

一個謀略者只有具有豐富的知識儲備、分析問題與解決問題的能力才能較強，「登泰山而小天下」，出謀劃策時才能站得高，預見未來，高屋建瓴，對事物認識深刻，宏觀把握，知其利害得失，果斷而謀，堅持自己謀略，有著充分的理由和取勝的信心。如果一個謀略者知識淺薄，能力較差，很難想像他在複雜的謀略中能夠透徹地認清事物，把握全局，做出高明的謀略。在這種狀況下做出決策，也很難想像他能堅決、果斷，而不心存疑義、患得患失。沒有高超謀略水準作基礎的果斷與堅決而謀，那是「瞎貓碰死老鼠」，果斷有可能是武斷，堅決有可能是固執。因此勇敢決斷的品質既源於一個人天生的稟性，又來自後天的鍛鍊，因此它與一個人知識水準的高低、能力的大小，以及經驗的豐富有密切的關係，具備了這一素質後，才能頒佈條條框框，破舊立新，創立嶄新的規章制度。

武則天知道，即使已經坐到天后的高位了，朝廷正直的大臣對她不滿的情緒仍未平息，只是怕禍火燒身，因此只能唯唯諾諾，辦好自己本職內的事就好，朝政內部的事少問為妙，因為他們一味反對：她是個姓武的外姓人爭奪了李家的天下，另外更為重要的是她是個女人！那是在盛唐呀，對於男人們是多大的恥辱。

然而，武則天有能力，有信心，她相信自己有實力管理天下，更有實力駕馭眾民。她要向世俗挑戰；幹出一番轟轟烈烈的鴻績偉業來。

她對唐太宗是崇拜的，愈是得不到的愈珍貴愈難得，她對唐太宗甚至是愛慕的。唐太宗一生的經歷都教她佩服，她把唐太宗所著的《帝範》讀得滾瓜爛熟，《帝範》其中的內容，她挖掘得很深，比高宗了解的深透得多。

《帝範》共分十二章，其內容按先後之順序為：一、君體；二、建親；三、求賢；四、審官；五、納諫；六、去讒；七、戒盈；八、崇儉；九、賞罰；十、務農；十一、閱武；十二、崇文。所謂「君體」，當然是講為君之根本。「建親」是指透過她認為封建諸親王，來藩屏皇帝。

以上這兩條顯然是維護皇權，使家天下得以穩固持久的根本綱領。而「求賢」、「審官」、「納諫」、「去讒」這四條就是指君主要善於起用人才，這是帝王的用人路線。

「戒盈」、「崇儉」是告誡帝王不要驕傲滿足，奢侈墮落，這是帝王勵精圖治的治國路線。

「務農」是告誡帝王要盡地力之效。唐太宗曾說：「國以民為本，民以食為天，若禾黍不登，則兆庶非國家所有。」人民吃不飽，就不會擁護，國本就會動搖。這可說是帝王的富民路線。

「賞罰」是告誡帝王要明法尚功，對臣民要恩威並施，這是帝王的法治路線。

「閱武」是告誡帝王要重視武力，這是帝王的強國路線。

「崇文」就是尊崇文化學術，推崇文人，這是帝王的文化路線。她知道：唐太宗就是依靠這十二條，取得了天下人讚譽的「貞觀之治」。高宗卻忽視了它，而武則天如得釋寶。多加研究，終於她從《帝範》獲得了靈感，根據執政中的體會和民生國境的實際情況，上元元年，她制定了施政大綱十二條。這便是歷史上著名的建言十二事，內容為：

一、勸農桑，薄賦傜；二、給複三輔地；三、息兵，以道德化天下；四、南北中尚禁浮巧；五、省功費力役；六、廣言路；

七、杜讒口；八、王公以降皆習《老子》；九、父在為母服齊衰三年；

十、上元前勳官已給告身者無追核；十一、京官八品以上益稟入；

十二、百官任事久，才高位下者得進階申滯。

它敏銳地反映了武則天公開籠絡人心、對庶民官員均有所讓步的主張。因為當時連續五、六年天然災害不斷，北方局部地區饑荒嚴重，必須重視農業，減輕農民各種負擔，停止宮廷生產奢侈物品，據說武后本人也常穿七破間裙，以示節儉。

政治上的廣言路、杜讒口姿態是追復長孫無忌官爵、准許其歸葬昭陵，並讓長孫無忌的曾孫長孫翼龍封爵趙國公，以此來平息朝廷眾臣的不滿。同時安撫所有被破賜奪勳的舊官員，增加京官俸祿，提拔被論資排輩壓抑的有才能低級官員。為了表示對李唐祖先老子李聃的尊禮，讓王公百僚都學習《老子》，每年的明經考試還把《孝經》、《論語》列為必考項目。父在就為母服喪三年，是有意提高婦女的地位，當然更重要的是提高武后自己的地位與威望。至於息兵停戰以「道德化天下」，涉及到邊疆擴大、四方征戰的國策問題，唐朝軍事力量和超級大國的威力在「二聖」時期達到了高峰，甚至超過了唐太宗執政時期，到顯慶六年（六六一年），安西都護府西移龜茲，唐帝國版圖和保護地達到波斯（今伊朗）邊境，並建立過短暫的波斯都督府，阿拉伯帝國入侵摧毀波斯薩珊王朝後，其王子卑路斯在長安成立了波斯流亡政府，得到唐政府的庇護，為此阿拉伯帝國哈里發奧斯曼專門派出使團到長安向唐朝締結友好關係。

總之，武則天的建言十二條突出了強國富民、起用和善用人才、籠絡各級官僚、提高婦女地位等四個方面的政策。在她以後輔政、執政和當女皇的各個階段，有些政策她並沒有認真履行，只是裝樣子而已，但第一條富民強國政策她還是奉行不渝的，不管她把多大精力用來對付她的反對者，對這一條從不忽視。這是高宗、武后時期大唐國力鼎盛、戶口激增、社會穩定的基礎，也是她能戰勝政敵的基礎。

明白了國內外情況，就可清楚武后的「建言十二事」的目的了。意味深長的是，唐高宗對武后的這些意見全部採納，下詔命令朝廷迅速執行，這也反映了「天后」的實力和影響已逐步發展到全面張羅國家大事了。

此後，她又以《帝範》為模範，創著了於世矚目的《臣軌》，共十章，分別為：同體章、至忠章、守道章、公正章、匡諫章、誠信章、縝密章、廉潔章、良將章、利人章，將君臣比喻成四肢與頭顱，眼與心臟。如此深刻而合理，也只有武則天能做到了。如至忠章所言：

事奉君主以忠誠正直為基礎，忠誠正直以慈善仁愛為根本。作為臣子，不能把對百姓的慈善仁愛而說成是對君主忠誠正直，這不是最忠誠。所以大臣一定要有養育人民的德行，有體恤下人的心意。大利小利不能兼得，大忠小忠不能兼備。不捨棄小利，就得不到大利；不捨棄小忠，就達不到大忠，因此小利是破壞大利的「殘」，小忠是破壞大忠的「賊」。過去孔子說：「作為人君之下的臣子，就像是土地呀！耕種它就會長出糧食，挖掘它就會湧出甘泉，草木繁殖，鳥獸生長，功勞很多卻不言語。」這就是忠臣的做法。

再如：公正之說，引用《說苑》詮釋了六莊之說：

一是在萌芽沒有萌發，跡象沒有顯露時，明白獨到地看到存亡的關鍵、得失的要點，預先防止事情的發生，讓君主超然處在顯著榮耀的位置，天下稱頌君主的孝德。這樣的臣子，是聖臣。

二是虛懷若谷心思純潔，推薦善良的人，通報有道的人，勸勉君主用禮義，向君王提出好的計策，順應君主的美德，補救君主的罪惡，建立功績完成事業，將好處歸功於君主，不敢獨佔功勞。這樣的臣子，是大臣。

三是不重視自己，早起晚睡，不停地推薦賢良的人，屢屢例舉古代聖明君主的作為，來勸勉君主的意志，希望有益處以此安定國家。這樣的臣子，是忠臣。

四是觀察到事情的成敗，及早預防並挽救，引導事物恢復原狀。堵塞君主作惡的空隙，杜絕君主過失的根源，轉禍為福，讓君主始終沒有憂慮。這樣的臣子，是智臣。

五是遵守文書法律，當官主事，推辭賞賜。不接受饋贈，衣服端正整齊，飲食節約清淡。這樣的臣子，是貞臣。

六是在國家黑暗混亂時，所作所為不是奉承討好，而是敢於冒犯君主的威嚴，當面指陳君主的過失，不怕自己被誅殺，若以自己死亡而換得國家安定，就不後悔自己的所作所為。這樣的臣子，是直臣。

以如此的筆墨來說教感化百官眾臣，還有誰比武則天更加用心良苦，以此來作為她日後所制定的家規國法的基礎，無疑是最好的前提背景。

集中力量對付主要敵人

無論是政治鬥爭還是軍事鬥爭，如何團結一切力量，集中優勢對付主要之敵，明確進攻方向，各個擊破，此乃克敵制勝之要術。中國古代戰略家，對如何聯合次要敵人，對付主要敵人，保持戰略均衡，取得鬥爭主動性問題，曾給予十分注意。這也是謀略運籌的一個重要方面。

中國古代最早之統戰，要算戰國之「合縱連橫」。當時稱自燕至楚，南北聯合反秦為「合縱」，而稱秦國誘使東方各國與他合作為「連橫」。

楚漢相爭，劉邦屢次失敗，尤其彭城一戰，漢方幾乎全軍覆滅，各路諸侯紛紛叛漢投楚，項羽甚至擄掠劉邦父親與妻子押往楚宮作人質。劉邦在撤退途中，總結失敗原因，分析整個戰局以籌畫全盤之戰略方案。他所制定的「下邑畫策」的戰略核心，即充分調動韓信、韓越、英布三股力量，以建立反楚聯盟。

整體來說，在爭奪皇后地位的鬥爭中，尤其在解除威脅的爭鬥中，朝廷上下分為兩派，一派是朝廷元老，反對廢掉王皇后而立武昭儀。他們是以朝廷元老重臣長孫無忌、褚遂良、于志寧、來濟、裴行儉等為代表，並得門閥大族的全力支援，史稱關隴集團，維護正宗的李唐王朝。一派是新興的寒門才俊，痛恨等級森嚴的門閥勢力，支持勇武無畏的武昭儀立為皇后，他們主要以李義府、許敬宗、袁公瑜、崔義玄等為代表，遍得寒門士子的支持，史稱山東集團，渴求權力、名位的再劃分。

反對派理直氣壯，認為王氏為皇后如同江山交付李治一樣，是先皇的遺託，他們作為輔命大臣負有堅決維護的職責。而武昭儀又曾是先皇的後宮眷屬，新皇臨幸先皇的宮人已屬過分，怎麼能將先皇的才人又堂而皇之地立為皇后呢？這是倫理所不能容的。況且皇后母儀天下，沒有重大過失不能無端作廢。另外，還有一個不能公開陳辯的理由便是太宗一直耿耿於懷的所謂秘記，「女主武王，代有天下。」而此時看來，這武王會不會就是武昭儀？重臣中知悉內幕者無不惶惶然。

先帝太宗有一太史令李淳風善卜卦，他為太宗占卜後，謂曰「三十年後，大唐將是女主，且一武姓女子，是皇上親屬。」這讓太宗想起了後宮才人武則天，要殺亡，又覺不妥。但是，自這以後，唐太宗對武則天失去了興趣，卻又不好過於冷落她。為了排除心中的嫌惡，他決定把武才人賜給太子李治，像當年漢宣帝把後宮的王政君送給太子那樣。

這日，唐太宗密將李治召到御座前，向李治講明瞭此事。李治早已留意於武則天，只奈她是父皇的寵妃，不得親近。今見父皇如此大度，心花怒放，欣然受領。武則天因禍得福，離開了冷淡的君王，投入了太子的懷抱。

當李義府，許敬宗，與武則天密謀，誣陷褚遂良等人串通謀反之計成功之後，宮廷形勢急轉直下，到顯慶四年長孫無忌等命喪黃泉之後。褚遂良、韓瑗、柳奭因各種罪證紛紛被貶，逐出京師，以李義府、許敬宗為首的支持者的地位迅速提高。反對派的政治地位大部分都被李義府等支持者取代了。原來長孫無忌、褚遂良、柳奭、韓瑗、來濟、于志寧是宰相，而今宰相成了李義府、許敬宗等。李義府、許敬宗等在關鍵時支持了唐高宗和武則天；唐高宗和武則天在稱意時提拔了李義府和許敬宗。

從李義府被武利用為開始，直到建立了山東集團，武則天已經擁有了自己的比較強大的門庭派別，這是個人慾望的需要，更是政治鬥爭的結果。

酷吏、忠臣並用，軟硬兼施

封建統治者認為，對待鄰國以及治軍，貴在德威並用。德是根本，威是輔助。不立德，則殘刻寡思，人多思變；不立威，則敵國欺凌，國家積弱。剛柔相濟，德威並舉，則四鄰懾服，無敵於天下。

秦穆公曾向蹇叔說：「秦國處於偏僻的西土，與戎狄為鄰。地勢險要，兵力強盛，進可以戰，退可以守，所以不列中華者，是德威不及的緣故。沒有威力不能使鄰國畏服，沒有道德不能使人感懷，不畏不懷，何以成霸？」穆公說：「威與德二者孰先？」蹇叔說：「德為根本，威力濟之，有德無威，其國自削，有威無德，其民內潰。」（《東周列國志》）

治理軍隊，如何樹威立德，尤為重要。百萬之眾，指揮如一，不立威無以統率三軍，所以孫武演陣殺美人，田穰苴出征殺嬖倖，魏絳治軍懲楊干，韓信出兵斬殷蓋，都是以懲辦顯貴而立威者，顯貴遭誅，法不阿貴，見者心寒，聞者足戒，軍威大振，無敵於天下。

武則天的臨朝稱制不但引起了李唐舊臣的不滿，更引起了李氏宗族的不滿。首先河南的越王李貞即起兵反武，仍打「匡復李唐」的旗號，可是最終不過二十多天便失敗了，家人全部身死。他的兒子李沖又起兵反武，僅七天，又失敗了。

雖然他們在起兵時打的是「匡復」旗號，以恢復李家天下為號召，但並未發揮動員人民的作用。這說明，武則天的政治統治已經取得了社會的擁護，武則天已無可辯駁地成為大唐王朝的代表，國泰才能民安，每每換一代君主，打一場戰，人們早已厭倦，疲乏了，人們需要的只是養生，需要幼有所養，老有所終，人們反對在「匡復」名義掩護下的戰爭，他們不再聽信所謂「匡復」的宣傳，他們最需要的是安定。武則天休生養息的政策已經得到了天下民心。

在這次平定叛亂中，她從中吸取教訓，她要對李氏宗室進行一次大規模的清洗，她將恩威並舉，派酷吏和賢臣雙雙前往，武力不降，加以勸說，收賣不通再動武力，軟的不行來硬的，硬的不服來軟的，這樣軟硬兼施，紅臉，白臉一起唱，不怕李唐日後還能興風作浪。

就此她做了周密的選拔，至於唱紅臉的賢臣，她心中早已選定非狄仁傑莫屬了，此人忠貞廉潔，仁愛賢良，為人正直不阿，貞觀時，由工部尚書閻立本舉薦，授官並州都督府法曹。儀鳳年間，狄仁傑為大理丞，公正地處理了很多積案，沒有訴冤的，在朝中頗有些政聲。

有這樣一樁案子：武衛大將軍權善才因誤伐了唐太宗陵山昭陵上的柏樹，高宗下令將權善才斬首。狄仁傑判為免職，認為罪不當死。高宗甚怒，他說：「先帝陵山柏樹，權善才竟敢砍伐，這分明是挑明了與我作對，使我於不孝不義之地，必定死罪無疑。」

狄仁傑從容不迫地進諫道：「臣聽說違逆人主，自古為難，我卻不認為是這樣。在暴君桀、紂時則難，在明君堯、舜時則易。臣感到幸運的是，我現在奉事的是堯、舜那樣的明君，因而不擔心像比干一樣因諫被殺。陛下制定的法律，流放和死罪都有明確規定，怎能把沒犯死罪的人處死呢？如果法律沒有一定，天下人怎麼遵循？陛下如果一定要改變法律，那就從今天開始。現在陛下因昭陵的一棵柏樹而殺害了一位將軍，後人將會作何評論呢？臣是怕陛下落個無道之君的壞名聲，臣願陛下三思而行。」

高宗聽罷，認為狄仁傑所言很有道理，怒氣頓時消散了。他免除了權善才的死罪，不多久又授狄仁傑為侍御史。這個角色必他無疑。

然而酷吏派誰人前往，她考慮了一番，於是決定好好地挑選一番，酷吏這個角色在這次事件中很重要，千萬不可失小亂大。她看到了監察御史蘇U。她便故意派監察御史蘇U調查韓、魯諸王是否有通謀之事。蘇U應命前行調查，查後發現並無實據，並如實向武則天稟報說：「諸王並未串通謀反，何以定罪，太后深明大義，為政當公正待民以德服人。韓、魯諸王雖頑固不從，但的確不曾串通謀反，因此，微臣不敢以叛逆之說定其罪，請太后明察。」武則天非常賞識蘇U的正直和忠誠，她和顏悅色地說：「卿乃大雅之士，大忠之臣，朕今當有別任可使，此案支節過多，較為繁雜，卿大可不必接手。」

周興聽說此事後，他自我推薦要接任此案，周興為人殘暴不堪，嗜殺成性，他與來俊臣都深通羅織之術，所謂羅織就是假造罪名，陷害好人的意思，來俊臣還專編寫了一部《羅織經》。周興很適合幹此類偷雞摸狗之事。於是，武則天派周興處理此案。

這一任命可以說是找到了最合適的人選。酷吏周興嗜殺成性，很高興去處理這件事。他施展起他的羅織本領，很快派人將韓王元嘉、魯王靈夔、黃公撰、常樂長公主等人統統押來東都，逼令他們自殺。

這常樂長公主是高祖的七女，丈夫是壽州刺史趙環。李貞起兵的時候，趙環曾接到李貞的一封信，要他起兵相助。趙環有些猶豫，常樂長公主卻激昂地對使者說：「回去替我轉告越王，我等誓與他同生共死。我們李家已經危如朝露，怎不學尉遲迥捨生取義，感恩效節？豈能苟且偷安，貽笑後人。」來使很感動，回去報告給李貞。但趙環還未來得及起兵，李貞已敗，趙環和常樂長公主遂牽連伏誅。

霍王元軌、他的兒子江都王緒，高宗子虢王鳳的兒子東莞公融也先後被拘捕入獄。東莞公融和江都王緒都被斬於市。霍王元軌因防禦突厥積有戰功，被免一死，囚入檻車，流牧黔州，行至陳倉，突然死去。太宗第十子紀王慎素來膽怯，李貞起兵時，李慎不肯同謀。李貞敗後，李慎也被拘入獄中，監刑放免，囚入檻車，流放嶺南，到蒲州時死去。

另一方，狄仁傑據理力爭，費盡口舌，勸民降服得以生存，當時的他也明白武則天利用他的仁義和忠誠，然而面對千千萬萬的蒼生，他更要竭盡全力，以救萬民。他使數千人免受牽連殺戮之災，連同千金長公主也免於災禍。

天授元年（六九〇年），武承嗣派酷吏周興密告澤州刺史澤王上金、舒州刺史許王素節謀反。太后召他們來京，素節到龍門時，被絞死，上金也自殺身死，他們的兒子、親信也都被殺。

同年秋，殺豫章王，遷其父舒王元名於和州；緊接著，又殺死南安王潁等宗室子弟十二人，又鞭殺了已故太子賢的兩個兒子。

至此，唐廷的宗室子弟被斬殺殆盡，倖存下來的幼弱者也流放嶺南。宗室子弟的親黨數百家也被誅殺。這位千金長公主因百般討好武則天而得以保全。她請求做武則天的女兒，終生孝敬武則天於膝下。武則天赦免了她，把她改姓武氏，更名號為延安長公主。

同時，狄仁傑釋放囚犯的同時，張光輔駐守豫州。狄仁傑非常不滿張光輔的部下，依仗平亂有功，仗勢欺人，到處勒索百姓錢財。狄仁傑給予嚴厲的制止，張部下便文過飾非挑撥張光輔，張光輔大怒，對狄仁傑說：「我現在是平叛的元帥。你不過是一州的刺史，怎敢對我如此輕視？」

狄仁傑毫不退縮，不卑不亢地說：「作亂河南的只有越王貞。現在一個越王貞已死，難道還要生出一萬個越王貞嗎？」

張光輔問：「你這話是什麼意思？」

狄仁傑說：「公率將士十萬，前來平叛，而今叛軍已經平定，魁首已被殺死，今不停止殺伐，反而縱兵暴掠，無罪之人也慘遭殺害，豫州又重受災難，這難道不是一個越王貞死了，又生出一萬個越王貞來了嗎？你怎能放縱部下邀功請賞，濫殺已經投誠的人呢？只恐怕這樣會使民怨沸騰，引起不安。我奉命來豫州，是為民除害。如能以尚方寶劍來處置你，我死亦無憾！」豫州的百姓都很擁護狄仁傑大公無私為民造福，從中也稱讚武則天，用人有方，體恤民生。

健全科舉制度拔擢人才

「舉賢才」是帝王對社會進行有效治理的一個重要方面。要強國興邦，必須重用賢才。因為一個人的力量是有限的，而集彙群賢則會形成無窮的力量。賢能之人的智慧是無價之寶，是一筆巨大財富，它一旦與人們從事的社會活動結合起來，就會發揮出巨大效能，使社會產生質的飛躍。能得人是真本事，得人之後，因人而異，知人善任。用人有術，才是本事中的本事。

在封建專制時代，君主在治理國家時非常講究這一點，他們以主子自居，重在選臣用人，讓人替自己賣力，讓臣下把事情做好，自己則坐收其利。《慎子》中有云：「臣有事而君無事，君逸樂而臣任勞。」對於身居高位、擔當大任的人來說，其實這是一種必須具備的才能或必須採用的策略。

秦王政未親政之時，發現「議郎」李斯是個學識淵博和頭腦機敏的人才，就把他留在身邊，聽他講「帝王之術」。及至秦王政親政後，便任命李斯為廷尉和丞相。在許多重大問題上，李斯為秦始皇出謀劃策，並具體實施，極盡犬馬之勞。由此可見，秦王政稱帝前後，正是透過以李斯為代表的一大批骨幹大臣們盡職盡責地為自己的獨裁統治服務，而使自己坐享其成的。

他在親政伊始，就在李斯和尉繚的協助下，制定了滅六國、統一天下的戰略。即：先將位於秦國正面的韓國吞併，然後消滅南北兩翼，最後兵進東方，滅掉齊國，完成華夏的統一。在制定這一戰略計畫的過程中，秦王政充分利用了尉繚的軍事才能，實際上是由尉繚制定了統一全局的軍事戰略，秦王政作為一國之君，只是在決定權上起作用。

秦王政諳熟用人之道。他十分清楚，作為一個君主，重點是如何運用別人的智慧為自己服務。「騎良駒者行千里，得人才者得天才。」人才的運用是一門高深的學問，這門學問武則天也研究得特別深奧、透徹。

早在二次進宮後不久，她就著手培養自己的心腹。當上皇后，尤其是參預朝政以後，又與唐高宗採取了許多扶植新貴的措施。及臨朝稱制，進一步注意選拔人才。大量史實說明，到越王貞起兵時，武則天的統治已有了相當雄厚的基礎，在她的周圍，已聚結了一批能人智士，但是還沒有達到足以消滅政敵，穩定局勢，「永昌帝業」的程度。這一點武則天非常清楚。越王父子起兵後，宗室貴親及「皇唐舊臣」蠢蠢欲動，使她備感自己力量的不足。因而她決定首先重用酷吏，對反對自己的人實行無情打擊。但是她知道，酷吏只能產生剷除政敵的作用，而要建設新政權必須依靠一大批傑出人才。所以，她在重用酷吏，剷除政敵的同時，進一步採取措施，網羅天下英才，以增強自己的實力。這不僅表現在繼續「令文武五品以上各舉所知」，而且還表現在她對科舉制度的改革上。

科舉制是繼九品中正制後的一種新的選官制度，起於隋而興於唐。它包括制舉和常舉兩種形式。

《新唐書．選舉志》云：「唐制，取士之科，多因隋舊，然其大要有三。由學館者曰生徒，由州縣者鄉貢，皆升於有司而進退之。其科之目有秀才，有明經，有俊士，有進士，有明法，有明字，有明算，有一史，有三吏……此歲舉之常選也。其天子自詔者曰制舉，所以待非常之才焉。」與九品中正制相比，科舉制在當時無疑是一種比較進步的選官制度。因為它可以擺脫士族門閥的壟斷地位，給統治機構增添一些新鮮血液。

太宗在位二十三年，由科舉入仕者凡二百二十四人，每年平均不過十人；所用宰相二十九人，出身科舉者亦不過三人。不僅如此，而且，考試制度不夠健全，「不貢舉」的情況時有發生。科目也少得可憐，制舉偶爾舉行，常舉也只有秀才、進士、明經。

高宗時，由於武則天的重視，科舉制有了較大發展。在唐高宗君臨天下的三十四年中，通過科舉入仕者約六百三十人；所用宰相四十七人，出身科舉者十一人。而且，科目也有所變化，「秀才」被取消，「進士」的地位有所上升。

針對這種狀況，武則天在臨朝稱制，特別是平定越王後，採取有力措施，對科舉制進行了一番改革：首先，使「常舉」制度化，開科取士，不以任何藉口停止貢舉。其次，調整取士科目，重點發展進士科，適當發展諸科，降低明經科的地位。如分神都、京師兩處舉進士；增加明法科及第人數，垂拱四年至三十人。第三，擴大制舉。表現在縮短制舉間隔上。以前數年一次，自此基本每年一次。第四，擴大錄取人數。以前每次只一至二人，自此大有突破。第五，增加制舉科目。以前每次不過一至二科，自此，增至七至八科。

武則天所作的這些改革是具有進步意義。因為它是以發掘人才為出發點的。這一點從發展進士科和擴大制舉二項中就可以清楚地看出。進士科與明經科不同，不以背典帖經為要，而以屬文寫策為主，因而易於招徠關心時政、思維敏銳、富有遠見卓識的匡世之才。「及其臨事設施，奮其事業，隱然為國名臣者不可勝數，遂使時君篤意，以謂莫此之尚。」制科亦為搜羅英俊的重要途徑之一，「宏材偉論非常之人亦時出於其間，不為無得也」。

藉由這些改革，科舉制度得到了很大改善。與此同時，科舉制對人才的吸引力也愈來愈大。時人張文成曾說：「乾封以前，選人每年不越數千；垂拱以後，每歲常至五萬」。由於考生大量增加，挑選餘地也擴大了。因而，吸引了一批血氣方剛的支持者；後來大名鼎鼎的張柬之、張說、裴耀卿等人，就是此時及第的。

為了進一步搜羅人才，武則天在改革、健全科舉制度的基礎上又創立了殿試。所謂殿試，就是皇帝在殿廷上向貢士親發策問的考試。有關史料給我們至少提供了三方面的資訊：(一) 此次殿試開始於二月十四日；(二) 考試持續進行，「數日方了」；(三) 考試地點在神都洛城殿。

洛城殿位於洛陽宮城西南，東為集賢殿所在，西為麗景夾城，南為洛城南門，北為飲羽殿，是一座高大雄偉的宮殿。在這樣一座宮殿裡，考試進行了數日，而且皇帝親自臨試，這是前所未聞的壯舉。由此我們可以想見，此次殿試的規模是相當驚人的。事實也是如此。據《文苑英華》卷四八二載，為了求賢進善、準備殿試，永昌元年（六八九年）六月，武則天曾下了一道詔書。詔書云：

鸞台：上之臨下，道莫貴於求賢；臣之事君，功豈逾於進善。所以允凝庶績，式靜群方，成大廈之凌雲，濟巨川之沃日。故周稱多士，著美風謠；漢號得人，垂芳竹素。歷觀前代，罔不由茲。朕雖宵分輟寢，日旰忘食，勉思政術，不憚劬勞，而九域之至廣，豈一人之犯化？必佇才能，共成羽翼。雖復群龍在位，振鷺充庭，仍恐屠釣或違，邁軸尚隱，未殫岩穴之美，或委邱園之秀。所以屢回旌帛，頻遣搜揚。推薦之道相尋，而虛佇之懷未愜。永言於此，寤寐以之。宜令文武官五品以上，各舉所知。其有抱梁棟之材，可以丹青神化；蘊韜鈐之略，可以振耀天威；資道德之方，可以獎訓風俗；踐孝友之行，可以勸率生靈；抱儒素之業，可以師範國胄；蓄文藻之思，可以方駕詞人；守貞亮之節，可以直言無隱；履清白之操，可以守職不渝：凡此八科，實該三道。取人以器，求才務適。所司仍具為限程，副朕意焉。主者施行。

令文武五品以上分八科各舉所知，又不限人數之多寡，那麼薦舉出來的貢士一定不在少數。有人估計，「應制者向萬人」，當不是誇大之辭。正因為考生上萬，科目又多，考試才得以持續數日。由此可知，當時仁子雲集，神皇臨考的情景是何等動人，當時殿試的具體內容極難查尋，但據有關資料反映，所問與當時的時事問題相關密切，載初元年二月殿試時，正值「革命」前夜，則所策問，無疑是側重於「革命」問題的。正相當於現代社會高考時的《時事政治》。

武則天在打擊政敵的同時，繼續搜羅英俊。透過完善科舉，創立殿試等一系列有力措施，得到了地主官吏各階層，尤其是分佈在全國各地的中小地主——主要是庶族地主的支持。這對武則天來說，也是走向皇帝寶座的重要一步。

武則天鼓勵地方官推薦人才，還允許人們自薦。被推薦或者自薦的人，經過試用，如果確有才幹，很快就會得到重用。武則天還改進和發展了以前選拔人才的科舉制度。比如，過去考貢士（從地方上來應考的考生）的時候，要把考卷上的名字糊起來，防止考試官作弊。武則天認為應該信任考試官，把這種辦法廢除了。她還在洛成殿親自考試貢士，表示皇帝的重視。從此開創了「殿試」這種制度。過去的科舉只是選拔有文才的人，武則天專門開設「武舉」，選拔有武藝的人。過去各州選送舉人進京，總是把舉人安排在向皇帝進貢的貢物後面，武則天把這種順序改變成先送舉人，後送貢物，表示她對人才的重視。

武則天還不拘一格任用人才。她以修書為名，廣泛召集有文才的讀書人到宮裡來，讓他們對朝廷政治提出意見，處理各地送來的奏章，協助宰相工作。因為這些人出入宮廷不走角門而走北門，所以稱為「北門學士」。由於武則天善於選拔人才，在她當政的時期，人才濟濟，文武大臣並不比貞觀時期少。像李昭德、蘇良嗣、狄仁傑、姚崇這些武則天選拔出來的宰相，都是歷史上有名的「賢相」。

一次，張循憲為河東採訪使，有疑難事不能解決，請當地一個免了職的小官張嘉貞辦理。張循憲回朝，保薦張嘉貞。則天女皇不嫌張嘉貞地位卑下，她召見張嘉貞，任用為監察御史。禮賢下士唯才是用謹聽其言慎觀其行。憑她的明察善斷，朝廷上便擁有一批願為她效力的能臣。所以她成為成功的皇帝。

先得人，才得治人，才得馭人。以這般種種方法求得賢才，因人而異，知人善任。此乃是以人為本的一種理念。流氓無賴何以得天下？得人材者得天下！英雄豪傑何以失天下？失人材者失天下！經世之本，識人為先，經世之本，用人為先，可以說是從古至今成功者的秘訣。

藉佛道矯情偽裝，智巧深藏

矯情偽裝，故作姿態，外表恭敬，居心叵測，這是篡權竊國者的一種奸慝行為。隋楊廣就是這類人。史稱隋晉王廣好自矯飾，只與蕭妃居處，後庭諸姬妾都不育，皇后數稱楊廣賢明，大臣用事者，楊廣都傾心結交，皇上與皇后嘗幸其第宅，楊廣悉摒美姬於別室，只留老醜者，穿粗布衣，往來侍奉；屏帳改用縑素；故意絕斷樂器之弦，不令拂去塵埃。皇帝看到，以為不好聲色，還宮之後，遍告侍臣，意甚喜悅，侍臣都稱賀，由是愛他特異諸子。晉王楊廣姿儀秀美，性情敏慧，沉深嚴重，好學善文，敬接朝士，禮極卑屈，因而名聲大噪，冠於其他王子。

掩飾自己的才能，也成為封君主常見的韜略之一。

三國劉備就善於掩飾自己，應付突如其來之事變。劉備善於偽裝，隨機應變，以逃曹操之耳目。他在兵敗之後，投奔曹操，但恐操猜忌，終日種菜，示無大志。曹操煮酒論英雄，說他是英雄，他驚恐萬狀，匙箸落地，恰好此時雷聲大作，乘機騙曹操說自己膽小，「聞雷迅速必變」，巧妙掩飾自己，瞞過曹操。《三國演義》寫詩以讚劉備：「勉從虎穴暫棲身，說破英雄驚煞人。巧借聞雷來掩飾，隨機應變信如神。」

武則天登上皇后的位置之後，到與高宗平起平坐，人稱「雙聖」理政，這麼多年間，她運籌帷幄，借位集權，籠絡人心，步步逼緊，總有一天將除去李唐宗室取而代之，這是勢在必行，大勢所趨，連天下百姓都能察覺局勢，而李治卻「深在此山中，雲深不知處」。所謂，旁觀者清，當局者迷。

然而她能使李治如此服帖，是將大謀深藏不露，矯情偽裝極為周致的結果！

「真人不露相，露相非真人」。有一個道士明清遠在感業寺棲身多年對所有外人避而不見，他是一個怪人，有人說他是瘋子有人說他是真人，據說他在一次修行坐禪之間，忽走火入魔，從此能預知未來，醫治百病，他藉武則天愛女太平公主之手，獻武則天一個白絹。武則天打開一看：上面寫著一個「曌」字，武則天，暗自一驚。她讓太平帶明清遠來到寺中破亂不堪的小屋中，明清遠不緊不慢地向她們解釋了「曌」字所蘊含的寓意，它可視為一個字，也可當作一個意念，她的智慧與命運是上天欽定的，日月當空是她的運象……

武則天聽了非常高興，對一旁的主持說：「你說他能看病？」

主持說：「他行。」

武則天說：「這樣吧，你把他給我，我讓人把寺廟重新修繕一新。」

主持高興極了，說：「您把明清遠帶走吧。」

明清遠從此跟隨武則天左右，直到最後甘心為她而死。

就這樣明清遠成了她的心腹，她以明清遠能治百病為理由，安頓他在身旁，說是為李治治頭痛眼花之症，其實是共謀集權每一環節的計策。

此外，武則天崇信佛教。敬拜佛是她心靈的依靠，她將內心一切不為人知的罪惡和痛苦都訴諸於佛菩薩，祈求佛菩薩寬恕她，這是她的寄託，對她而言，佛在於心！她認為佛菩薩都會賜予她所要的一切，會回報她的虔誠祈禱，會回報她已經付出的一切代價。她還對巫術極感興趣。她特許一個道家術士郭行真可以自由出入皇室後宮，這個郭行真能魘蠱畜毒，感神通靈，功效極靈，民間反映很強烈。因此武則天招他進宮行真，祈求彩鳳降臨鴻福不止。但這是違背國家法律的，唐律規定任何人不許參與巫術「魘蠱畜毒」，這是比詛咒更為嚴重的「左道」犯罪，因而明文列為不能赦免的「十惡」之一大罪。

早在永徽四年（六五三年）九月，以長孫無忌為首的高級法律官員就將修訂好的《永徽律令》呈送給了高宗，並向全國頒佈新法執行。麟德元年（六六四年），一個原先在李忠梁王府服務的宦官，向高宗報告了武后引方士郭行真進入宮禁蠱祝祈求非分之福的事情。唐高宗這時正感到自己處處受武后挾迫控制，不僅朝廷大事她要干涉，就連和宮中那些女子發生關係也不行，作為一個可以佔盡天下女性的皇帝，私生活也不能合理合法的放縱一下，這樣的皇帝真的太沒意思了。所以高宗不堪忍受擺脫了遺老們的包圍後，又受武后毫無顧忌的牽制。他認為這是甩開武后支配的一個方便藉口並以此為理由可以制止她，讓她收斂一些自己的行為，對自己一國之君也該放寬一些，因而急速召來宰相、中書省侍郎上官儀「討論」這件事。

上官儀是貞觀初年的進士，曾為弘文館學士，文章寫得特別漂亮，詩詞創作更是綺錯婉媚，在知識分子中影響很大。他是一般官宦家庭出身而通過科舉步入政界上層的文人，擔任過李忠的王府顧問，對武則天違背傳統女性道德的行為看不慣。他便表示同意與皇上一同前往查明此事，或許可以藉此機會廢掉武后。

到了寢宮。武則天十分虔誠地盤腿而坐，郭行真拿著一把香繚繞著她，嘴裡念念有詞。

李治往武則天宮中走，後面跟著上官儀和幾個心腹大臣。

李治氣衝衝地進入，面對著眼前的情景，很驚訝。郭行真看見皇上，撲通即跪。

李治沒說話，鐵青著臉站著。武則天雙目微睜，一會兒才緩過神來，睜開眼睛看著他們，她示意讓郭道士先下去，即而笑得嬌媚妖柔。「皇上怎麼來得這麼悄悄的，像突襲一樣，請恕臣妾……。」

李治突然打斷她的話，恨恨地說道：「我最厭惡魘勝之術，皇后不知道嗎？」李治說完，轉了頭，面窗而立。

武則天依然笑臉宜人，答得很沉著，「皇上說哪兒的話，我最近噩夢纏身，請郭道士來為我們驅個魔，不行嗎？皇上的龍體不是也很虛弱嗎？」

一提起皇上的病情，皇上便支支吾吾不敢與武后面對面爭辯。由於前不久高宗看上了韓國夫人之女魏國夫人，韓國夫人是武則天的姊姊，在武則天立后之後封其姊賀蘭氏為韓國夫人。魏國夫人名賀蘭蓉，是韓國夫人之女，如此而言，也可謂是高宗的外甥女。高宗卻看上了她，高宗畢竟是國君，堂堂一國之主，他看上誰就是誰，被看上的女人往往都為之自豪，洋洋自得。於是高宗便連連幾夜寵幸了她。高宗本來氣弱體虛，已是年近五十歲的人了。那天，他疲憊不堪地從魏國夫人的寢室出來，一頭栽倒在魏國夫人的門口，暈了過去。驚得整宮皇子公主們都跪拜床前，御醫忙前忙後，診斷看病，在武則天的連連逼問下，最後御醫吞吞吐吐地說：皇上是因房事過重，引起疲乏神亂，勞精傷骨……

此時，武則天見皇上低頭不語，連眼睛都不敢正視她，便賢慧起來柔順地挽著高宗，給了他一個台階下。她常這樣打一巴掌，揉一下。一看見皇帝回心轉意，武則天立即翻過手來，指使親信臣僚誣構上官儀與原太子李忠謀反大逆。結局是簡單而又不幸的，上官儀與他的兒子上官庭芝被處死，家口全部籍沒，連尚在襁褓中的上官儀的孫女上官婉兒也隨母親一起沒入掖庭宮為奴婢。年僅二十二歲的李忠也被賜死，這位庶出的皇帝長子，只因生在帝王之家而一生鬱鬱不樂，成了父皇與後母之間合好的可憐的犧牲品，他本人至死大概仍莫名其妙，不知怎樣被這個女人捉弄的。

寬、猛相濟，王、霸相雜

遠在春秋時期，鄭子產曾提出「寬猛相濟」的統治術，並授權與子大叔，血腥鎮壓奴隸的起義。孔子對此還讚揚說：「善哉！」並進一步闡發這種反革命策略，說什麼「政策寬大則百姓散漫，散漫必須糾之以猛，政策一猛百姓受到傷殘，傷殘應施之以寬，寬以猛濟，猛以寬濟，政局才能穩定。「寬」，即政治欺騙；「猛」，即軍事鎮壓，「寬猛相濟」，就是兩手交替使用，互相補充。這是一切剝削階級維護自己反動統治的兩種工具。

王道貴文，以德治天下，霸道尚武，以力取天下，前者取柔，所以積弱易亡；後者取剛，所以積怨速亡，各有所偏。歷觀中國各代，有尚文，有尚武，也有文武雜用，王霸兩道各有先後，但都不是長久的策略，周代人民敦樸，天下統一，容易治理，所以周政在寬，實行王道，用道德來教化。

自古人君治理臣民，寬猛得當，治民當寬，治盜當嚴，治盛世當寬，治亂世當嚴，服者為民，逆者為盜，從者為民，反者為盜。具體情況，具體分析，審時度勢，因勢而用。

武則天對於反對自己的人，從來都不會手軟，但對於擁護自己的人卻不會這樣。叛者討之，降者撫之是她慣用的手段。武則天在處置李唐宗室叛亂的成員們，採取的就是這種方法。

宰相裴炎是一個權慾很重的人，他得到武則天的重用後，官高顯赫，野心隨之膨脹了很多。武則天也甚是器重他，大大小小宮廷政事，都與他商議。一日，裴炎家僮向他報告，房宅周圍有些小孩子在唱歌謠：「一片火，兩片火，緋衣小兒當殿坐。」裴炎聽罷，深感奇怪。因為裴炎是個熟知歷史而且心事很重的人，早年他曾為弘文館生徒，讀書至精至細，他獨在室中苦讀，不廢學業，因而對《春秋左氏傳》和《漢史》等史十分通曉。根據歷史的經驗，他感到，民間流行的一些歌謠俚語，往往都有些來由，甚至像符瑞一樣靈驗，比如秦朝末年，東郡墜隕石有人便在石頭上刻字云：「始皇帝死而地分」，一時廣為傳播。秦始皇雖然命御史追查，並殺盡百姓，但後來到底應驗了這句話。

本朝貞觀年間，高昌境內也有一首歌謠在流傳：「高昌兵，如霜雪，唐家兵，如日月，日月照霜雪，幾何自殄滅。」這首歌謠像是預示了戰爭的結局，唐軍果然一往無前，所向無敵，像日月照霜雪一樣，將高昌兵打得潰不成軍。而這首歌謠又是什麼意思呢？裴炎反覆地默念，琢磨它的含義，卻不得而知。但裴炎沒有死心，請學者來幫他解決這個難題，這些人絞盡腦汁，擺出好多答案，但是很遺憾，最終也沒有一個答案讓裴炎感到貼切恰當。

他慕名找來了詩人駱賓王。當時駱賓王正客居揚州，因事來京。裴炎知駱賓王飽富才學，便請他解釋。先贈以寶物錦綺，又答應謝以美女相贈，駱賓王聰慧過人，七歲即能作詩「鵝鵝鵝，曲項向天歌，白毛浮綠水，紅掌撥清波」，對此歌謠，他不會茫然無所知，他如何久久不語，難道，這歌謠真有什麼難言之處。於是他便取出多年珍藏的各種古代的忠臣烈士圖，與駱賓王共賞，見到一幅司馬懿畫像，駱賓王欣然起立說道：「壯哉，司馬宣王！不愧為古今英雄、頂天立地的大丈夫！」

駱賓王道：「古往今來，人們均對司馬宣王極盡貶低之能事，其實，像這樣能成大事者能有幾人？」接著，駱賓王大發感慨，說：「大臣執政，多移社稷，自古已然。」這些話正合裴炎心意，又趁機問起歌謠的事，駱賓王說法：「兒歌裡的『緋衣』二字是你的姓『裴』字；『小兒』是指你的字『子隆』；『當殿坐』是隱喻你當坐天下！」

駱賓王的解釋觸動了裴炎的興奮神經。他素來權勢慾很重，多年來一直野心勃勃，躍躍欲試。前些時候勸武則天廢中宗就是因為中宗皇帝只顧大封親族，沒把他這個「前朝老臣」放在眼裡。現在命中會有大貴，所以非常高興，連呼駱「奇才」。

當時，徐敬業起兵是有備而行的，他早與裴炎暗中串通一氣了，到時候裡應外合，一舉而起，一代妖后還能到何時！當武則天召集眾臣以決「興兵誅遞」時，事關社稷安危，不可疏忽大意，大臣們眾口一辭贊成武則天這一舉動。中書令裴炎卻持相反意見，反對「興兵誅遞」。

他向武則天進言，對於徐敬業，不必興師動眾。武則天問他有何妙計，裴炎回答：「徐敬業興兵作亂是打著匡復廬陵王的旗號。皇帝年紀小了，卻不得親政，所以他們才有了藉口。只要太后能夠政歸盧陵王，召他返宮執政，徐敬業便會不討自平。」

裴炎的話使武則天大感意外。這不僅因為裴炎阻止她用兵逆懺了她的旨意，而且從他的話中覺察到一種異樣的味道。她想，徐敬業以匡復盧陵王為謀反之辭這確實不假，但在「匡復」的背後還隱藏著一個居心險惡的企圖，即想推翻當今政權。這一點，從那篇兇相畢露的檄文中已經看得清清楚楚了。既然如此，身為大唐宰相的裴炎為什麼也勸我返宮呢？這不是正中敬業賊的下懷嗎？武則天想到這裡，心中升了疑團。但是，她沒有馬上駁回裴炎的奏議，而是以和藹的口氣請他暫回，說出兵之事容後再議。

她想起了裴炎曾經一再阻止武則天追尊祖上，立武氏七廟之事，是否他另有圖謀。裴炎也是最先向武則天透露李忠封其岳父韋玄貞為侍中時，是否他怕韋玄貞官位有阻於自身發展，否則他沒有理由如此反感忠宗，並且是他最先提倡廢帝等等，一系列事件浮現在武則天眼前，她不寒而慄，看來，曾經封裴炎為河樂縣侯是很大的錯舉，此人的野心不小啊。這時她嘴角露著了淺淺的微笑，她的眼神是可怕的。裴炎徐敬業他們太小看武則天了。

這時，內侍忽報御史崔　對太后說，他有要事啟奏。武則天摒退眾內侍宮娥，讓崔　快講。崔　詭秘地說：「聽說裴內史反對興兵誅逆，太后不感到奇怪嗎？臣以為事出有因。請太后想想，裴炎身為內史，為什麼替逆賊代言？太后也許還不知道，叛軍的右長史薛仲璋就是裴炎的外甥。前些時候，逆賊薛仲璋表請去江都，目的是助徐敬業賊起兵。徐敬業賊將薛仲璋封為內史。薛賊既為裴內史之外甥，豈能無有聯繫？」

武則天笑了，她決定興兵討之。關於「興兵誅遞」的事，大臣幾乎是眾口一辭的，因為事關社稷安危，毋庸置疑。但是，有人持相反意見。此人便是中書令，今政為內史的裴炎。

對此類叛賊的懲罰，武則天的手段是猛烈的。裴炎深知武則天的嚴酷，所以，自從被捕入獄，便沒想到會活著出來。曾有人勸他：「你是大唐功臣，本朝宰相，只要能認罪求情，太后會念你初犯，免你一死。」

裴炎搖頭笑道：「宰相下獄，斷無全理。多餘的話無須再講了。」

數日後，裴炎被斬於洛陽都亭。臨刑前，對他的兄弟說：「你們的官職都是憑自己的力量得來。沒有得到我絲毫幫助。現在因我之罪而受到牽連，實在是太可悲了！」

裴炎既死，籍沒其家。先前因替裴炎求情而下獄的劉景先、胡元範也受到處罰。劉景先被貶為普州刺史，胡元範流放到瓊州，憂鬱而死。

一日之後，內侍呈上一份密表。武則天打開一看，是太僕寺丞裴岫所書。大意是請求面見太后，說有要事待稟。這裴岫是裴炎的姪子，年方十七歲，精明聰穎，武則天平日對他還算器重。接表章後，武則天想，這裴岫一定是來揭發裴炎罪行的，不然為何不在奏章上寫明？想到這裡，武則天馬上結束了和大理寺官員的談話，命內侍速召裴岫上殿。

大約過了半個時辰，裴岫來了。只見他身穿一件白袍子，頭戴一頂袱頭巾，腳蹬一雙麻鞋。他目光憂慽，神情壓抑。進得殿來，先向太后叩拜行禮，然後說：「太后不以罪臣子弟見棄，開恩宣召，伷不勝感激之至。」

武則天看著裴伷這身打扮，見他如此舉動，便以為他是要揭發他伯父謀反一事，問：「你上表求見，有什麼話要說？」

裴伷道：「臣有要事稟報。」

武則天的眼睛忽地一亮，說：「你伯父密聯逆賊，欲行叛亂，罪不容誅。你若能大義滅親，揭發餘黨，實屬為臣之節，也算是盡了一份忠心。坐下來講吧！」

裴伷沒有坐下，搖頭說：「小臣並無此意。」

武則天的臉色沉下來，問：「那你是來替你伯父申冤的嗎？你伯父犯的是謀反罪，十惡不赦，有何冤可申？」

「臣是來為陛下考慮籌畫的，怎麼敢訴冤？陛下為李家的媳婦，先帝死後，突然獨攬朝政，變更嗣子，疏斥李氏宗族，封賞尊崇諸武親戚。臣之伯父忠於社稷，反被誣有罪，延及子孫。陛下所作所為，讓臣感到惋惜。陛下宜早恢復自己兒子的皇權，以明不私，高枕深居，則武家宗族還可保全。不然，天下一變，武家宗族就不可再救了！」

武則天發怒道：「胡說！小子懂什麼，敢說此話！」命令侍從把他引出去。

裴伷不住地回過頭來對武太后說：「今用臣言，還不晚啊！」如此數次。

武則天便命在朝堂上杖擊一百，在兵士行刑的時候，武則天的心中並不寧靜。她隱隱地對他產生一點愛憐之意。裴岫小小年紀竟冒殺身之禍敢於直言，這膽量、這氣度，人臣鮮有。現在朝臣們所缺少的正是這種剛直不阿的精神！他顯然已經做好了必死的準備，不然他不會脫去官服，換上白袍。這樣的人若能為國效忠，將不失為一個人才。武則天不忍將他殺死，而是判以流刑，流放到五千里外的瀼州以備後用。

處置了裴岫，武則天正欲下殿歇息，內侍又報：按唐代律法，謀反罪應誅殺其族，但武則天卻沒有那麼做，保全了他的宗族，裴岫如此無禮，仍得以赦免，是當時百姓所推崇的，一時傳為美談，說武則天王霸相雜，寬猛得當。

但是一些奸詐小人卻沒有得此待遇，情況恰恰相反。裴炎被捕下獄不久，郎將姜嗣宗受命出使長安，劉仁軌問他東都之事情。姜嗣宗討好地對劉仁軌說：「我覺察到裴炎有異圖已經很久了。」劉仁軌最鄙視這種見風使舵的奸詐小人，就又問一句：「你原先就已覺察到了嗎？」姜嗣宗又點頭稱是。劉仁軌就說：「我有一道奏表，請你帶回去交給太后。」姜嗣宗欣然同意。次日，他帶著劉仁軌的奏表回到東都。他呈上劉仁軌的奏表給太后，還沒有來得及退廷，武則天就下令把姜嗣宗拉下去，處以絞刑。姜嗣宗聞聽，如雷貫耳，癱跪在地，茫然不解地問：「陛下，這究竟是怎麼回事？」

武則天把手中的信一揚，說：「這上面寫的清清楚楚，你何必故作不知？」

姜嗣宗說：「劉留守託臣帶來的信，是向陛下問安的，與臣有何相干？陛下是看錯了吧！」

武則天一聲冷笑，把信扔給他，說：「哼，裝得倒像，你拿去看吧！」

姜嗣宗接過信，草草看過，臉色頓時白了。他哆嗦著，咬牙切齒地說：「劉仁軌啊劉仁軌，你這老狐狸，吃人不吐骨，天不會容你！」

論外交先禮後兵，因敵制勝

「因敵制勝」是根據敵情的不斷變化而使用不同的作戰策略，從而奪取勝利。語源《孫子·虛實篇》：「夫兵形象水，水之形，避高而趨下；兵之形，避實而擊虛。水因地而制流，兵因敵而制勝。」因敵制勝，充滿了辯證唯物主義的思想，它指明了用兵方法和鬥爭謀略應根據不同的作戰對象和不同的敵情變化而決定，體現了靈活用兵的思想，避免了軍事上的教條主義。

膾炙人口的「空城計」，是諸葛亮藉一座空城，唱的一齣因敵制勝的好戲。從表面上看，諸葛亮此計乃無奈而施之。其實，有其必然性。因為諸葛亮深知司馬懿平素好疑，而諸葛亮生平謹慎，多謀善斷，他分析司馬懿見到其所擺的空城，必然心存疑慮，反會不戰自退。從這裡可以看出諸葛亮用計的高明之處，這就是：他透徹地抓住了司馬懿的心理動態。是因敵制勝中最巧妙的一場好戲。

武則天的一生都在不斷地爭鬥。從十四歲入宮到她六十七歲稱帝，整整苦鬥了五十三年。在這個過程中，她歷經過勢單力薄、極為艱難的處境。經過她不擇手段的拚搏，加上她不達目標，誓不甘休的堅持，她由才人而尼姑，再昭儀，最後做了武周女皇。終於她如願以償，取得了勝利。

女皇的勝利不僅如此。她還成功地抵禦外侮，鞏固了安定統一的局面，維持了有唐以來的基業，為大唐三百年歷史上另一個值得書寫的時期「開元盛世」的到來奠定了基礎。尤其是她派兵收復了「安西四鎮」，則更是不可抹煞的功勞。

武則天收復「安西四鎮」之後，戰爭並未止息，唐與吐蕃在西域和青海兩個方向還常有戰事。長壽三年（六九四年）二月，武威道總管王孝傑在冷泉攻破吐蕃勃論贊刃三萬人，碎葉鎮守使韓思忠破泥熟俟斤等萬餘人；次年秋七月，吐蕃軍進犯臨洮，王孝傑又以肅邊道行軍大總管的身分前往征討；萬歲登封元年（六九六年）一月，又以婁師德為肅邊道行軍副總管進擊吐蕃；三月，王孝傑、婁師德與吐蕃將領論欽陵贊婆在素羅汗山交戰。這一戰，唐軍吃了敗仗，王孝傑貶為庶人，婁師德由左肅政大夫貶為原州員外司馬。

婁師德性情寬容，不計較別人對他的觸犯。有一次，他和李昭德同時入朝，因婁師德身體肥胖，行動緩慢，李昭德多次等他都趕不上，李昭德生氣地罵他是鄉巴佬，婁師德卻不以為然慢吞吞地笑著說：「我婁師德不是鄉巴佬那誰才是呢？」

他的弟弟將出任代州刺史，臨行，婁師德對他說：「現在我做宰相，你當刺史，榮寵過盛了，別人一定會嫉妒我們，怎樣才能避免呢？」

他弟弟說：「自今以後，如有人往我臉上吐唾沫，我就悄悄擦掉，請兄不要掛心。」

誰知，婁師德卻憂心地說：「我擔心的正是這樣。別人唾你，你擦掉，更會使人不滿，臉上的唾沫不擦自乾，應該含笑接受。」

當然這件事誇張的色彩很濃，但由此可見婁師德的忍耐力是多麼驚人。

的確，忍耐力很大，促使人的性格更加堅韌且富有極大的彈性，從而使得這個人很難被打倒，即使倒下了，也會彈起來，而不會像一些強硬的人一折就斷。曾經，婁師德被武則天貶官後，他毫無怨言，絲毫不表現出怨恨的情緒，卻只是說：「也好，這樣也好。」其實人的一生常常失去的與得到的很難平行，主要看你以怎樣的心態去對待。

王孝傑、婁師德之敗，是收復四鎮後的一次較大的敗仗，武則天對此很不高興。但是，這年九月間，作為勝利者的吐蕃忽然派使者前來大唐東都，提出了請婚的要求。

武則天感到蹊蹺。她深知，吐蕃野心勃勃，對大唐覬覦已久，而今又新敗唐軍，絕不會輕易罷兵。為了探聽虛實，她派遣右武衛曹參軍郭元振前往吐蕃。

吐蕃大相論欽陵接見了郭元振。原來，吐蕃要與大唐和親、罷戰是有條件的。他要唐朝從四鎮撤出守兵，再將西突厥十姓的土地分一部分給吐蕃。西突厥十姓人居住在四鎮之一的碎葉川一帶，是歐亞陸路交通的要衝，東西貿易和文化交流的一座橋樑，吐蕃這個要求顯然是十分苛刻而且包藏禍心的。

郭元振當即指出：「四鎮和突厥十姓人本非同種同宗，現在你們讓唐朝撤兵，難道要兼併四鎮和十姓的土地嗎？」

論欽陵頓時紅了臉，忙遮掩道：「吐蕃如果得土地，向東攻打甘州（甘肅張掖縣）、涼州（甘肅武威縣）都很方便，何必到遙遠的西域去爭利呢？」然後，又讓使者隨郭元振到唐廷請求和親。

郭元振回來以後，他刻不容緩來到朝廷。他對武則天說：「兩軍相交，『禮』字在先。因此古人說：『師直為壯，曲為老。』前幾年，吐蕃奪走我們的青海和吐谷渾，我們想收回這些失去的土地，而吐蕃卻想要我們的安西四鎮。既然他以割地為罷兵條件，我們也將計就計，以敵制敵。我們也便想收復我們的土地，如果他們不同意，理虧在他方，不在我方。更何況四鎮的百姓歸附大唐已久，我們不可棄民與敵，使民心寒。因此說此非禦敵之計，請陛下慎重行事，千萬不可輕舉妄動！」

武則天同意郭元振的意見。在接見論欽陵的使者時，直截了當地告訴他：「大唐並非吝惜四鎮，設置它不過是為了扼制蕃國要衝，分散你們吐蕃的兵力，使你們不得東侵。現在你們要大唐從四鎮撤兵，只會增強你們的勢力，便於你們東侵。如果你們確實沒有東侵的意圖，那就將你們佔據的吐谷渾及青海歸還我大唐，大唐也可分弩失畢部給你們。」

武則天的答覆有理、有利、有節，既顯示了唐朝的罷兵誠意，又戳穿了吐蕃的陰謀，並毫不退讓地進行了針鋒相對的抗爭。使者見武則天態度強硬，她提出的條件也無法反駁，無懈可擊，只好悻悻地離開了神都洛陽，回吐蕃去了。

使者走後，郭元振又上書給武則天，說：「長時間來，吐蕃百姓徭役過重，不堪其苦，都希望和大唐罷兵講和。唯獨論欽陵擁兵專權，不願講和，這是和民意相違背的。在此情況下，我們應順乎吐蕃民意，年年往吐蕃派和親使，論欽陵必然拒絕不從，這樣，時間久了，吐蕃百姓一定會不滿意論欽陵。百姓盼望講和的意願愈深切，這種不滿就會愈加重，民心不穩，他再舉大兵就難了。而且他們上下猜疑，內部也會發生事變。」武則天十分欽佩郭元振對論欽陵的分析，採納了他的意見。

郭元振的分析是精闢入理的。聖曆二年吐蕃內部果然發生了內亂。論欽陵與其兄弟攻唐邊境。棄都木公要收回兵權，於是他趁火打劫，趁著論欽陵不在營地時，發兵捉拿論欽陵的將帥和士兵幾千人。欽陵的兒子論弓仁，來唐投降，論欽陵兵敗自殺身亡。武則天封贊婆為特進，歸德王，封論弓仁為郡公。然而，好戰的吐蕃卻並沒有因此而完全停止對大唐的進攻。

久視元年（七〇〇年）七月，吐蕃大將麴莽布支率兵數萬，進犯涼州（今甘肅武威）舉兵包圍了昌松縣。武則天派隴右諸軍大使唐休璟領兵數千迎戰吐蕃。這日，雙方在洪源谷擺開陣勢。唐休璟登高遠望，只見吐蕃兵衣甲鮮豔華貴，便對部下說：「自從論欽陵被殺，論贊婆來降，吐蕃兵力已弱。現在，麴莽布支是剛剛領兵，為了顯耀威武，把國內貴臣豪酋的子弟都召來了。吐蕃軍表面上雖然精壯，但這些富豪子弟不習軍事，不堪一擊，讓我來擊敗它！」說罷，他披掛上馬，帶兵衝入敵陣。

戰鬥激烈地開始了。唐軍雖少，但因唐休璟一馬當先，奮勇衝殺，唐軍愈戰愈勇，數萬吐蕃兵頓時被打得大敗。接著，吐蕃又重新動員反撲，唐軍六戰皆捷，斬殺其副將兩人，消滅吐蕃軍二千五百多人，唐軍在洪源谷之戰取得了輝煌的勝利。

唐休璟凱旋回朝後，吐蕃派論彌薩前來大唐請和，武則天安排最勇猛、最得意的將帥唐休璟為上座，並且她親自陪客入座。席中，論彌薩惶惶不安，並且時常看唐休璟，動作拘謹，又不敢放開好吃好喝，武則天看在眼裡她很得意，嘴角落出滿意的微笑。於是她便故意問論彌薩說：「彌薩大使為何如此惶恐。」

論彌薩臉一下子紅了。他便很不好意思地回答說：「洪源谷一戰，便是這位將軍英勇無比，殺我吐蕃將士甚多，鄙人極為賞識這位大將軍的膽識和鬥志，請陛下為我引見。」武則天非常高興地答應了。

送走吐蕃使者論彌薩之後，隨即，武則天提拔唐休璟為武威、金吾二衛大將軍。

由此可見，武則天不光在謀權奪勢上是高手，在治軍固國方面也頗有建樹，在穩固自己的領土完整上，她用兵毫不猶豫，以硬拚硬，「寧可妄殺，也絕不遺漏。」這也是她和別人不同的地方。

在中國封建社會的三百多位帝王當中，像她這種做法的人並不是太多的。三國時曹操有過這種做法，他喊出了：「寧叫我負天下人，休要天下人負我。」武則天冤殺了一代名將程務挺，曹操冤殺了吳伯耆一家。二者如出一轍。這兩人的做法固然是不可取的，只不過是受時代的侷限和險惡環境的影響吧！

備軍事寸土必爭，平定邊疆

武周政權是在唐王朝的基礎上建立起來的。在武周的周邊和周邊地區，存在著新羅、日本、印度、波斯、吐蕃、突厥、回紇、契丹等許多國家和少數民族政權。這些國家和民族，曾經與唐王朝發生過密切的聯繫，必然也要與武周政權發生各種關係。因此，如何處理國際關係和民族關係，是武則天登基後遇到的又一個重要問題。

尤其是有些少數民族貴族受傳統的影響較深，不以安居為意，常欲擄掠縱慾。因而，他們入侵內地，燒殺掠搶的事件也多次發生。這不僅嚴重擾亂了人民的正常生活，妨害了社會經濟的發展，而且削弱了國防力量，影響了帝國的安全。因此，武則天在實行懷柔政策的同時，對少數民族貴族的入侵深惡痛絕，堅決反擊。

武則天的勝利還表現在她還成功地抵禦了外侮，鞏固了安定統一的局面，維持大唐的基業，為大唐三百年歷史上另一個值得書寫的時期「開元盛世」的到來奠定了基礎。

「你敬我一尺，我敬你一丈」，「人若犯我，我必犯人」，這是武則天在外交上的原則，當時，西部和西北邊疆經常受到兩大軍事集團的侵擾，老百姓苦不堪言，此兩大軍事集團，一為突厥，二為吐蕃。

突厥是我國古代的一個少數民族。突厥人最早居住在準噶爾盆地以北，以後遷徙到高昌（新疆吐魯番）的北山（柏格多山）。五世紀中葉，柔然征服了高昌。從五世紀後半期起，柔然奴隸主政權削弱，突厥人逐漸擺脫了柔然的束縛。南北朝末年，突厥首領阿史那土門發兵大敗柔然，柔然可汗自殺。

土門建立了突厥政權，自稱「伊利可汗」。到木杆可汗（五五三—五七二年）時，突厥勢力更盛，牙帳設在都斤山。突厥政權建立不久，室點蜜（土門弟）統領十大首領，帶兵十萬人，佔領了西域各地，自立為可汗，號稱十姓部落。這樣，在突厥西部便形成了半獨立的勢力。同時，在東部，為了加強對各族人民的統治和鎮壓，木杆可汗和它缽可汗（五七二—五八一年）分封他們的弟、姪以可汗稱號，令他們分別管轄一部分地區。從此，突厥統治集團內部產生了分裂的因素，各部首領之間經常發生衝突。

隋初年間，突厥社會內部衝突加深並且惡化。突厥內部統治階級與下層百姓之間的衝突以及統治階級與被統治部落之間的衝突十分尖銳，再加上天災之禍，人畜大量死亡，畜牧業一蹶不振，經濟速滑導致勢力大衰，隋軍見機行事，向突厥發動了突發性進攻，突厥大敗，西部突厥獨立了，突厥從此正式分為東西兩部分。然而隋末唐初年間。東突厥在始畢可汗統治下，又死灰復燃，繼而興盛強大，當時興起的各種割據勢力都拜突厥稱臣，如李淵發兵而起，也拜突厥稱臣，以取得突厥相助。唐建國後，突厥依舊屢屢侵擾，他們長驅直入，氣焰非常狂妄、囂張，他們甚至都進入到長安附近渭水橋，直到貞觀四年，唐太宗採取「中國既安，四夷自服」的策略，富國強兵，把握突厥內部的衝突，攻其之弱，沉著應敵，終於擊敗了突厥，取得了勝利，其他大部分部落歸附唐朝。

此後，西突厥又強盛了起來。

唐太宗戰敗東突厥和薛延陀後，便著手解決西突厥問題。此時，西突厥正強盛一時。它擁有騎兵數十萬，控制西域許多地方政權，使其難以和唐廷往來。西突厥統治集團還阻絕「絲綢之路」，嚴重地影響了西方各國與唐廷的友好往來。為鞏固西北邊疆，鞏固多民族國家的統一，促進中西交往，唐太宗決心打敗西突厥。他首先攻下了臣服於西突厥的吐谷渾，繼而又連續攻下了高昌、焉耆、龜茲，反擊西突厥的戰爭取得了初步勝利。貞觀二十二年（六四八年），唐太宗在「絲綢之路」的北道碎葉（今巴爾喀什湖以南楚河帝），中道的疏勒（今新疆疏勒）和龜茲，以及南道的於闐（今新疆和田）四城駐紮軍隊，委派鎮守使，置為軍鎮，隸屬安西都護府（治所在龜茲）。這就是著名的「安西四鎮」。唐太宗死後，唐高宗繼承太宗的事業，在顯慶二年（六五七年），派大將蘇定方最後打敗了西突厥，全部佔領其故地。在此情況下，「安西四鎮」便成了唐朝控制巴爾喀什湖以東以南和今新疆全境廣大領土的軍事據點，戰略地位十分重要。但是，由於吐蕃不斷北擾，突厥貴族一再叛亂，「安西四鎮」被吐蕃奪去了。

早在唐初，松贊干布統一了吐蕃各部，定都於邏些城，確定官制、法律，吐蕃逐漸強盛起來。貞觀八年（西元六三四年），松贊干布派貢使到唐朝廷，隨後又向唐求婚。貞觀十五年（西元六四一年），唐太宗命江夏王李道宗送文成公主到吐蕃和親，松贊干布親迎於河源，並特為公主築一城，修建宮殿讓文成公主居住。自此以後，唐和吐蕃的關係日益密切，經濟、文化交往不斷，推動了吐蕃經濟、文化和社會的發展。不少吐蕃子弟到唐朝廷求學。唐太宗死後，松贊干布還寫信給唐朝，表示擁護高宗。永徽時，文成公主曾派人向唐朝「請蠶種及造酒、碾磑、紙墨之匠」，得到許可。

到高宗、武后「二聖」執政時，吐蕃強盛。龍朔三年（西元六六三年），吐蕃攻吐谷渾，吐谷渾可汗諾曷鉢逃奔涼州（今甘肅武威）。唐朝廷則屯兵涼州、鄯州（今青海樂都）一帶，以防備吐蕃。緊接唐高宗出兵攻打吐蕃。這一年，他任命薛仁貴為邏些道行軍大總管，率兵十萬，聲言要進攻吐蕃都城。唐軍進到大非川（青海共和縣西南切吉曠原），尊業多布的兒子論欽陵率大軍殲滅唐軍，經薛仁貴與論欽陵約和，唐殘兵才得生還。唐軍在大非川覆沒後，唐「安西四鎮」大部分土地被吐蕃奪得。從此，甘肅一帶便時常受到吐蕃侵擾。

「安西四鎮」失守後，唐廷雖多次對吐蕃用兵，且時有勝利，但四鎮始終未能復歸於唐。這種情況直到二十二年以後才有了根本性的變化。

這一年是武周如意元年，武則天改唐為周後第二年。此時武則天已經徹底地戰勝了她的政敵，牢固地坐穩了皇位，國力也有所加強，她覺得有能力、有條件收復故地了。於是，她決定發兵西進，和吐蕃進行決定性的一戰，洗雪二十多年的舊恥。

唐休璟是京兆始平人，任安西都護。當年，吐蕃攻破焉耆，唐休璟收其餘眾，以安西土。他曾向武則天上呈過一紙奏表，請求收復「安西四鎮」，他的誠意正合武則天味口。武則天素來行事雷厲風行，她召見了西州都督唐休璟，要和他當面商議此事。

君臣會面時刻，武則天避而不談唐休璟奏章之事，卻不緊不慢地問起吐蕃侵擾的境況和西州的民情，唐休璟一邊回話一邊思忖著如何將話題直接引向「安西四鎮」。難道陛下對所奏之事無動於衷，絲毫不想發兵西討，收復故土了？

正直不阿的唐休璟終於忍不住，打開天窗說亮話，他激動地說道：「安西四鎮乃軍事重地，太宗皇帝為了四鎮費盡操勞，更不知有多少唐軍將士將鮮血灑在那裡。四鎮落入敵手，實乃奇恥大辱。大唐空有廣袤的土地，數千萬臣民，卻對小小的吐蕃無可奈何，任憑其踐踏大唐的國土，蹂躪邊鄙的百姓，這是對先帝的不忠，是對大唐基業的失職。」最後，他流淚了，長跪在地，懇請道：「陛下，四鎮乃大唐聖土，絕不能任蠻夷霸佔。乞請陛下察臣愚忠，發兵誅逆，使故地重被皇澤，百姓得享安寧！若得恩准，大唐百姓定會不忘聖恩！」說著說著，他淚如雨下，長跪不起，激動地說：「陛下，國家興亡，匹夫有責。為臣者當以國家之事為己任，四鎮不克，寢食不安。乞請陛下察臣愚忠發兵滅亡吐蕃，使百姓享太平！四鎮回歸故里，大唐永年不忘陛下聖恩！」說完，涕泗橫流，百感交集。

武則天釋懷地笑了。其實她約唐休璟相見，故意拖延正題，卻在暗中審視他的言行舉止，將會如何付諸實施，她在考驗著他，終於唐休璟堅定的決心和自信的話語以及他的誠摯，讓武則天獲得力量，增加了必勝的信心。她想，此時不攻吐蕃，更待何時！

「朕意已決，即日西征！」武則天顯得有些激動。她從御座上站起身來，用探詢的目光看著唐休璟，說：「卿以為誰可負此重任？」

唐休璟思索了一下，說：「遠征西土，臣以為右鷹楊將軍王孝傑最為合適。」

武則天問：「因何言之？」

唐休璟道：「兵法云：『知彼知己，百戰不殆。』欲勝敵，須知敵。本朝將領中知吐蕃者莫過王孝傑。前些年，王孝傑曾作為行軍副總管跟隨工部尚書劉審禮西討吐蕃，與敵激戰於大非川，兵敗為敵所獲。吐蕃贊普以為王孝傑長相頗似贊普之父，厚加禮敬，孝傑於是免死，得以歸國。孝傑在吐蕃日久，深知吐蕃虛實，令其將兵，必能獲勝。」

武則天深表贊同。誠懇相待，將心換心。武則天非常誠心地激勵了唐休璟，感謝他出謀劃策，多薦英才，之後，便下令封王孝傑為威武軍總管，率兵進吐蕃。

王孝傑果然不負厚望。十月間，大破吐蕃軍，一舉奪回了「安西四鎮」。在這次戰爭中，西北地區各族人民做出了貢獻。吐魯番出土文書表明，當時焉耆龍姓和昭武九姓的人曾前往助戰。這說明，收復「安西四鎮」還是很得人心的。

「安西四鎮」重歸大唐的消息傳到神都，武則天興奮異常。她在宮中盛陳宴席，與文武官員共賀勝利。席間，君臣談笑風生，勝利的喜悅洋溢在宮廷。

武則天決定，在四鎮之一的龜茲設立安西都護府，屯兵鎮守。但意想不到的是，有的大臣竟提出異議，甚至主張放棄四鎮，認為四鎮不過邊遠砂磧，物寡人稀，如派兵鎮守，徒耗兵力，勞而無功。崔融勸武則天千萬不要為棄地之論所迷惑，萬勿遲疑徘徊。武則天何嘗遲疑徘徊？她深知四鎮的重要，更不會將用血換來的勝利付諸流水！她恩准了崔融的奏議，對那種放棄四鎮的主張不予理睬，派兵三萬前往四鎮戍守。不過，多數大臣都這樣認為，戍守四鎮是正確的。武則天深知安西四鎮的重要性。

高宗時官員瀆職，丟了四鎮，使吐蕃得以加大，從焉耆西面長驅東來，經高昌、車師、常樂，渡過莫賀廷磧，兵臨敦煌。現在好不容易收復了四鎮，怎能棄而不要？如果四鎮無守，吐蕃一定會得到西域，西域群羌勢必被迫歸降，吐蕃與群羌結合，唐河西諸郡一定受威脅。莫賀延磧寬二千里，無水草，吐蕃控制沙磧，唐軍就無法渡過。安西四鎮，乃軍事重地，豈容忽視。

兩儀君主三番四次，收復失陷，在高宗即位之時安西四鎮又被沉淪。武則天慧眼識珠，她以多種方法收攏了才子能人，使他們在她的支持和認可下發揮自己最大限度的才能，才得以成功，收復了「安西四鎮」最終維護了唐帝國領土完整，不能不讓文武百官汗顏，不能不讓天下百姓佩服至極。從中可以看出，她不僅賦有極深的謀略，在軍事上也存在著高超的韜略，她刻不容緩，以獨特的戰略眼光，派兵點將、屯田駐守，從而更顯示了她高瞻遠矚的政治大略。

自古軍隊是維護國家穩定、領土完整的強大機器，其中主要是用於征討、固疆。

武則天做了武周女皇，自然也統治了大唐軍隊，這個強大的國家機器不但要維護帝國疆土的完整，更要為武則天對付那些反對她的李唐子孫、王公爵侯。因為武則天當了皇帝引起了李唐舊臣的不滿，他們勢必擁兵發難，武則天則毫不猶豫地用兵，最終以武力來解決。

在土地的爭奪，政權的鞏固等等這些原則性的問題上，武則天從不示弱，「絕沒商量！」她的態度是堅決的，她的手腕是強硬的。

第五篇　剷除異己，不擇手段

要統馭天下，先管理身邊；要統馭百姓，先管好文臣武將。君臣同體，卻有分工。如同首腦與四肢與耳目的區別。人臣對於君主，就像四肢支撐頭顱，耳目支配於心，相互依賴、相互支配然後發揮作用。我要扶持我的子民，你來輔助；我要致力於四方，你來施行。臣子要做君主的眼睛，負責審察，你做君主的耳朵，負責聽取。

一個好君主，最大的優點不在於自身是能人，而在於他能使用比自身更能的能人，設置百官如擺棋局，使之一心歸順於他，按他的旨意走自己的人生之路。

剷異己以毒攻毒，請君入甕

善於透過現象看出事物本質，善於判斷，窺破奸計，一雙慧眼，洞察入微，則一切老奸巨猾，無所逃於雙目矣。中國歷史記載「敏察之事」不勝枚舉，僅擇幾例說明之。察奸之術源於《韓非子・內儲說左上》，由於該書是以君主的統治術為主題，因而用許多篇幅論述了怎樣才能看透臣下的內心。

《韓非子》的察奸術，有觀聽法、一聽法、挾智法、倒言法、反察法等。所謂觀聽法，就是不是片面地根據一件事實，而是進行綜合的全面判斷。人往往有這樣的習癖，對喜好的事樂於接受，對嫌厭的事則加以排拒。了解君主這一弱點的奸邪的重臣，就往往口出蜜言，或者只讓君主看到他所喜好的一面。因此，即使聽到令人滿意的話，也必須用自己的眼睛加以確證；即使看到令人滿意的情形，也必須傾聽多數人的意見。所謂一聽法，是指識破隱蔽在群體之中的「濫竽充數」者。「不一一聽則智愚不分。」這種方法，是說若不一一聽取每個人的意見，則都混雜於眾人之中，不能察知每個人的能力。

所謂「挾智法」，就是佯作不知以試驗對方。朝昭侯有一天故意把一片剪下的指甲握在手中而假裝遺失，嚴厲命令道：「剪下的指甲如果丟失是不吉利的，無論如何也要找到！」於是近侍們在房間裡到處搜尋，然而一無所獲。「絕對不可能丟失。好好地給我找！」一名近侍悄悄剪下自己的指甲交了出來。「找到了，在這兒找到了！」韓昭侯就這樣知道了誰是說謊者。

所謂反察法是說從相反的立場尋找動機。《韓非子》中說：「事起而有所利，其屍主之；有所害必反察之」（《韓非子．內儲說》）。如果發生某種事件，起主要作用的是因此受益之人。在有人被害的情況下，也可以據此推測是因此受益者所為。

《韓非子》中記載了這樣的事例：韓喜侯入浴，浴場中發現小石子。韓喜侯喚來近侍詢問：「負責浴室的官員一旦免職，其繼任者確定了嗎？」「是的，確定了。」「召他到這裡來。」韓喜侯嚴厲責問他：「為什麼往我的浴盆裡投放石子呢？」那人無法隱瞞，招認說：「負責的官員被免職，我就可以取而代之。所以，才……」不能僅限於主觀的分析，而應當站在對手的立場上找尋其動機，這是識破、駕馭對手的一種方法。

在古代社會，統治者和部屬之間、統治集團內部人與人之間是一種互相利用、互相猜忌、互相傾軋的關係，統治者為了自身的利益，創造了許多洞察他人心理的謀略方式。武則天便是使用反察法清察了奸臣周興企圖謀反奪權之案。

當來俊臣正春風得意之時，武三思與其密謀，陷害豫王李旦。他們設計好後，武三思就向武皇稟報：正月四日，李旦與罪臣李顧商談三小時，李顧家中就出現了許多行蹤詭秘的江湖浪人……李旦的家丁趙元安送了一封親信……

武則天聽完感嘆道：「沒想到李旦也會對我圖謀不軌。」武三思進一步道：「證據確鑿，武皇拿不拿他？」武則天以手撫額，陷入悲傷的沉思。這時太平公主突然站出來說：「母親，我建議重審。」大臣們一看太平公主出面求情，便紛紛跪下要求重審。

大家對周興、來俊臣的酷吏制度深惡痛絕，但武則天始終不信，她見太平領頭，眾臣紛紛跪下，也開始對自己的方法產生了質疑，命令當堂重審此案。周興緊張萬分。武則天讓他把人帶上來。武三思趕緊說：「都已殺了。」

太平公主問：「為什麼都殺了？」周興不安地回答：「這是武后的命令，一招就殺。」太平問：「一個不剩？」

「一個不剩，全招了，都殺了。」太平突然轉身問武攸嗣：「武攸嗣，你不說還有一個嗎？」武攸嗣答：「是有一個。」太平讓他去把那人帶來。

犯人進來了，他正是東宮侍衛趙元安，武則天厲聲問道：「你也參與了皇子的謀反嗎？」

趙元安遍體鱗傷，他堅持李旦沒有謀反：「天帝明鑑，皇子從未謀反，臣更無從談起參與謀反。」

武則天反問：「你有什麼證據呢？」

趙元安指著自己的身軀：「臣被嚴刑拷打十數日，遍體鱗傷，但仍衷心不改，就是證據。」

武則天一推案頭的卷宗冷笑道：「那如何解釋這如山的卷宗呢？」

趙元安當即回道：「誰都可以撰寫如山的卷宗，況且所謂證人皆已滅口，死無對證。可是據臣所知，他們是在嚴刑逼供之下，屈打成招，繼而含冤而去的。」

趙元安突然從周興身上抽出劍，所有人都按住腰間，怕他行刺。他義正辭嚴地告訴武則天：「這不是謀反不謀反的事，是沒人扛得住酷刑。你把任何人交給周興，他都只能謀反，我只有一個方式證明李旦沒有反你，我把心挖出給你看。讓你看看我的心！」一劍下去，他剖開胸膛。眾人看到這一幕譁然，武則天則大驚。她心中自然明白李旦若不是至仁至賢之主，不會有如此忠義之士，甘願為他去送死，李旦是清白的，她想。

當時，武則天最信任的人是她的女兒太平公主，她從心眼兒裡認為，在這個李唐大宗室裡，只有她們兩個女人，她們母女才是彼此的依靠。只有女兒才貼娘的心，只有女兒才不會與她爭奪權力，她了解自己的女兒，終於忘記了母女之間的種種怨恨。默默地她們母女終於走近了。這一切被周興看在眼裡，周興深怕武則天將皇位傳給自己的女兒，到頭來自己不是什麼都沒撈著嗎？

恰逢此時，御林軍中有一武將是個熱血青年，他十分欣賞太平公主的為人。他慷慨激昂陳辭，要為太平公主拋頭顱灑熱血，重振朝政清廉……周興聽了，更是憤恨，如火上加油，十分惱怒。他小眼珠一轉，計上心來，便將武將帶到自己的刑堂上，周興不回答他，反而給他講經脈圖，說：「如果我從命門剖開，你的肺會怎麼樣，你會有什麼樣的感覺；如果從丹田入手……」說得很殘忍，使人不寒而慄。

武將問：「你這是什麼意思？」

周興從袖口中拿了一本冊子，往他眼前一扔，「這是太平與武三思的謀反卷宗，就是這個意思，畫押吧！」

武將大義凜然：「天地良心，忠心可表，太平絕沒有反叛之心。武三思確實就沒來過太平府。」

周興說：「那就讓我看一看你的天地良心吧！」他指著人體圖問武將：「你想讓我從哪看起呀？」武將愕然！這個武將就如此活生生被剖了。

不久後，太平公主的門客徐堅等人發現了武將的死，他拿著武將寫給太平公主的血書到太平府上說：「公主，大事不好，周興陷害我們謀反，武將已經被他們殺了！他實在扛不住招了，死得非常慘，五臟六腑都被挖了出來。這是他臨死前一天寫下的。」太平公主大驚，血書寫在一個絹上，血淚斑斑。武將的無辜慘死讓太平痛心疾首，同時感到形勢愈來愈緊迫，不能坐以待斃。

太平非常氣憤，將此事迅速轉告武則天，武則天口裡說：「周興等人辦事極有效率，而且案案都證據確鑿，並且都有本人畫押，豈能有錯！」她心裡卻想著豫王李旦和太平公主若一一消除，直接受益的又會是誰，當然是揭發者來俊臣和周興。於是她又緊接著反問太平公主和徐堅說：「你們說周興陷害你們，可有證據，又如何證明呢？」

徐堅一想，說：「鄙人有一辦法，請陛下明察。」又說：「以毒攻毒。」

「誰為毒，攻誰之毒？」

「以來俊臣攻周興。」武則天一怔……

來俊臣請周興喝酒。看上去兩人頗像兩個知己，互相交流他們的刑法。來俊臣對周興說：「武皇讓我審一個大叛臣，可是他怎麼也不招。我有什麼辦法才能讓他招呢？請周兄賜我一計！」

周興說：「那好辦。拿個甕來，我教給你。」甕拿進來後，周興說：「點上火，把甕燒熱，把他放進去，再堅強的人也熬不過去。」

來俊臣大喜：「多謝周兄賜教，請周兄入甕吧！」周興「碰」的一下就坐在椅子上，極端恐懼。他知道自己完了，絕望地問：「來俊臣，你為何要害我？」

來俊臣冷笑：「因為現在的形勢就是這樣，誰能拿到叛臣，誰就能坐上你的位置。至於事實怎樣，只有咱們兩人知道。武皇既然懷疑了你，正好給了我一個機會。」

武則天與太平站在門外，觀看著這一幕。

周興說：「咱們不是說好了嗎？如果我得了天下，你就是我的頭號功臣。」這時武則天與太平進來。兩人都傻了，跪下。太平說：「母親，這種方法，誰也扛不住。真實在這兒是不存在的，如一味遷就他們，將陷害多少無辜呀！」

武則天命令：「把他們都拉出去斬了！」

周興和來俊臣問斬那天，全城萬人空巷。許多被害人的家屬湧到刑場，為了洩憤，爭著咬來俊臣屍體的肉，不一會兒，就把肉咬盡了。又挖出眼珠，剝下皮，掏取心、肝，把殘骸踏成泥漿。老百姓互相道賀，說：「從今以後，可以安心睡覺了。」

他們的屍體一下就消失在憤怒的人群中。武則天沒想到對周興一夥的處置居然如此順應民意，令她自己都驚愕萬分，心想：多虧早殺此二人，不然後果不堪設想。

自古以來成大事之人，在用人上很獨特，所謂「八方來神，各盡所能」。她用各種人才達到自己力治四方的目的。即使明知是奸佞小人，也必用無疑，而此時的用不是重用，而是利用，利用小人的特長，達到自己的目的後，這些小人就毫無利用價值了，她便如法炮製，將其一一剷除示眾。

廢中宗，婆媳間互相較量

戰爭，是階級鬥爭的最高形式。它是政治的繼續。它可分兩種：一為有形的戰爭，那是敵我刀槍兵馬的交鋒，一為無形的戰爭，那更是殘忍的流血的，輸得不清不楚，死得不明不白。

俗話說：「你有上天梯，我有落地索」。咱都是修這一行的人，總有辦法對付你。

李唐的皇旗升起來了，李顯登上了皇位，他終於登上了韋氏盼望已久夢寐以求的權力的頂峰。

這就是歷史上的唐中宗，年號為嗣聖。

李顯肯定是李治的親生兒子，然而他卻將李治懦弱的一面演繹得有過之而無不及。李顯即將登基時，非常緊張，韋氏幫他穿衣服、擦汗，問他：「都記住了嗎？」他說：「記住了。」他跑出去又跑回來，問韋氏：「我的香囊呢？」韋氏急忙遞給他。一切忙完之後，韋氏出門站在院子裡，聽到遠處傳來的聲音：「皇上萬歲！萬萬歲！」整個皇宮上空都迴盪著這個聲音，韋氏激動得都快哭了。

李顯做上了皇帝又高興又不滿意。高興的是，他已成天子，掌握天下生殺予奪大權。隨便說一句話，就是聖旨，所有的人都要照辦，一點也不得違誤；不滿意的是皇太后也與他一同上朝，大事都不是他說了算，而是皇太后說了算，太令人不痛快了。

李顯在朝上說了不算，回到宮中，皇后韋氏還不滿意。韋皇后埋怨道：「皇上，你怎麼不看看先朝，今皇太后為皇后時，追贈亡父為國公，為司空，母為代國夫人，姊姊為韓國夫人，連個外甥女也封了個魏國夫人。現在可好，你當了皇上，可是我爹卻仍然是小小的八品參軍。別的皇后連親戚、朋友都沾了光，我為皇后，連親爹也沒沾上光。」

「妳埋怨我有什麼用？在朝上我說了不算，一切都是皇太后說了算。」李顯無可奈何地道。

「你真笨，皇太后不一定天天臨朝，哪天不去上朝，你就擬旨，宣佈，等皇太后知道了，見生米煮成了熟飯，她也不好再撤了吧。」

「對呀，妳瞧好吧，不但封了我的老丈人，凡是妳的親戚全要封贈。」李顯又道，「皇后，妳的親戚中有一些我都不知道，妳就寫個名單吧。按名單封就是了。」這一張名單足足列了一百三十多人。李顯指著最後一個問道：「這個人是什麼親戚？」

「我乳母的兒子呀。」

「他也得封？」

「唉，你怎麼這麼吝嗇，你是皇上，而乳母對我很好，我是吃她的奶長大的，不該報恩嗎？你賞他一個官，就算報恩了。全國的官那麼多，也不差他一個。」

「那麼封他個什麼官呢？」李顯與李治這一雙父子呀，真沒得說。都是沒個真主意的人。李顯與李治不同的地方在於李治不願意掌權，只願意享受；他則不同了，雖無主見，卻願意要權。李治不願玩權弄術，但一日權在手中，一日就將他整理得有條不紊，李顯卻不同。

「給他個五品吧，什麼職官都行，反正也不用他管事，只要有個名，有俸祿就行了。」韋后知道自己乳母的兒子，論文，斗大的字只認識一口袋；論武，除了菜刀沒摸過刀槍。

韋氏要連封家族，無非也想模仿武則天當年的行為，增加自己韋氏的勢力。「好，就依你。」李顯爽快地答應了。

機會終於被李顯等到了，武則天有點小病，沒有上朝。這正合了李顯的本意，他可以為所欲為了。李顯在朝上對大臣道：「擬旨！」秘書監、內侍省的兩個官員，備好文房四寶，準備記下皇上想宣佈聖旨的內容。

李顯接著道：「原普州參軍韋玄真，詔為侍中。」韋玄真即韋后之父。他是按著韋后擬的名單，在人名後加上官職。一百多人，每人都有官做。後面那個韋后乳母的兒子，給了一個游擊將軍的職銜。待李顯念完。裴炎出班奏道：「侍中一職已有人，況且一個州參軍怎能勝任丞相一職，請皇上三思，宜收回聖命。」

李顯的第一炮就有人反對，他很生氣。他道：「侍中已有人又怎麼樣，多設一個兩個有何不可？」

「陛下，侍中不但不宜增人，而且韋玄真也不勝任左相之職。」裴炎據理言道。

「我是皇上，我願意這樣做。」李顯並無理由提升韋玄真，他說不出道理所以就不講理了。

裴炎又奏道：「陛下，江山、社稷乃先祖、先皇留下的，陛下亦不該任意施為。」

「怎麼，你敢說我任意施為？我任命韋玄真有何不可？他是韋后之父，韋后，你知道嗎？她是皇后，不就是一個侍中嗎，不就是一個小小的左相嗎？你還再三再四地反對？我是皇上，我再說一遍，我是皇上。別說我任命韋玄真當個侍中，我把江山送給韋玄真，你也管不著。退下去！」

李顯怒了，急了，一個不學無術、缺乏修養的人，急怒之下是口不擇言的。裴炎不好再說。李顯大為生氣，也不再管大臣們的表現與反應，也不等值殿太監喊：「有本早奏，無本捲簾散朝」的話，他一甩袖子往後宮走去。李顯到了後宮，仍氣憤不已。韋后見了，問道：「皇上，你這是怎麼了，為什麼氣成這樣？」李顯氣哼哼地將朝上情況說了一遍。

韋后道：「皇上，你太糊塗了，管他裴炎說什麼，不用理，只管令人擬旨，然後用寶——蓋上玉璽，再詔告天下。只要你做了這件事，皇太后也得另眼看你。以後再有大事，你也可做主的。為何一甩袖子就走呢？」韋氏如當年的武則天從心眼兒裡看不起李顯。

「那麼，我再回到朝上去？」李顯後悔地道。

「晚了，現在大臣們都散了，回去幹什麼？明天再說吧。」韋后不屑地道。

「行！明天，我一定聽妳的話，按妳的主意辦，絕不再甩袖子了。」

裴炎散朝後，急忙趕到皇太后武則天處。武則天見裴炎來了，定有急事，所以她坐了起來。裴炎道：「皇太后，身體欠安？」

「沒什麼大病。裴卿，發生了什麼大事嗎？」裴炎將朝廷上他與皇上之爭，以及皇上說過的話，詳細地、一字不落地學說一遍。

「這還得了，這個混蛋，竟然背著我發號施令了。」武則天氣得變了臉色。

「皇太后，打算怎樣處理這件事？」裴炎還是沒有說出他的本意。

「本宮的打算是，不能讓他當皇上了。」武則天說出了心裡話。

「具體的辦法是什麼？」

「本宮還未想好，裴卿，你有何高見可直說出來。」武則天確實還沒想好辦法。

裴炎道：「臣有一見。」

「說吧！」

「今天準備好，明日早朝，皇太后可親臨早朝，宣佈廢掉皇上。」

「做哪些準備？」

「由臣去安置吧，皇太后儘管放心，一定不會出紕漏的。」裴炎說了他的打算。

「好，一切由你安排好。明天早朝即按計劃行事。」

「皇太后放心好了。」裴炎再一次表態，說完就辭別武則天，去進行安排。第二天，早朝時，武則天照樣來臨朝。

李顯坐上皇位後，值殿太監尖著嗓子喊道：「有本出班早奏哇！」他這個哇都沒結束。御林將軍務挺和張度動上奏，突闕又侵犯邊陲，是出兵迎戰，還是和平寧事。李顯原本就沒碰到過戰爭之事，更別談文治武功。他發著愣呆在那兒，不知該說什麼話。

這時朝堂底下文武百官爭執起來了，奇怪的是文官硬要主戰，武官卻宣主和，接著李顯便演出了拔河來區分勝負，決定國家大事的。李顯是個屬驢的，給個坡，他就下。裴炎得意地笑了，這是他一手操縱的。正當朝廷拔河進行得最為激烈時，武則天來了，廢顯，貶為廬陵王，立旦。

其實，李顯是個無能的昏君，但並非暴君，他在政期間不曾殘害蒼生，加害於民，他沒有野心，他沒想過非當皇帝不可，但他只是覺得當上皇帝很光榮，很好玩，因為他當了皇帝，韋氏很開心。

他是個善良、無能的昏君。李顯的犧牲是無辜的，整場戰爭只是韋氏背地與武則天的勾心鬥角，當李顯再次登基不久，被韋氏母女害死之後，韋氏刻意地效仿著武則天兇險的一面，她殺起人來喪心病狂。可以說在這方面，韋氏的果斷和狠毒並不亞於武則天，然而韋氏太高抬自己了。韋氏只是韋氏，韋氏畢竟不是武則天！

一個封建君主的成功在於野心加多謀加才能加無情。而韋氏最大的作為便是將丈夫李顯殺死，剩下的就是驕奢淫逸的行為了。因為她只有「狠」勁能與武氏拚比一下，整個人的法道功力對武則天而言，簡直是高山與小丘的區別，不可相提並論。

既使寵信男寵，但宰相終究是宰相

武則天為滿足個人的私慾，表面她裝得若無其事，糊塗得很，然而一旦涉及到社稷利益，這種輕重分量她分得一清二楚。男寵再怎麼著還不過是個男寵。然而宰相無論怎樣他究竟是個宰相。

高祖女兒千金長公主為討好武則天，把自己貼身的男寵送給了武則天，此人名叫馮小寶；多才多藝，為江湖郎中，他懂醫術，通木工建築和雕塑，並且年輕力壯精通武藝。武則天非常喜歡他，給他賜名懷義，並因其家寒微，讓他與駙馬都尉薛紹合族，令薛紹以叔父稱呼他，馮小寶就成為薛懷義。太平公主也很贊成母親的行動，對這位「叔父」薛懷義很尊敬。

為了讓薛懷義能出入宮禁，武則天讓他剃度為僧，並修繕白馬寺，以薛懷義為寺主。宮中需要做的一些精巧營建之事即委託他進行。但薛懷義品性不端，仗恃太后之寵，出入宮禁乘御馬，宦者十餘人跟從。一般百姓遇到他要趕緊躲避，靠近就要被他打得頭破血流，然後像什麼事也沒有發生一樣揚長而去。朝廷權貴見了他，認為是太后之寵，對他禮敬得很，甚至向他行跪拜之禮。連武承嗣、武三思這樣威風的外戚也按奴僕之禮侍候他，為他牽馬執鞭（薛懷義從白馬寺出來，乘馬遊逛之時，他們輪流為他牽馬）。

自古以來，身為王者心甘情願、奴顏卑膝為他人當馬僮，大概也只有此二武兄弟了。

每當薛懷義騎馬在街上一過，上至文武官員，下至黎民百姓，議論紛紛。時間一久，薛懷義的行為惹惱了一個人。這個人就是蘇良嗣。

然而武則天剛開始收男寵時也不敢如此囂張，她也明白，她和薛懷義的事已是人人皆知了，只不過不明說罷了。所以起初，薛懷義也是走後門的。後來，薛懷義為了顯示自己大將軍、國公的身分，竟大搖大擺地走前門了。

一般的大臣，乘馬或坐轎、坐車來上朝，到了皇宮門口都要下馬，然後將馬或車或轎由家人看管，他本人則步入皇宮大門。只有皇上特許的，如當年的李績，還有那個給武則天拍馬、為武則天效力的許敬宗曾恩批，可騎小馬入宮門，直到殿門再下馬。薛懷義則不同了。他不但騎馬進皇宮，而且進了皇宮仍騎馬繞過大殿，直入後宮。這可是從未有過的事。

唐律上沒有這方面的規定，但是內廷法規上卻有明文。

蘇良嗣既然有懲罰薛懷義之意，他就要先站住理，不能莽撞行事。他不熟悉內廷法規，因此，首先，他找到宮內內官的尚宮司，問及宮中法規之事，尚宮司說應找宮內的司刑司。於是，他又找司刑司，弄清了宮內禁戒之條律。再就是，他聽說這個騷和尚雖是要把式賣大力丸的，也確實有點武功，所以他又找了幾名武功高強的王府護衛，當然都是對薛懷義不滿的人。

蘇良嗣準備就緒。這一天，是薛懷義大大倒楣的日子。他和往日一樣，騎著馬，由武承嗣牽著，威風不可一世地昂首挺胸走近皇宮大門。守門的校尉，習以為常，不敢置一詞，只露不滿的目光。

正巧，蘇良嗣等一班大臣正從皇宮往外走。薛懷義對這些人理也不理，也不等馬一側，而是直撞過去。他一向這樣慣了。有時，他來了，正趕上散朝，他與眾臣頭碰頭，眾臣都是給他讓路。他從未給別人讓過路。薛懷義滿以為像往常一樣，這些大臣必然給他讓路。同時，也必定有人向他問好，或稱大將軍或稱上柱國，或稱鄂國公。今天不同於往日。他正策馬前行，突然聽到一聲斷喝：「下馬！你怎敢乘馬進宮，不怕王法嗎？」

薛懷義感到奇怪。真有膽子大的人，竟敢掠老子的鬍子。自從他由耍把式賣大力丸的人一搖身變為騎龍人，後又成為大將軍，還從來沒有一個人敢對他這樣大聲吆喝，也包括權攬天下的皇上武則天。他不高興了。他斜看了蘇良嗣一眼，認識，是丞相。

「嘿嘿！」薛懷義冷笑一聲，道：「是你大呼小叫地讓我下馬？」

「下馬！」蘇良嗣聲音嚴厲，不怒而威。武承嗣見僵了，忙過來打圓場。他和藹地對蘇良嗣道：「相爺，你不認識薛將軍嗎？他是……」

蘇良嗣對武承嗣也不理，仍聲音高亢地道：「下馬！」

武承嗣有些怕蘇良嗣，因為他曾在武則天面前說蘇良嗣的壞話，卻碰了釘子。所以，他見蘇良嗣不理他，他只好訕不搭地退回來了。

薛懷義見蘇良嗣不止一次地喝令他下馬，他來氣了，嘴角上掛著冷笑，道：「就憑你敢喝令我下馬？你也不掂量掂量，你是什麼人？就算你是個什麼宰相你薛爺爺還沒把你看在眼裡，你給我滾開，滾得遠遠的。」他罵完，策馬就走。

蘇良嗣忙叫道：「來人呀！」四個武林高手，早已埋伏在皇宮大門外，聽到蘇良嗣的召喚，一躍而入。武林高手的身法有多快，只一個飛躍，已扯住了馬韁。另一個高手一下子扯住了薛懷義的腿，一用力，將薛懷義從馬上扯下來。薛懷義被摔在地上。四個高手開始動手打了。蘇良嗣早有指示，狠狠地打，但是不要打死，也不要打斷骨頭，只讓他皮肉受苦。這些武林高手，諳熟此道。

就在四個高手躍進皇宮大內之時，蘇良嗣的嘴未停，話未停，接著「來人呀」之後，道：「騎馬入宮，有違宮中禁律，其罪一也；本相警先在前，知而不改，其罪二也；看罵朝廷命官，其罪三也；身為大臣，口出汙言穢語，且又在皇宮之內，乃大不赦，其罪四也！有此四罪，先狠狠懲戒他。」

最後，薛懷義被人抬到後宮武則天那兒。大臣們都替蘇良嗣捏了一把汗；待她問清事情的來龍去脈後薛懷義道：「我說，你是皇上，這個姓蘇的打了我，你得給我報仇。」

武則天卻忍俊不禁地對薛懷義說：「這事本就怨你。你不知道，騎馬入宮，有違宮中禁律。他三番五次讓你下馬，你不聽，這本來就是你的不對。你又出口罵他。再說南門是宰相往來的地方，以後你就不要觸犯他們了。」

倘若僅僅為了一個男寵而得罪了一個為人耿直、不喜逢迎的當朝宰相，那她就是慈禧，而非武則天了。

在武則天時期，男寵極少干涉政治，男寵不掌宰相這個極重要的官位，充其量也不過是武則天的面首、衛士和監視貴戚、大臣的工具。

其實武則天招男寵有三個原因：

一是這些人本身有一定才能，如薛懷義精明強幹、沈南璆通曉醫術，二是善歌舞音律者，可供宮中驅使。三是為了保護自己，監視大臣，牽制外戚。但由於其一，武則天通文史，懂得東漢宦官專權的教訓；

其二，武則天是女皇帝，認為自己用男寵是理所當然的，以此來充分體現她與歷代皇帝擁有相同的權力；

其三，也是主要的原因，武則天自身的需要。但是在她的意識中始終認定哪頭輕哪頭重，她一直認為：男寵的職位可以由宦官代替，而宦官之職男寵們如何也不可以代。因此當薛懷義失寵之後，屢屢鬧事，給武皇惹了不少大大小小的麻煩，一次武則天鄭重其事地對他說：「你要記得你的身分，你只是一個男寵，你的責任僅僅在於使我獲得快樂，並且在我需要快樂的時候！」不僅如此，武則天對男寵的態度也不是一成不變的。薛懷義被殺就是很好的證明。所以，說武周是男寵的天下也是站不住腳的。

薛懷義的死和他的失寵有關。失寵後，他非常惱怒，不僅不來宮中請安，和僅餘的幾百名和尚，成天躲在白馬寺裡，或飲酒作樂，或沉溺賭博，有時也以做法事為藉口找來尼姑，時常，不安使他酗酒，酒更促使他產生自暴自棄的心情，薛懷義常常爛醉如泥，並亂發脾氣，和尚們都開始恨薛懷義。

人都是任性的動物，當初薛懷義自己不肯進宮陪皇帝，現在心裡卻燃起了強烈的憤怒之火。這一天夜裡，天黑之後就開始颳風，到了二更時分，更颳起了少見的颶風。就在這個時候，天堂突然冒出火焰，碰到颶風後，火勢加速擴大。

因此，皇帝對薛懷義這隻野獸，難免有幾分恐懼。首先，他過去曾在肅政台有過非常奇怪的行為。這一次，他又放一把火，把他費盡心血，親自監工，花費多年時間才完成的大佛，連明堂都一起燒毀，無疑是瘋子的行徑。像他這樣的瘋子，讓他進入後宮，恐怕會做出什麼駭人的行動。

於是，武皇帝想盡快又秘密地處理薛懷義。武皇馬上找來太平公主。這位頭腦聰明，做事大膽，才思敏捷的公主，除了政事之外，早已成為武皇最信任的，可供商量密事的人。武皇吩咐侍臣們退下，只剩下兩人時，武皇開門見山地說道：「我已經無法忍受那個瘋和尚了。」

太平公主默默地望著母親，然後破顏一笑，簡單地說道：「一切交給兒臣吧！」

薛懷義死了，他的骨灰，也悄悄被埋在白馬寺的某一個角落。然而他面對武則天這樣的女皇，能夠得到那樣的寵幸，比起當時皇帝的宮妃來，這一輩子也可以了！

窮追猛打，致長孫無忌於死地

能玩一兩把狠招，僅僅此點還不足以成為統馭的高手。在關鍵時候能使出的毒招，置對方於死地，使對手永無翻身之日，才為真正統馭權術的高手。

出其不意，窮追猛打，直奔要害，趁熱打鐵，是神速之兵。人生如兵法，神速尤為貴也。例如曹操霸業之戰，與他主張窮追猛打、落井下石的作風是分不開的。曹操在政治上如此，在軍事上更是如此。曹操遠襲烏桓的成功，就是以輕兵致快致猛而達到的。

曹操遠征途中，狂風四起，狂沙飛揚，道路崎嶇，人馬難行。曹操有些後悔，意欲回師。這時，水土不服、病臥車上的郭嘉仍然鼓動曹操。他說：兵貴神速窮追猛打，方能落井下石。我們千里遠襲，「輜重多而難以趨利，不如輕兵兼道以出，掩其不備。」曹操又一次聽從了郭嘉的建議，拋下笨重裝備，快速通過盧龍塞，直搗單于庭。

武則天打擊長孫無忌，便是採取了此計，叫她的政敵死無葬身之地，從而消除了後患，鞏固了自己的地位。

長孫無忌被李義府等人誣告謀反之後，高宗皇帝不信長孫有此行為，然而經過調查，人證物證都具備，高宗無奈只得遠貶了他。長孫無忌被遠貶他鄉之後，高宗一直不舒坦，心裡有個疙瘩，畢竟長孫是先帝的功臣，是太宗的託孫之臣，並且是高宗的娘舅，高宗總覺有對不起長孫之處，或許事情沒有如此嚴重，被人過於誇大其詞罷了。

武則天這一邊更是殫思竭慮，她想長孫雖然遠貶他鄉的召旨已下，皇帝仍舊顧念他，如此看來，等於放虎歸山，必有後患。日後長孫遠走他鄉，得以養精蓄銳，集權取勢，必有一日東山再起……朝廷中權力的鬥爭，本來就是你死我活的。長孫無忌，你就休怪我落井下石了。日不延遲，趁長孫未動身之前趕快下手。

當夜，許敬宗被武則天密召入宮，足足商量到三更。

第二天，夜已深沉，宮中剛剛敲過二更梆。李治與武則天雙雙入眠多時。突然間，宮內人聲嘈雜，繼之鑼聲響起，宮內點起了許多燈籠、火把。門外當值太監稟報：「宮中來了刺客，侍衛及護衛正與刺客交手。」過了一段時間，門外當值太監又稟報：「刺客已逃走，未捕獲一人。」

李治正暗自慶幸，有驚無險。門外當值太監稟道：「回聖上，護衛統領于振海求見。」

「讓他進來見朕。」李治命令道。

于振海奉命走進寢宮，視見皇上、皇后之後，道：「皇上皇后受驚了。剛才來了兩個刺客，刺客似乎熟知宮中路線，入宮之後，直奔皇上與皇后寢宮，多虧臣等發現，劫住廝殺。刺客武功甚高。

臣等未能將刺客擒獲，實臣等之罪，請皇上寬宥。」

李治道：「汝等雖未抓獲刺客，已盡了力。朕與皇后安然無恙，皆卿等之功，朕明日當賞賜今夜有功之人。」

于振海手中還拿著一個小包，他雙手擎著小包，道：「聖上，臣等雖未抓獲刺客，卻從刺客身上虜獲一物。請聖上過目，看是否能從此物上找到刺客的蛛絲馬跡。」

李治見小包乃一青麻布小包，他打開小包，裡面又是瑞錦包裹著，再打開瑞錦，裡面是一顆貓眼綠寶石，剔透晶瑩甚為可愛，其價值亦不菲。于振海接著稟道：「此物乃一刺客懷中之物，微臣一劍挑破刺客衣襟，此物落地，刺客大概負傷了，他不顧拾取此物，倉惶逃去。」

武則天從李治手中拿過小包，仔細端詳起來，還故作思考狀。

「皇后，可從這粒寶石上看出什麼嗎？」李治問道。他沒看出什麼來，只知其好玩、貴重而已。武則天徐徐地說：「此物甚為昂貴。」

「是的，朕也看出來了。」

「此物當非刺客所有，不是搶劫而得，便是他人饋贈，而贈送者絕非平民黎庶。」

武則天端詳了一會兒，忽然眼睛一亮說：「皇上呀，此乃宮中之物，臣妾曾經在宮中見過，它並且在手中把玩過，但臣妾想不起來在何時見過它，為何見過它。」經武則天如此一說李治便拿過寶石來也仔細端詳起來，他突然心中似乎記起什麼，但詳細情況又想不起來，說：「朕對此寶石似乎也似曾見過。會不會是哪一國進貢之時看過？不對，不對，進貢東西太多太雜朕不會單單細緻地去看它，但是的確是見過，如此眼熟之物呀！」

這時武則天一驚，激動地說：「皇上，臣妾想起來了，咱們送給長孫太尉的寶器中，曾有這一顆寶石。」

「愛卿英明，的確是這樣，當時，愛卿還握了一會兒，覺得它極美。」

「不過，這也太奇怪了，長孫太尉是皇上的親舅父，他怎麼和刺客有瓜葛呢？太尉手中的寶石，怎麼會到了刺客手裡呢？這不大可能。」武則天說完還搖搖頭，似乎她並不相信這寶石是太尉的。

李治心中也犯疑。許敬宗密奏長孫太尉有謀逆之心，剛剛過幾天便有刺客入宮，而且還熟悉宮中路徑，知道皇上與皇后的寢宮。假如是一般江湖強盜，如來盜寶，該去四寶庫，奔寢宮來幹什麼？而且他們也不會知道朕與皇后宿此處。難道真的是長孫舅父派來的？長孫太尉常進入宮中，對路徑是熟知的。如果不是太尉派來的，那麼寶石的事又怎麼解釋，而刺客又何以熟知宮中路徑？難解之謎，待明天上朝，要親自問問，長孫府中是否被盜過？先解開寶石之謎再說。

次日一早。李治與武則天同用過早點。李治將起身上朝時，武則天道：「先問問刺客是什麼模樣？然後再問太尉寶石之事。如果去太尉府中盜石之人是明火執仗搶劫，那麼長孫太尉也會見過強盜模樣。如果盜寶石之人就是昨夜入宮來的刺客，長孫太尉就與刺客無關了。」

李治點頭稱是，立即派人將護衛統領于振海找來。李治道：「卿，昨夜可曾見刺客長得什麼模樣？」

「刺客面蒙青紗，只露雙目，看不清面目，故無法知道。」于振海道。

李治聽了，揮手令于振海退下。他道：「看來，從面目上無法分清了。還是先弄清寶石的來龍去脈吧。」李治退朝後，立即召長孫無忌進宮。李治不會拐彎抹角，他問道：「太尉，府上可曾被盜過？」

「回稟皇上，臣府第從未有過盜竊之事。」長孫無忌雖不明白皇上問話的用意，他還是如實回答道。

「那麼，太尉府可有過明火執仗之強盜？」

「回稟皇上，明火執仗之強盜亦未到過臣府第。」

李治見長孫太尉連說兩個沒有，又道：「太尉，如果發生過被偷或被搶之事，可不能瞞朕，朕自會代太尉做主。」李治的兩次問話，已把長孫無忌問糊塗了，最後這一句話，更令長孫無忌莫名其妙。他道：「臣府確不曾被盜，亦不曾被劫。」

李治忽然又想起一事，他問道：「太尉，可曾將府上的珍寶，如瑪瑙、珍珠、寶石一類的東西贈送給過他人？」長孫無忌非常疑惑，然而他還是實言相告，說：「沒有，臣極少與朝臣有此層來往。不知皇上今日找臣有什麼難言之事？請皇上直問。」

李治說：「沒有，只是宮中又有些麻煩事發生，正在查詢之中，現在卿可告退了。」

長孫走了，李治自言自語地道：「難道刺客真是長孫太尉真用寶石收買的，然後派來殺朕的，以平被遠貶之後心中的憤恨，舅父呀，你怎麼這麼不體恤朕的心呢，朕內心多惜戀你，但你還是一次一次辜負朕，並且一次比一次錯得厲害，朕無須再袒護你了……」

武則天也不知什麼時候進來了說：「皇上送給太尉的寶石，怎麼會落到刺客手上。而刺客為什麼又要蒙面？負了傷後，丟了寶石又帶傷逃走，很明顯，刺客是怕被捉住或打死在當場。那樣，就會追查到指使之人。唉，這事實太難以令人相信了，卻又不能不信！」

恰在這時，門外當值太監奏道：「中書令許敬宗有急事求見皇上。」

「宣進來！」李治命令道。

許敬宗急匆匆跟著太監走進寢宮。

待許敬宗拜見過皇上、皇后，李治迫不及待地問道：「卿有何急事？」

「臣接一密報，因事重大，故不得不打擾皇上與皇后休息。」

「有何密報？」李治問道。

「稟皇上，有一個洛陽人叫李弘恭。這個李弘恭本是個郊外的種菜人，每天起早進城賣菜，為了賣個好價錢。今天早晨，大約是在四更左右，他挑上菜，準備城門一開就進城。哪知，他走出莊子，在一片樹林外休息一會兒，忽然聽到林內有人說話。他當時很奇怪，這麼早，怎麼會有人在樹林內。因為他身無分文，僅有一挑青菜，也不怕劫道的，就側耳聽林內人說話。他從林內人說話中聽出來，是兩人在對話。由於離得遠些，聽得不全，只片斷地聽出來：什麼白白丟了一件無價之寶，卻殺皇上不成；什麼該找長孫太尉再要；什麼長孫太尉也不是好惹的，趁早走了，什麼自認倒楣；什麼殺皇上是滅族的罪；長孫太尉該包賠失掉的寶石；什麼長孫太尉不會再給。總之，話不太連貫，也聽不出什麼原因。因為兩人的對話中有「殺皇上」一語，李弘恭菜也不要了，他扔下挑子跑進城。可是，進了城卻不知這事該對誰說。在洛陽街上亂撞。臣下朝時，李弘恭看見了臣的轎子，就攔轎喊冤。臣令人將李弘恭帶住，回到衙中一問。李弘恭說了從林內聽來的話，臣不敢多停，將李弘恭留下，令人款待他，不要委屈他。即來啟奏皇上。」

許敬宗所奏，雖不連貫，但意思已明了。

李治不勝淒涼，便說：「皇后以為，如何處置？這事由皇后全權代辦就是。」

武則天道：「皇上，此事雖大，皇上不要為難，從輕處置吧。本來，謀逆之罪該問斬、滅族，但是，長孫太尉是皇上的親舅父，如問斬的話，皇上於心不安，也對不起仙逝的皇太后。莫如將長孫太尉配流黔州，派兵護送，免得路上發生意外，到黔州後，仍給予一品供給。至於李巢，當按律治罪，太尉家人也免死，配流嶺外，家產嘛，則當籍沒。」武則天說完，許敬宗道：「皇上，皇后所言甚是，這就是法外開恩，於情於理於法都有所照顧了。」

第二天，早朝，李治發下聖旨。

「原監察史李巢犯謀逆大罪，斬立決，籍沒其家。原太尉長孫無忌，犯有謀逆罪。因係先皇老臣，故寬宥之。仍帶揚州都督，於黔州安置，按一品供給。長孫沖預謀逆罪，特寬宥之，配流嶺外安置。原刑部尚書長孫祥，預謀逆罪，處斬立決，籍沒其家。」

長孫接到詔書後，嘆息曰：「李家江山，將毀於武氏之手。老夫有負先皇之託，奈何！奈何！」

此外，武則天暗中又召許敬宗說：「長孫無忌這個老狐狸一日不死，哀家一日不能安心。他與哀家水火不容，哀家不想讓他活長，此事你去安排吧。」

許敬宗找到大理寺寺正袁公瑜。他對袁公瑜道：「長孫無忌謀逆之事，尚未有口供，還須重新推鞫，你立即去黔州，重究此事，一定要得到親供，如其不招，可動刑推。你明白我的意思嗎？」袁公瑜已知許敬宗是武后的人，自武皇后立，許敬宗連連擢升，目前在朝中已位居第一，他已猜測到，許敬宗的話就是武后的話，最後一句話是要長孫無忌死，這當然也是武后的主意。他立即賠笑道：「相爺放心，微臣明白相爺的意思，此去黔州，微臣當盡力，絕不負相爺所囑。」

袁公瑜立即趕往黔州。他是奉了相爺旨意，帶著軍兵來的，且有相爺手諭。連黔州刺史也要聽命於他。他見過州刺史，說了來意，出示了許敬宗的手諭。刺史將其待為上賓。袁公瑜為了盡快回京覆命。他到黔州之後便立即帶領差人、軍兵趕往長孫無忌的府第。長孫無忌平靜地道：「你是誰？誰派你來的？」

「本官袁公瑜，現任大理寺寺正，乃奉許相爺之命而來。」他說著，掏出許敬宗的手諭。

長孫無忌並不看什麼手諭，他道：「你來幹什麼？許敬宗要你來幹什麼？」

「錄你的親供。」

「錄過親供之後，再處死。對吧？」長孫無忌面無表情，聲調平靜。

「你還算明白。」隨即命差人，「拿給他。」

差人立即放出一條白綾。長孫無忌早已料到此招，他仍不動聲色，接過差人送過來的白綾，面對北方拜了三拜，慢慢站起來，平靜地說道：「現在，老夫滿足武才人的願望。」他仍將武皇后稱為才人，因為才人是太宗李世民封給武皇后的。「你可即日回京向武才人請功去了，不要逗留在此擾民。」他說完，穩步走向裡間。袁公瑜待長孫無忌確實死了，才命差人找來地方官，命地方處理長孫無忌的後事。第二天，袁公瑜返京，立即向許敬宗、武則天報告了長孫無忌已死之事。

隨即聖旨下：長孫無忌畏罪自殺，籍沒家產。

然而，長孫無忌死得很窩囊，也很冤枉，這一切罪狀只不過都是武則天一手策劃的。她製造了一切假象，掌握了全部步驟，掌握了長孫無忌後來的命運。她的設計是天衣無縫的，只是到時一個演員粉墨登場就行了。

首先，武則天指使許敬宗密奏長孫無忌謀反。武則天已料到，這一奏章不會生效，但是可引起李治的懷疑。其次，派刺客入宮。所謂刺客，皆是大內侍衛中的高手，而于振海正是參與者之一。假刺客與真護衛假交手，假刺客再扔下真明珠，然後逃走。

接下來，就是李弘恭出場。李弘恭實有其人，並非捏造，這是預防李治親自過問。不過李弘恭並不是什麼賣菜的人，而是許敬宗的親信家人。當然，李弘恭的所見所聞也全是許敬宗編造的。

再就是，由武則天證實寶石乃宮中之物。為了立皇后事，送給長孫無忌。寶石真是宮中之物嗎？是的，不過沒有送給長孫無忌，而是握在武則天手中。這事也是一個偶然的巧合。當初，為了買動長孫無忌，李治聽信武昭儀之計，送寶器金銀及綢緞給長孫無忌。可是在送什麼？送多少？李治委託武昭儀辦理。在送的寶器中確實有這顆貓眼綠，也確實從四寶庫中取出來了，尚寶監確實在帳上登印了，不過，它卻未送往長孫府第，而是被武昭儀私吞了。萬沒想到，這次還有用了，成為陷害長孫無忌的工具。

儘管上述所謂的「事實」證明刺客乃于振海指使，武則天還料到李治不肯將長孫無忌問斬、抄家，所以她又主動提出從輕發落。這從輕發落當即被李治採納。

最後一步，就是袁公瑜去黔州，迫使長孫無忌自縊了。

長孫無忌對她而言是隻落水狗，而她便喜歡這樣窮追猛打，落井下石，直至他命喪黃泉為止

豺狼成性，連殺三親

武則天在集權、擅位的道路上，不允許任何人來妨礙她，更不允許他人在別的方面給她施加壓力，分散她運籌帷幄的精力。一旦出現此類情況，即使對方是自己的親生兒女，她也絕不手軟，對他們如同政敵一般狠毒，在與對方的爭鬥中，用赤裸裸的「狼」性，甚至以殘酷惡毒的手段置他人於死地，來獲取勝利的結果。

對於威脅到自己尊嚴的人她從不會輕饒，武則天的長子李弘由於不顧母后的顏面，處處給她難堪，讓她在大庭廣眾之下，下不了台，並且每次都提起她最隱秘的痛，因為在她心目中她第一次殺人，並且殺的是自己的親生骨肉，這是王皇后及蕭妃逼的，而自己的親生兒子卻次次提起她的痛，叫她以仁義為懷放掉蕭妃和王皇后所生的兩個公主，叫母后如此掉價、如此沒有尊嚴，即使是兒子，也只能殺。更何況後來區區一個外甥女叫堂堂一國之母受屈辱，豈能忍辱吞聲？

當武則天發現李治與魏國夫人的私情時，她非常氣憤，卻無處言明，很是鬱悶。這個魏國夫人是武則天的姊姊韓國夫人的女兒，自從韓國夫人死後，武則天顧及親情將外甥賀蘭敏之和外甥女賀

蘭蓉接到宮中來生活，並封年紀輕輕的賀蘭蓉為魏國夫人，有人說韓國夫人的猝死是武則天一手弄成的，是武則天害死姊姊的，其實史料上沒有記載，只是後人揣測的，既然武則天連連殺死那麼多親人，再殺一個姊姊又如何，更何況這姊姊奪走自己的愛與李治私通起來。

那次，武則天見到漂亮的外甥女很是高興，李治進屋後，武則天拉著賀蘭蓉，招呼賀蘭敏之，來到李治面前，道：「這是皇上，也是你們的姨父，快叩拜。」

賀蘭敏之與賀蘭蓉一齊跪倒，叩首。

「起來吧！」李治聽了武則天的話，已猜到這兩人是賀蘭夫人的一子一女了，因為此外再無人稱他為姨父。他坐下來，笑道：「皇后，朕猜此子與此女當是韓國夫人的嬌子愛女？朕說得可對？」

「皇上聰明，一猜即中，果如皇上所言。此子賀蘭敏之，此女賀蘭蓉，正是姊姊的一雙遺孤。皇上當封他們一個官職，亦不負其母在宮中幫妾照看賢兒之功。」武則天仍拉著賀蘭蓉，笑著說，她顯然很高興。

「皇上，你看這樣行不行？賀蘭敏之賜姓武襲先祖之爵位，此外，皇上再封他一官半職的。」

「很好，皇后說得對，那麼就稱武敏之，襲周國公爵。此外嘛……」李治在想著。只想了想，就隨口道：「朕任武敏之為左散騎常侍。皇后妳看怎樣？」

「敏之，還不快謝皇上。」武則天笑著道。

武敏之立即跪倒，叩首道：「敏之謝謝皇上。」

「起來吧！」李治笑道。

武則天拍了拍蓉兒的肩頭，道：「皇上，臣妾已答應將蓉兒留在宮內，皇上也當封她一個職位。」

「朕封蓉兒為魏國夫人。」

「快謝過皇上。」武則天推了賀蘭蓉兒一把，笑著說道。

由此可見，武則天畢竟是善待這兩位外甥的，然而李治風流成性，看上了年幼的外甥女，並且幸臨了她，而魏國夫人也很願意與皇上扯上這種關係，她正夢想著皇上能步步高封她。在一次慶功大典上，皇帝終於想讓魏國夫人出面。武則天聽著賢在向她會報慶功大典的名單。

太平公主出席，還讓她主持大典。李賢的神色有些不安，他被母親咄咄逼人的氣勢所震懾，一時難以應付，只好支吾其詞。

大典在很大的祭台上舉行。武則天讓太平戴上面紗，儀態大方地緩緩走上台階，微風吹得她衣衫飄零，秀髮如旗招展。眾人睜大眼睛，屏住呼吸，大廣場鴉雀無聲。

大典過去，魏國夫人賀蘭氏在向李治訴苦，「您都已經下了旨了，為什麼還不讓我去？而且還讓太平主持，這明明是衝我來的，也是衝您來的。您看弘死了……」

李治說：「妳想得太多了，太平畢竟是公主。妳應該知道自已的身分。宮裡等級森嚴，從官面上講，妳確實很難和別人爭什麼。」

魏國夫人又說：「我現在什麼名分都沒有，魏國夫人，這算什麼？連一個昭儀都不如。您看……」說著哭起來，「我母親韓國夫人也這樣委委屈屈地，沒有地位。她還是皇后的姊姊……」

李治愈聽愈煩躁，說：「我再說一遍，妳說得太多了……妳還記得我講過關於鳥兒的道理嗎？鳥兒如果安於自己的命運，安於牠主子的寵愛和呵護就會平穩、優裕地度過一生。一旦牠想成為猛禽，甚至鳳凰，那就如同死期將至，連牠的主人也無能為力！」

此時的李治已完全被武則天震著了，李治也已完完全全看透了武則天的性情，但他沒有辦法改變此種現狀了，只好安安心心做他的清閒皇帝。

此時，如果魏國夫人知趣一點，她便會收斂些，但她卻太不了解這個姨母了。此時的姨母對她已千般忍耐了，而她全然不知，接著皇親家宴便又來臨了，這次家宴在室外湖心島舉行的。武家人都被請了。宴會至中途時，大家都聊得很盡興。

武則天乘著興頭上，對武唯良提議：「唯良，唱個花兒歌吧，我記得你嗓子不錯，就唱『彩雲飛』吧！」

唯良清了清喉嚨，歌聲漸起，武則天聽得興起入情，居然跟著對起歌來。正在興頭兒上，魏國夫人亮開嗓門唱起了歌，她甜美的歌聲如浮萍般漸漸浮出水面蕩漾開來，她唱得聲情並茂，居然唱得大家都住了嘴，愣愣地聽著。武則天默默地注視著桌尾的魏國夫人。從沒有一個女人敢這樣明目張膽搶她的鋒頭，在這些方面與她對壘。

魏國夫人也毫不掩飾地邊唱邊盯著武則天的眼睛，似在挑釁。一曲終了，餘韻在湖面上蕩漾。

唯運情不自禁地讚嘆道：「太美了！沒想到賀蘭的歌聲如此清亮悠揚，我提議再……唱……一首……」

他這才意識到周圍人的緊張與沉默。他心中一驚，明白了十有八九。

武則天站起身來，言不由衷地對眾人道：「賀蘭的歌聲果真如泣如訴，悠然悅耳，只可惜說話就沒這麼動聽了！」這話乍一聽倒沒什麼，但明白人聽了卻不寒而慄。

誰知，魏國夫人竟不明此意，立刻頂了過去：「我說話確實欠功夫，總直愣愣的，沒個讓人高興的調子。要不怎麼您這皇后當得總是令人心服口服呢！……我失陪了，諸位盡興！」

榮國夫人忙在一旁賠笑道：「……皇后別見怪，她只不過是一個孩子！」

武則天嘴角微微一動，露出一個難以捉摸的笑容：「年輕嘛，氣盛，和我當年一樣，再說，她不是誇我嗎？！」武則天望著步向岸邊的魏國夫人，對眾人強打起精神，「……你們都愣著幹嘛？咱們武家難得團聚，要懂得珍惜這良辰美景，盡興吧！」

此時武則天非常的氣憤了，當然她表面依然是鎮定自如的，從來沒有別的女人如此公開地向她挑釁，從來沒有一個女人這樣當面諷刺她，責問她，一個自己一手提拔起來的外甥女卻讓她受如此的窩囊氣，她想怪不了我了，這是你自己造就的惡果！是你自己逼得我箭在弦上不得不發。

緊接在下一次楊氏榮國夫人親自舉辦的皇后娘家上的宴會時武則天一聽武家人齊全了，心中很高興，立即去請魏國夫人。武則天指著榮國夫人府的侍衛，又轉達了榮國夫人的話。最後道：「蓉兒，今天，咱們武家的人總算聚齊了，應該舉行個家宴，大家好好樂一樂，你回宮去收拾一下，打扮一下，咱們一同去。」魏國夫人忽匆匆地回自己寢宮去了。武則天與魏國夫人是一同出的皇宮，除了兩人各自帶的宮女，武則天還帶了幾個太監及侍衛。兩人的車轎來到榮國夫人府——實際是周國公府，守門侍衛報進去。榮國夫人、武唯良、武懷運、武敏之率一些僕婦、丫鬟接出來。眾人寒暄幾句，就請武則天在前，魏國夫人拉著榮國夫人的手次之，其餘人在後，步入客廳。武則天坐下了。魏國夫人與榮國夫人也坐下了。

武則天見武唯良、武懷運及武敏之還在恭敬地站著，便笑著說：「今天，咱們是家庭聚會，不必拘於朝廷之禮，你們也請坐。」又道：「今天，咱們只敘家禮，不必拘束。今天，在這裡的全是咱們武家的人。可惜，元慶大哥、元爽二哥不在了，否則，都來了，咱們會更高興的。」她說著話，還掏出手帕抹了一下眼睛，似乎在抹淚，其實，她並沒有流淚，不過故作姿態罷了。自家人誰不知道他倆是她貶到遠方去的，才會如此早死。

武唯良將身子欠了一下，道：「皇后娘娘……」

他的話只開了個頭，武則天即笑道打斷他的話，道：「我已說過，今天只敘家禮，不行朝禮，不必稱我皇后，只直接叫我妹妹好了。這樣還親切些。」

「那……這……是否有些不恭啊？」武懷運語不連貫地口吃著道。「都是一家人，何必說兩家話，今天我們是自家人敘舊，就如同平常百姓一般，只盡長幼輩之禮，不可如宮禮那般深嚴。」大家都依言表示贊同，氣氛特別輕鬆而愉悅。

宴席也備好了。

武敏之道：「二姨媽，是先看雜耍，還是先開席？」

「邊吃酒邊看雜耍豈不更好。」武則天笑道。她輪番看著大家，似乎在徵求意見。

「好！」

「對！」

「邊看邊吃。」

「邊吃邊看。」眾人七言八語地附和著。

武則天見丫鬟拿上酒來，她道：「把這些酒撤下去，我從宮中帶來一些葡萄酒，全是西涼進貢的。」隨即命宮女去取酒。武則天又道：「今天，咱們既是家宴，不要分什麼賓主，來，咱們團聚在一張桌上。」

入座後，武唯良端著酒杯站起來道：「今天，我借花獻佛，這第一杯酒祝嬸母健康長壽，福如東海長流水，壽比南山不老松。先乾為敬，小姪先喝了。」說完，一飲而盡，然後杯底朝上，以示飲盡。

武懷運端著酒杯站起來，他道：「我這也是借花獻佛。這一杯酒，先祝嬸母福壽綿長。二祝咱武家人丁興旺，永遠富貴。三祝二妹健康長壽。四祝敏之、蓉兒生活愉快，前途光明遠大。我也先乾了。」說完也一飲而乾。

武則天站起來，然後端起酒杯，道：「小妹這杯酒，一祝媽媽長壽，二祝二位哥哥明天得個稱心如意的官職，三祝敏之和蓉兒永遠快樂地活著，永遠稱心如意。」說完，她也喝乾了杯中酒。

「皇后好聰明，跟三舅學會了，現買現賣，一杯酒祝了好多人。」魏國夫人話中有話地說，此時只有她能喊武則天為皇后，魏國夫人與皇帝的事自上次湖心島宴會以來，自家人中間，人人都心知肚明的，若再喊為姨媽豈不更是自鳴理虧。

武則天輕輕拍了魏國夫人肩頭一下，道：「小丫頭，總要貧嘴。好了，咱們還是邊吃酒邊看雜耍吧。」

周國公府第的客廳很大，家宴擺在客廳，演雜耍的就在廳內演。

眾人邊吃酒邊看。這八九個雜耍藝人的功夫都不錯。那是個變戲法的，他手向上伸，空著手掌向空一抓，然後往地上放著的一個木箱中一扔。那箱子已給眾人看過，是空箱子，可是他只那麼一抓一扔，伸手從木箱中取出一件衣服。一抓一扔，又從箱中取出一雙鞋。一抓一扔，又從木箱中取出一把雨傘。一抓一扔，從木箱中取出幾個三彩瓷盤，一個盤中盛著梨子，一個盤中盛著大棗，又一個盤中盛著花生。突然間，演雜耍的演員停下了，手指向席上指著。這時，廳內眾人都順著藝人的手指看。他們全看見了，原來魏國夫人已不再看雜耍了，而是躺在了地上。武則天頭一個站起來，一步就到了魏國夫人身前，她俯身一看，驚叫道：「蓉兒！蓉兒！你怎麼了？」

蓉兒另一邊的武懷運也站起來，低頭一看，驚叫道：「她……她……八成是……是中……中毒

……中毒了。」武敏之一個箭步，躥到了蓉兒身邊。只看了一眼，就叫道：「這是誰幹的？」

「快看看，是否有氣？」武則天叫道。「如果還有口氣，快去傳御醫。」武則天親自俯身，用手試了試蓉兒的口鼻，然後直起身子，帶著怒容叫道：「來人呀！」門外有幾個人答應著，走進幾個帶刀侍衛。進門後，手扶刀把，躬身對武則天道：「皇后娘娘，有何吩咐？」武則天用手指著武懷運與武唯良道：「把他們先綁起來！」侍衛走過來，掏出繩索，來拉武唯良與武懷運。

「三妹！不！不！皇后，微臣沒有下毒。微臣冤枉，微臣無罪！」武懷運嘶聲喊著。

武唯良也喊道：「皇后，小臣沒有下毒，小臣是無辜的。」

武則天厲聲喝道：「你們還敢強嘴？席上只有咱們六個人。不是你們下的毒，這毒難道是本宮下的？」

「不！不！小臣不是那個意思。」武唯良分辯道。

「難道是蓉兒外婆下的毒？」武則天仍厲聲喝問，「是她老人家要毒死自己的親外甥女兒？」

「不！不是！微臣並沒說是嬸母下毒。」武懷運帶著哭腔著。「那麼，該是敏之下的毒了，是他要毒死自己的親妹妹？」

「不是！不是！絕不是！」武唯良與武懷運齊聲嘶叫道。武則天厲聲喝道：「既不是本宮，不是榮國夫人，不是敏之，席上還有何人？」

「這……這……說不定……說不是是……」武唯良結結巴巴地道。卻沒說出一個具體的人來。

因為他不知是誰下的毒。

「也許……也許……是……是……」武懷運道，他心裡有所懷疑也不敢說是什麼人。

「你們還想抵賴嗎？還想誣賴他人嗎？」武則天雙目盯住二武，目光咄咄逼人。

侍衛扯著武唯良與武懷運往廳外走。武唯良與武懷運口中叫著：「皇后，皇后，我冤枉，我無罪。」

「我沒有下毒呀。」身子打著顫。消息傳到李治這邊時，李治信以為真，遂將滿腔憤怒都傾瀉到兩人身上，兩兄弟糊裡糊塗地成了刀下之鬼。

當然，無須言明，毒是武則天下的，武唯良兄弟心裡一定猜得到，卻無法辯明。借哥哥的頭顱除掉了親甥女，既消滅了潛在的禍患，又消滅了眼前的情敵，武則天這招「一石二鳥」可真是玩得既狠辣又乾淨。然而武則天如此所為，並非只是嫉妒心太強僅僅為報復而實施的，更重要的是她要維護一個皇后的尊嚴，維護她武則天手攬生殺之權的威嚴。她以她殘忍暴戾的手段奪取想要的一切，以她不達目的，誓不甘休的豺狼性情成全了她的獨佔慾。以如此一計殺三親的計謀，使她最終達到了獨攬國家大權的目的。

殺外甥清除後患

一個心腸惡毒的人，當他的奸詐的陰謀，罪惡的手段被人發現以後，他將終日惶恐不安，深怕別人對他採取同樣惡毒的手段報復他。這時，他為了保護自己，最安全的方法就是一不做二不休，乾脆來個殺人滅口。讓他帶著我的秘密見閻王去。武則天一生陰謀無數，尤其是她害死了姊姊和外甥女這件事，被外甥察覺了。在這個關鍵時刻她又是怎樣對待自己的親外甥的呢？又不是沒殺過親人。兒子都難逃脫，小小外甥又如何？

武則天被封為皇后之後，武家顯赫了，武則天為了那個並非遙遠的、令人神往的最高政治目的，需要武氏家族的力量，武氏家族的繼承人與武則天的雄心和事業休戚相關。

經過一番認真的考慮，武則天把他的外甥，韓國夫人之子賀蘭敏之秘密召到自己的寢宮，對他說，準備讓他改姓尊貴的武姓，繼承他外祖父武士彠之嗣，襲爵周公，任弘文館學士、左散騎常侍。

這個消息使賀蘭敏之喜出望外。他困惑地直搖頭，認為這是絕對不可能的事。因為他的母親與皇后雖是親姊妹，但相互間的隔閡與仇怨已不再是秘密。有人還悄悄傳言，他母親的死很可能與皇后有關。對於他這樣一個人，姨母能開恩賜官嗎？

武則天當然不會輕易賜官於人，尤其是對她的怨敵。對於賀蘭敏之，武則天是斟酌再三的。她注意到，自己的外甥未必能和她一心，而且，有朝一日，當他知道他母親和妹妹真正死因之後，很可能會復仇。但是，武則天是功利的崇拜者，她堅信，只要施以恩惠，誘以功利，完全可以化敵為友，為我所用，可以改變一切。

就這樣，她選定了賀蘭敏之。如她所想像的那樣，賀蘭敏之感激涕零，叩頭流血，表示此生此世絕不忘姨母大德，一心效忠姨母，光大武家，不惜肝腦塗地。望著這個年輕俊美的外甥，武則天的嘴角上浮現出一絲得意的微笑。

不過，武則天很快發現，武敏之並不是她武家理想的繼承人。一天，親信太監向她報告：皇上懷念魏國夫人，密與武敏之共憶往事。皇上流著淚說：「你姊姊死得蹊蹺，你知道些什麼嗎？」武敏之沒回答，但哭得很傷心，像是有什麼話不便直言。

原來這個武敏之自從進宮以來，名副其實成了一名花花公子，他學文不成，隨白雲道長學了些劍術。但他人很聰明，所以劍法還不錯，加上他長得很帥，又有風度，有地位有銀子，而那些宮女又是情竇已開的妙齡，焉能不豔羨武敏之？

他有一個情人是服侍武則天的宮女，為了能留住情人的心，她賣主取寵，吐露真情。那日宮女小玉對武敏之說：「夫君——（她這樣稱呼武敏之已有多日）妾告訴你一個秘密。不過你得保證不說出去。如果被外人知道了，妾的小命就沒了。」

武敏之道：「你說吧，我保證不對外人講，如果我不守諾言，讓我死後變個大王八。」

「夫君，你可知令妹魏國夫人是什麼人下藥毒死的？」

「這我早就知道，是武唯良與武懷運兩個禽獸不如的東西。」

「夫君，你錯了，不是他們倆下的毒藥。」小玉仍小聲道。

「小玉，妳別自作聰明了。武唯良與武懷運在大理寺已親口供認了。有了他們的親供，才將他們倆砍了頭。」

「他們是不是供認，我不知道。可是我卻親眼看見了下藥的人，不是武唯良也不是武懷運。」小玉仍聲音不高地說著。

「是誰？」武敏之聽了小玉的話，有些相信了。當時，他也在席上，並未看見武唯良或武懷運下毒藥。尤其是武唯良，他就挨著自己坐著，離蓉兒很遠，下藥很不容易。不過，那時候只顧看雜耍，沒有留意。

小玉又將聲音放低，附著他的耳朵道：「是武娘娘下的藥。」

武敏之一把推開了小玉，瞪起雙眼問道：「妳說的可是真的？」他有些不信，武娘娘是自己的姨媽，怎麼會親手下藥毒死自己的外甥女，再說，自從他和妹妹來了之後，姨媽對他們很好，一直像親媽一樣疼他們，這怎麼可能呢？不可能。他接著道：「我不信，這不可能。小玉，妳是不是看錯了？」

「小點聲。」小玉嗔道，「你不信拉倒，我親眼看見武娘娘從右邊懷內掏了一下，然後用手按住魏國夫人的酒杯。魏國夫人喝了那杯酒，過了一會兒就倒下去了。當時，我嚇得想叫，卻沒敢叫。」

……

武敏之愣住了，他眼睛裡充滿了淚，但那眼光是兇殘、冷酷的。他的臉漲得通紅。只是他沒有說一句話。從此他似乎變了一個人似的。原來他一直都在認賊作父，恥辱地活著。

他骨子裡恨透了武則天，可是他知道明爭明鬥絕不是這個毒婦的對手。背地裡傷她呢，又想不出辦法。時常，他就借酒消愁，就這樣一天比一天消極一天比一天沉淪。而今日卻突然聽皇上向他提起這事，原來皇上也是個知情者，皇上的同情讓他禁不住傷心起來，為自己善良的母親和可愛的妹妹，在皇上面前他潸然淚下。

此時武則天聽罷太監的報告，心想：此子必定知道了他母親、妹妹的死因，一定會記下這仇恨，看來絕不可留！於是，她派人在暗中收集武敏之的過錯，找機會把他除掉。此後，武則天便打探到了楊思儉府上，夜間、三更後、夜行人、小姐臥房，這些雖不連貫、不完整也不準確的消息，但是武則天偏要把事情搞複雜，特別是有關武敏之的愈複雜愈好，先弄複雜了之後，再去弄明白，這樣才能混水摸魚，讓他有口難辯，原來，所說的這個小姐是司衛少卿楊思儉的女兒，長得極美，被李治和武則天看中，選為太子妃。婚期將近，大禮未行，卻有傳言說她被武敏之逼迫姦淫了。

此事在許多歪史或小說中屢屢出現，並非一定是事實。然而一個被仇恨扭曲了的靈魂，整日看著仇人逍遙法外、洋洋自得，自己卻毫無能力致她於死地。恨來恨去，只好將仇恨和苦水發洩在與仇人相關的弱者身上，這也不是沒有可能的事。

不久，武敏之被揭發了一件大逆不道的事：姦淫太子弘的妃子。並且，還有人揭發，武敏之沉湎於女色，與他的長輩，太原王妃淫亂，及至王妃喪葬期間，他擅自脫去孝服，在家大陳妓樂。

此外，還有一罪狀。武則天曾命武敏之督造一座大佛像。武敏之不願點頭哈腰聽仇人的話，於是他當面答應著，回頭就把造佛像的瑞錦給賣了。當武敏之將瑞錦賣出之後，武則天已得到了報告，因為在武敏之身邊，早就有武則天已收買的親信。武敏之賣了瑞錦，武則天的親信立即報告了武則天，武則天當即派人將瑞錦取回來了。她明白，賀蘭敏之以這種種方式反對他，足以說明了他內心對她的仇視。當然武則天更不會認輸的，否則就不是武則天了。

以這前前後後的罪過是可以定他的罪了，絕非「莫須有」之事。武則天起草了一紙奏疏，歷數武敏之的罪惡，請處流刑。此時的李治已與武則天同掌朝政，皇后之意豈可駁回？他沒有經過怎樣考慮，便在奏疏上朱批曰：「可」。

當日，在武敏之周國公府上，守門侍衛領著一個太監走進來。太監稟道：「周國公——武士彠雖然已晉封為太原王，武敏之卻尚未襲王爵。天后娘娘召你進宮。」一在路上，武敏之已琢磨好，該用什麼話應對武則天的詢問，因為他不但未去動手造大佛像，連給人佛像裝裹的瑞錦也讓他給變賣了。太監領著武敏之來到後宮。

武則天端坐在一張椅子上。身後、身側站著幾個宮女。這是正常的。不同的是，在牆邊有幾個著便裝的陌生人。這幾個人面無表情，靜悄悄地垂手侍立。他猜不出這幾個便衣人為什麼在後宮中。他無暇去想，走到武則天面前，跪下、叩頭，道：「周國公，左散騎常侍，兼檢校秘書監，太子賓客武敏之，叩見天后，千歲，千歲，千千歲。」他儘管仇恨武則天，可是，既在屋簷下，不得不低頭。他還不敢公然反對武則天。

武則天並不計較，她仍平靜地道：「敏之——（這樣稱呼顯得親近）——你督造的大佛像怎樣了？」

「臣因工匠難找，尚未動工。不過，工匠已找到了，三五日內即將動工。」

「本宮撥給你的宮內瑞錦今在何處？」武則天的語氣仍是平靜的。

「已送到成衣鋪去剪裁。」武敏之把事先想好的話拿出來搪塞。

「送到哪個成衣鋪去了？」

「朱雀大街，信宜德成衣鋪。」武敏之流暢地答道。他的夜行衣、頭套就是在信宜德成衣鋪定做的。這也是他事先想好的。

「佛像尚未動工，讓匠人們按什麼尺寸去裁剪縫製呢？」武則天仍未動怒，語氣中亦無怒意，好像在嘮家常。

「這……」武敏之沒料到有這一問，一時無法回答，也找不出恰當的話來回答。

「這什麼？說下去。」武則天仍未怒吼，還是語氣平靜。武敏之無語，低下了頭。

「抬進來！」武則天高聲道。門開處，幾個太監抬進來一些瑞錦。他們將瑞錦放在宮內地上。

「這是不是本宮撥給你裝飾大佛的瑞錦？」武則天問道。語氣中仍無怒意。當時，瑞錦乃皇宮之物，市場上很少見到，其價格昂貴，一匹瑞錦可抵五匹上等綢緞，民間更是難得見到。武敏之傻眼了。他用眼溜了一下放在地上的瑞錦，無話可說。

「拿下！」武則天突然一聲怒喝。牆邊侍立的幾個便衣人，一伸手就將武敏之抓起來。立即按住武敏之，迫其跪在地上，面對著天后。

「給他帶上鐐銬。」武則天又是一聲大喝道，聲音尖而嚴厲。鐐銬早已備好，幾個便衣人立即拿來，給武敏之帶上手銬、腳鐐。

然而，武敏之如果沒有發生姦淫太子妃一案，對於其他的事，武則天是不會懲罰他的。因為自從她害死韓國夫人，總有些內疚，覺得對不起姊姊，所以她對外甥及外甥女才特別好。其後，又迫不得已毒死了魏國夫人。雖然她並不後悔，但是也覺得對不起姊姊和外甥女兒。所以她打算原諒武敏之，她命人開鑿龍門石佛，名義上為了母親，暗地裡還有對姊姊和外甥女的祭祀之意。不過她未說明而已。

武敏之姦淫了太子妃，她可不能輕饒了，這不是往她臉上抹黑嗎？明明是衝著她來的嗎。武則天對被迫跪在面前的武敏之喝道：「你這狗東西，身為三品大員，居喪期間，私釋哀絰——私自脫下孝服——著青服——換上了紅綠等衣服。且又令歌伎舞蹈，奏樂作樂。私自變賣裝裹大佛之瑞錦，該當何罪？」

武敏之掙扎了幾下，想站起來。無奈，兩個護衛，用力按住他的肩頭。他抬起頭，怒目瞪著武則天，怒聲道：「我是狗東西，妳又是什麼東西，妳下毒殺害了我妹妹……」

「胡說！」武則天一聲斷喝，打斷了武敏之的話。

「有人親眼所見，妳下了毒，還誣賴武唯良、武懷遠，妳又殺了他們，妳可真是毒哇，一箭雙雕。自己害人，又嫁禍他人。我……」

「堵上他的嘴！」武則天氣急敗壞地叫道。

「我為報仇，入宮殺妳不成，我只好去找楊家的美人，是我奸了她，讓你兒子當一輩子王八吧……我……」幾個護衛來堵武敏之的嘴。

咸亨二年（六七一年）六月，武敏之被囚入大理寺。草草審過，判以流刑，復其本姓，押往六千里外的雷州。朝中凡與武敏之有來往的，不少人都被流放到嶺南。押至韶州時，押送卒把他帶到一個偏僻的山谷中，趁其不備，用韁繩將之勒死，然後，便返回京師，向武則天覆命去了。

這以後兩年，武家繼承人一直空缺。武則天經過深思熟慮，又選定了一位。此人是她的姪子，武元爽之子武承嗣。經上奏聖聰，武則天把他從流放地嶺南召回京師，賜其襲爵周公，拜殿中省管衣服的尚衣奉御，四月間，遷宗正卿。

武家又確定了新的繼承人，大唐新貴又有了接續。他的命運大不同於短命鬼賀蘭敏之。數年後，他和他的子弟成了女皇身邊舉足輕重的人物，影響到大唐王朝的政局。

武承嗣承襲爵位沒多久，高宗下詔稱皇上為天皇、皇后為天后。這自然是武則天的意思。表面上避先帝、先后之稱，實則是為了自尊，更突出自己的地位。天為大、地為次，天后之稱乃亙古后妃之最，武則天用心可謂良苦矣。

在選定繼承人上，武則天可謂煞費苦心，她也因此殺了自己的外甥，為了自己既定的目標，她別無選擇。

賞以勸善，罰以懲惡

古代治國，在「刑」與「德」，刑者剛戾，德者懷柔。「刑」是刑罰，「德」是賞賜，兩者交互使用。「賞罰二柄，人主操之，則天下治。」《十六經》：「道德皇皇非刑不行，穆穆天刑，非德必傾。刑德相養，逆順乃成。刑晦而德明，形隱而德彰。其明者以為法，而微道是德行。」（《姓爭》

）：就是說，帝王之賞是光明的。但無刑的配合不能生效；帝王之刑是嚴肅的，但無賞的配合亦要失敗。所以刑賞互相輔助，臣民守法犯法，有功有罪，才能確定。刑是黑暗，賞是光明；賞是陽氣，刑是陰氣；刑要隱諱，賞要顯著。國法既施之以光明之賞；亦施之以隱晦之刑。這種「德」、「刑」並用，「德」、「刑」相輔相成之說，正是法家的共同點。若結合歷史而言，治法不行之以賞罰，雖聖哲不能有功。司馬光說：「有功不賞，有罰不誅，雖堯舜不能治理天下，況一般人怎能做到。」有功必賞，有罪必罰，則為善者日進，為惡者日止。

對於自己任用的親信，不管其功勞多大，如果犯罪，武則天也絕不寬容，提出賞罰嚴明的條規。「雙聖」期間，宰相盧承慶是顯慶四年由武則天把他從度支尚書的位置上提拔上來的，博學有才幹。在貞觀年間當戶部侍郎時，太宗問歷代戶口多少之數，他竟從夏、商敘至隋代，都有依據可考，太宗嘆為奇人。武則天聞其才而用之。不料他恰是在度支尚書的本職上出了紕漏，在顯慶五年七月被御史台官員彈劾了一本。高宗很為難，因為這個人是武后建議任用的，任同中書門下三品還未滿一年。武則天知道後，卻請求高宗按章辦事，貶盧承慶為潤州（今江蘇鎮江）刺史。後又因才幹升遷他。才幹與過失分得很清楚。

又如左相許圉師是個位重品高的大臣，也很有才幹，武皇后特別器重他，曾多次登門求教。龍朔二年冬十月，其子在遊獵時糟踏了別人的莊稼，激怒田主，要與他講理。不料他的兒子仗勢欺人，不僅不認錯賠償，反而發射響箭威脅田主。

許圉師本想用手杖打兒子一頓（一百杖），便遮掩了事。田主卻到司憲台告了許自然一狀。司憲大夫楊德裔不敢把他治罪，西台舍人袁公瑜就派人用假名字寫了一封告狀信給皇上。武后得知此事，對高宗說：「圉師身為宰相，卻侵凌百姓，不懲不足以平民心。」於是高宗召見許圉師，怒斥他隱匿不報，擅作威福。

許圉師辯解說：「臣身為宰相，以忠直事陛下，不能悉討別人歡心，故有人說我的壞話。作威作福的人，往往是那些握重兵，或身居重鎮的人。臣是一個文吏，奉事皇上皇后，唯知道閉門自守，怎麼敢作威作福呢？」

皇上和皇后聽了大怒，說：「你這還覺得不夠，還恨手中無兵嗎？」隨後下詔免官。三個月後，下令把他貶為虔州刺史。他的兩個兒子都被免官。楊德裔作為肅政官員徇私枉法，也被貶到西北邊境的庭州。

武則天的得力親信李義府貪汙受賄，賣官求榮，並且憑著武則天寵他，愈來愈恃寵驕恣，連同他的兒子女婿也橫行霸道，仗勢欺人，終於也被除名，流放嶲州。其子也被除名，流放棖州，女婿也被除名，流放庭州。

不僅如此，即使是她自己的親姪子，一樣觸法必究。武則天登位不久，封她的姪子武承嗣、武三思分別做了魏王和梁王。武則天見他們兩人的確有識有謀，又封他們為宰相。

從此，武承嗣的權力大得很。可是，他還不滿足，還想當太子。大臣李昭德看到武承嗣野心勃勃，就對武則天說：「魏王權勢太重，很危險。」

武則天說：「他是我的姪子，怕什麼？」

李昭德說：「姪子跟姑媽再親，也沒有兒子跟父親親。兒子還有殺父篡位的，何況姪子呢！承嗣是親王，又是宰相，權力和皇帝差不多。這樣下去，恐怕陛下的皇位就不安穩了。」

武則天聽了恍然大悟，說：「我沒有想到這一層。」她立即下詔，免去武承嗣宰相的職務，任命李昭德做宰相。就在武承嗣飛黃騰達、得意忘形的時候，接到了罷免他宰相職務的詔書，就像晴天一聲霹靂。當他知道這是李昭德出的主意，咬牙切齒地發誓非要罷免李昭德的官職不可。

一天，他進宮去見武則天，說：「陛下免了我的宰相職務，我十分感謝。但是，李昭德結黨私營，別有所圖，陛下如果重用他，後果不堪設想。」武則天板著面孔說：「我任用李昭德，才能睡好覺。他能為我效勞。你怎麼能比得了他！」武承嗣碰了一鼻子灰，只好退出來。

當武則天察覺武三思確有篡位之心，在兒子和姪子中間，她很猶豫，然而李家人心懷仁政、乃民心所順；武家人氣焰囂張，橫刀奪位，百姓惡之，於是武則天下令乃廬陵王李顯回宮受命。

武三思一聽此事，第一個提出辭職，還有親武派官員都相依跪下，全要辭職，以此來要脅武則天。武三思辭職的理由是：「如果顯回來執政，在武皇百年之後，我們的性命就危在旦夕。與其死在朝裡，死在惡鬥中，不如回家當平民，死在家鄉。」武則天疑慮了片刻，對眾臣說：「我昨天晚上做了個夢。鸚鵡的兩隻翅膀斷了，鸚鵡也死了，這是怎麼回事？」

武三思馬上說：「鸜鵒就象徵著咱們武家啊，這個夢太兇險了。上天在告訴您，如果您要立顯，您的子姪們都要死啊！」

這時候，狄仁傑站出來，從另一個角度為武則天釋夢：「鸜鵒的兩個翅膀代表您的兩個兒子，顯和旦。您要保護好您的兩個翅膀，您才能重新飛翔起來。」

武則天對這個說法非常滿意，說：「武三思你給我站起來。你這些擔心簡直沒有必要。我可以保證你們的安全。李、武本身應該是一家人。你們這種擔心造成現在的勾心鬥角，我非常反感。武三思你不要再帶頭幹這種事情，我不准你們辭職。平身吧。」武三思等有一種無奈和失意。武則天接著說：「你們若真有心回家務農，朕也便允了你。」

武三思遭了當頭一棒，心裡充滿了無奈和失落，只好怏怏作罷。

武則天力保直言敢諫的大臣，對她身邊的親近人則是加以約束，盡量限制他們的特權，使她那些皇親國戚的不法行為有所限度。即使在她風燭殘年搖搖欲墜期間，她依然嚴格遵守了自己用人得當，賞罰嚴明的原則。

……

武則天對投敵者的懲罰是無情的。例如對閻知微的處理就是如此。

閻知微是唐初建築家閻立德的孫子。聖曆元年六月，武則天令其以豹韜衛大將軍攝春官尚書的身分護送武延秀往突厥納默啜之女為妃。默啜拘武延秀，閻知微即屈膝投降，並接受其偽南面可汗之號。

默啜侵恒、定，圍趙州，閻知微隨軍為之招降。當時將軍陳令英等守趙州城西面，閻知微引誘說：「陳將軍何不早降？可汗兵到然後降者，剪土無遺。」甚至無恥地在城下與侵擾者攜手唱什麼《萬歲樂》。

陳令英譴責說：「尚書，國家八座，受委非輕，翻為賊踏歌，無慚也？」

閻知微仍唱道：「萬歲樂，萬歲年，不自由，萬歲樂」。

後來閻知微被默啜拋棄，乃還。對於這樣一個卑鄙無恥，喪失國家尊嚴和民族氣節的敗類，武則天怒不可遏，「命磔於天津橋南，使百官共射之，既乃剮其肉，折其骨，夷其三族」。

對趙州長史唐般若的處理也是如此。聖曆元年九月，默啜圍趙州，趙州長史唐般若不僅不堅守城池，反而與默啜暗中勾結，「翻城應之」。敵退，則天族誅之，且下《誅唐般若制》云：「故趙州刺史高睿，狂賊既至，死節不降；長史唐般若，不能固城，相率歸賊。高睿已加褒贈，般若等身死破家。賞罰既行，須敦懲勸。宜須示天下，咸使知聞。」

對於在鞏固邊疆過程中湧現出來的英雄人物，武則天則予以重賞和表彰。

如王孝傑收復安西四鎮，武則天對其作了高度評價，她說：「貞觀中，西境在四鎮，其後不善守，棄之吐蕃。今故土盡復，孝傑功也。」並且遷孝傑為左衛大將軍，復擢夏官尚書，同鳳閣鸞台三品，封清源縣男。孝傑跳崖犧牲後，武則天又追贈孝傑夏官尚書，封耿國公，拜其子為朝散大夫。唐休璟鎮守西陲，屢有戰功，武則天將其提拔為右武威、金吾二衛大將軍，並對他說：「恨用卿晚！」

武則天對於在鞏固邊疆過程中的有功婦女，也一視同仁地封賞。如突厥南侵時，平州刺史鄒保英妻奚氏，助夫作戰，「率家僮及城內女丁相助固守」，抵抗叛將李盡忠的圍攻。武則天聞訊，優制封她為誠節夫人。古元應妻高氏助夫守飛狐縣城，功績卓著，則天下制書褒獎說：「頃屬默啜攻城，咸憂陷沒。丈夫固守，猶不能堅；夫人懷忠，不憚流矢。由茲感激，危城重安。如不褒升，何以獎勸，古元應妻可封為徇忠縣君。」

對於那些表現出民族氣節的忠烈之士，武則天亦大加褒揚。如契丹寇河北定州，義豐、北平二縣堅守不降。武則天改義豐為立節，改北平為徇忠。監察御史裴懷古隨閻知微入突厥，默啜欲授以偽官，懷古不受，遂為所囚。以後尋機逃離魔掌，歷盡千辛萬苦，返回洛陽。武則天引見，遷祠部員外郎。田歸道使突厥，面對默啜威脅，「辭色不撓」，歸來後武則天重之，擢為夏官侍郎「甚見親委」。

嚴懲叛徒，厚獎烈士，無疑是在提倡忠君愛國思想。而在當時歷史條件下，這樣賞罰分明，對於鼓舞士氣、鞏固邊防是有積極作用的。她的這一行為和氣魄，也足以讓無數男人為之汗顏。

第六篇 借刀殺人，為攬民心

人君好比舟，人民好比水，水能載舟，也能覆舟，武則天吸取了先帝唐太宗治民的真理，想要獲取民心。然而她是女人，傳統認為女人掌管朝政，是違反夫規，為天地所不容。當時，從官到民，反抗起義此起彼伏，為了達到目的，她不擇手段，一面妖言惑眾，一面以酷吏治民。她借刀殺人，殺到駭人聽聞為止，從而又過河拆橋，以平民憤。

「在其位，謀其政」，她驀然發現，治民非難事，「民以食為天」，關鍵在務農致富，農業發展了，人民就富裕了。人富則易化，——這原來是萬古不變深刻而簡單的道理，誰做皇帝，並不重要，重要的是誰讓百姓脫貧致富，誰讓人民人和家興，造福蒼生，百姓就擁護誰，推崇誰。她做到了。

製銅軌，召密奏，任酷吏

「螳螂捕蟬，黃雀在後」這個典故出自漢劉向《說苑．正諫篇》：「園中有樹，其上有蟬，蟬高居悲鳴飲露，不知螳螂在其後也；螳螂委曲附欲取蟬，而不知黃雀在其旁也；黃雀延頸欲啄螳螂，而不知彈丸在其下也。此三者務欲得其前利而顧其後果之有患也。」又《莊子．山木》：「睹一蟬，方得美蔭而忘其身，螳螂執翳而搏之，見得而忘其形；異鵲從而利之，見利而忘其真。」莊周準備用彈丸射異鵲，而栗園裡的人以為莊周要偷摘栗子，竟把他趕出去了。

這一典故被廣泛用於政治、軍事、外交等謀略之中，使古今各國統治者制定戰略時權衡各方因素，計較利弊。制定決策不能不考慮到極其複雜的社會環境。不同國家，不同民族，不同社會集團，為了各自利益，為了生存和發展，互相敵對，聯合、滲透，形成一種複雜的關係網。

在平息了徐敬業揚州起兵之後，武則天義不容辭，大開殺戒。「治民非酷吏」她選拔了索元禮等一大批酷吏，凡謀反者，格殺勿論，倡導者誅滅其族。直到天下人群情激憤，對酷吏恨之入骨，咬牙切齒時，她又毫不留情誣告此等酷吏濫殺無辜之罪，斬首示眾以平民憤，說是「以雪蒼生之憤」。如此，先借刀殺人，再過河拆橋，正所謂：「螳螂捕蟬，黃雀在後。」

武則天為了維護自己的統治，維護社稷的安定，她必須及時收取情報，應變迅速，完全可以防患於未然，擊敵於未發，不至於釀成大禍。

垂拱二年（六八六年）一個叫魚保家的上奏一個嶄新的方案：「製銅軌，召密奏。」這個魚保家是侍御史魚承曄的兒子，曾經與李敬業有相當深的交往。有許多朝臣因為和敬業有往來，受到左遷和流放。也不知道是什麼原因，唯有魚保家獨獨免受刑罰，得以留任京官。

這年春天，太后向朝臣宣佈，身為國家最高負責人，她希望能直接掌管天下人事權。保家本來就很機靈，又因自己得到特赦，為表現感謝之情，也為表達自己忠君愛國的實績，就藉此機會上奏嶄新的方案。

他的方案就是鑄造銅箱，使天下的人民都能坦誠地將意見經銅箱密奏。銅箱內部，分為東西南北四格，在箱子上面分設投書口。

箱子東面寫著「延恩」，這是為那些讚揚、並對太后政績謝恩的人而設，也為尋求任官而晉升者設立的；

箱子西面是「伸冤」，這是為受冤罪痛苦的人訴說苦衷，要求執法正義而設；

南面寫「招諫」，是對朝政的得失做諷諫而設；

北面寫「通玄」，是為種種天災地變，以及有關軍事機密等而設立的。

銅箱的構造是，一旦信函投入後，就沒辦法再收回。

太后看了方案後，認為這是下意上達的妙計，立即採用保家的主意，按照他的計畫鑄造銅箱，保家還因而得到不少賞賜，頗為光彩。

就這樣，「告密之門」在天下大開。說到「告密」，雖然給人一種不夠光明正大的感覺，也確是異常現象，但對過去從來沒有「嘴」說話的民眾來說，確實使他們從此得以發言，傾訴心聲。此後，有史以來被視為牛馬般的最低層庶民，雖是間接的，但也能對國家的政治有參與的機會了。

「告密之門」的最初宗旨是為天下官民開設的，可是基本目的是在下意上達，是給沒有「嘴」的大眾說話機會。

「告密之門」開設不久，就有一封未署名的投書塞入銅箱。

這封投書的內容，是指控魚保家曾為李敬業製造刀劍、弓弩等武器，給敬業軍隊很多方便。因此造成許多軍官士卒的傷亡。投書以激烈、憤怒的口吻陳述，列舉許多具體事實為證據。

這封投書很可能是因為和李敬業有交往，而被處流放刑罰的家屬，眼看只有魚保家不僅免受處罰，又發明這種可恨的密告箱，還得到許多賞賜，因感到不服而揭穿他過去的行為。

魚保家立刻被逮捕下獄，經過一番調查屬實後，在市場處以斬刑。

銅箱的發明者魚保家，首先就身受其害，真可說是命運捉弄人的一大謬事。這也使人聯想到，距此年代很久以後的十八世紀，在法國革命時，發明「無痛斷頭機」的國會議員，那位醫師約瑟夫．喬丹，自己卻成為「無痛斷頭機」的第一個被處死者的故事，作法自斃，真令人感慨。

但從另一方面說：朝廷設專人在廟堂管理四匭的事宜，每日的投書都要在傍晚前進呈天聽。這種銅匭產生了改進各種社會關係的作用，是武則天進一步加強統治而採取的有力措施，反映了她的開明和進取的精神。

就這樣武則天上朝多了一套程序，往日她是在貞觀殿接受早朝，之後在紫宸殿聽宰相以下朝臣的上奏。如今，加了第三步；就是休息片刻後按順序召見告密者。

告密沒有官品、貴賤之分，也沒有貧富、地方中央之分，即使是農民和樵夫也可以到京師面見皇帝。由此，全國颳起了一陣告密的大旋風，每天有為數可觀的告密者，但太后都能明快地判決出個結果，有大批大批的農夫湧進京城，進京告密，農夫畢竟沒見過什麼世面。一旦進入宮中，就會神不守舍、手足無措。

那些莊嚴華麗的建築物，及四周的嚴密警衛，使他們的精神緊張得無法承擔，一到召見大廳，跪在地上後，即使叫他們「起來」，他們仍是全身發抖，腿上無力地匍匐地上，一句話也說不出來。

「辛苦了，你可以退下！」婉兒以清澈的聲音說畢，就由側立在旁的宦官攙扶告密者出去。也有鼓起勇氣想上奏的人，可是一旦輪他說話時，內容就顯得支離破碎，再加上地方方言的不同，使人根本聽不懂他在說什麼；多少能說出一些道理的人，就會由婉兒為代表賞賜幾句安撫話語。

那些一句話都說不出來的人，或自己說什麼也記不住的人，或獲得幾句賞賜話語的人，雖然多少有些差異，但是以一介匹夫之身，得能拜見太后，又能以五品官的待遇到洛陽旅行，這不但能成為他們一生的光榮事蹟，同時也難怪他們會說出對太后的讚語了。

武則天愛召見如此眾多的告密者，當然是有她的用意的。她要在裡面挑出一個告密的菁英來為她服務。她要在眾多的石頭中選出一塊「玉」石來，但由於告密者的素質極差，能說出內容的告密者，人數極其有限。而且所說內容及告密者的人品，可說是「玉石混淆」，但是「玉」——也就是能被太后看中的，幾乎少之又少。

太后並沒有失望，這確也是意料中的事，她為了選擇心裡的這塊「玉」，早就定下嚴厲的標準了。並且又能直接聽到民眾的聲音，對平時有如天淵之隔的民情，從他們的話中有所了解，這樣太后已經認為很有意義了。

對一切官僚社會，這次的可怕旋風，和如山的待辦事項，使所有的官僚階級震駭。在太后來說，這是續戰的勝利，她認為這一次的措施，得到了很大的成功。

一旦獲得精選的上玉，太后立即結束這次措施。她得到的這些「玉」，雖然是玉，但卻是與一般觀念正好相反的「黑玉」，這玉同時也是太后決心要實施政治大恐怖時，所必需的「活武器」。

既然太后攻擊的目標是李氏宗室和門閥貴族，而要以他們作為恐怖政治的武器，所以第一個條件就是不能有絲毫溫情，作徹底的冷血人物。太后認為只要還稍有「人性」之輩，在斷然實施慘烈大掃除時，就會有不能堅持到底的危險性。不能堅持到底，在因故受挫時，就會有背叛而投降敵方的可能。

第二個條件是必須有魔鬼般的狡詐智慧，而且要對現在的官僚，持有怨恨、反感者最為理想，同時對象要屬於現有官僚社會以外的人。

武則天挑選的第一個人是叫索元禮的貧窮波斯人。他具有土耳其的血統——個子高壯，有漆黑堅硬的捲髮，粗黑的眉毛，使人想到猛禽的鼻、嘴，黝黑的臉，眼中發出類似猛虎殘忍的眼光，想必這雙眼睛在黑暗中，也能發出磷光。

他說：「只要是為了太后，不管碰到幾千幾萬個敵人，我也會把對方消滅精光。」在他的語氣中，含有長期被控制者特有的怨恨和殘忍復仇心，這是太后最滿意的地方。

太后從簾子後仔細觀察這個人，給他很高評價。當他說話時，因為是歸化人，聲調和發音並不正確，但似乎也有一些教養，反應也還靈敏。

這個窮波斯人，從此一躍而為游擊將軍，掌管制獄之事，所有朝臣都驚愕得啞口無言。

索元禮沒讓太后失望，他的殘忍本性立即發揮，在他看來，只要稍有嫌疑，就不給解釋餘地，立刻逮捕。只要有一個人被捕，必有數十人甚至上百人，因連坐被捕，這使朝臣嚇得魂不附體。

太后常常召見索元禮，並給他許多賞賜，索元禮於是手段更加殘酷。

雖說告密終止，但對於已經來洛陽途上的人，太后仍繼續召見。

從一介告密者，索元禮一躍而成為游擊將軍。由於索元禮的崛起，很多人得到不少鼓勵，形成應運而起的蠻幹之徒。這些人當中，大部分都有見不得人的過去，前科累累，可以說是社會上的敗類。

由於他們本身就是不講道理的無賴，所以，到了太后面前，也能滔滔不絕，大膽地將順口說出來的謊言，像真有其事般地上奏。

太后也不管他們所說內容的真假如何，在這些人當中，只要看中「心狠手辣」的人物，大都加以錄用，送去當索元禮的部下。

索元禮得到了這些三教九流的無賴後，就煽動原有部下和他們彼此間的競爭心，要他們一道研究：如何殘酷對待囚犯？如何逼使囚犯招供？諸如此類。同時，還要部下們實地訓練。

武則天精選的第二塊玉是——來俊臣。來俊臣生於長安市西雍州萬年縣，父親來操是長安市井的無賴賭徒，他認識一名叫蔡本的同鄉，彼此經常往來，由於蔡本的妻子頗具姿色，來操就瞞著蔡本，私下追求友妻，兩人終於發生不可告人的關係。但是，對於這對男女來說，「偷情」仍無法使他們感到滿足，兩個處心積慮地想終生廝守；最後，來操想出一計，他引誘蔡本參加賭局來賭骰子，蔡本輸得一塌糊塗，負債數十萬錢。區區一個小市民，當然沒錢還這筆大賭債，幾經談判的結果，蔡本只好以妻子抵債，來操得以正式把這女人佔為己有。

此時，這個女人已經懷孕了。俗話說：「肚子裡的孩子究竟是誰的？只有孕婦自己最明白。」但是這個女人，竟連她本身也分不清楚，到底孩子是來操的還是蔡本的骨肉。由於她現在愛來操，就堅持說是他的孩子，這就是來俊臣。

所有告密者當中，最出色的莫過於這位叫來俊臣的人，和其他酷吏相較之下，他實在超越出太多了；連兇惡的魔鬼見到他，也要退避三舍，真可說是「魔鬼中的天才」。

歷史上的任何一個壞人，或小說裡的惡棍，在來俊臣的面前，就顯得遜色多了；不論任何惡霸，如果仔細觀察，可能還會發現一絲「人性」，只有來俊臣，他連人性的「痕跡」都找不到。他不只是慘無人道的惡魔，還帶有徹底的虐待狂，他那有如「殺人美學」般的意識，史料裡面血淋淋、陰森森地記載著。

有關來俊臣的成長過程，歷史上無法找到資料，一個連真正父親是誰都不知道的孩子，又在無賴賭徒的家中長大，居住的環境又是繁華而充滿誘惑的長安，他會有什麼樣的少年時代，大致可想而知了。

長大後，他也不想找個正當生路，即使他有這個念頭，那種機會也不會發生在他身上。他整天不是偷竊、盜取、欺詐、恐嚇、強姦、濫賭，就是傷害、殺人，個性相當兇狠，夥伴們也怕他三分。久而久之，壞事做絕，他無法在長安繼續混下去了，就到外地流浪，在四處飄泊的日子裡，依舊惡性不改，到處肆虐行壞。有一次，他浪蕩到和州（安徽省和縣）時，在這裡犯下的搶劫事件，使他被捕下獄，最後被判處死刑。

如今，他無論如何也免不了殺頭之罪了，這個惡人表面態度雖仍舊強悍，但內心卻十分恐懼。

巧的是，就在這時候，他在牢裡聽到太后獎勵告密之事。這簡直是天意！來俊臣立即在牢裡大聲喊叫，說要去「告密」。由於佈告上有「伸冤」這一項，雖然他是罪犯，但仍不能阻止他「告密」的行動。

這個狡猾的死囚，用盡全力大喊，引起整個監獄裡其他犯人的同情，都一致起來聲援。在他們的內心裡，也許存在著：如果這個姓來的死囚犯，能代表他們到朝廷去申訴，說不定他們也有出獄的一縷希望。

獄吏們也害怕了，萬一事情鬧大了可不好交代，於是他們將此事稟報和州刺史東平王李續，李續決定再讓這個狡猾的惡棍活幾天，讓他耍完花招，再執行死刑。否則被武則天知道了，可是「抹殺告密者」的罪。來俊臣就因此得到特別允許，出獄到洛陽去。

在不分職業、身分的告密者群中，竟有一個死囚犯前來告密，實在特殊，所以太后對他比對別人有了更大的好奇心，先召見來俊臣。

來俊臣這時正是三十六歲的壯年人，雖然多次犯罪，四處流浪後被關在牢裡，受到死刑的宣判，面貌難免有些削瘦。大概因為酷似母親，他相貌英俊，稱得上是美男子，只是眼睛裡發出分不清是殺氣或妖氣的冷光，一般人如果被他的眼光注視到時，都會嚇得汗毛倒豎，他的眼睛就好似毒蛇。

太后乍見此人眼光，立刻想到：這個人能派上用場。他來到太后面前時，態度毫不畏縮，甚至還頗懂得禮節，光是看他外表，似乎還有些智性，只要稍加磨練，即可派任官職。

來俊臣一見太后，立刻開始訴說自己受到了冤罪：因為在客棧裡同房的人是強盜，殺人後逃亡，由於抓不到兇手，和州刺史甚為焦急，為爭取工作成效，就不分青紅皂白地把他加以逮捕，還強加刑罰，逼他承認作案。

由於不是他殺的，所以直喊「冤枉」之際，就被拷打得皮肉裂開，鮮血淋漓，因為無法忍受這種痛苦，他不得不承認自己是殺人強盜……

來俊臣以誠實的口吻敘述著，然後改成堂皇的語氣，認定這個責任出在和州刺史東平王李續身上；同時他又誣告，說李續實施許多苛政，當地百姓都怨恨他。

本就有奸詐智慧，加上流浪犯罪的生活，使來俊臣自然的學會了「見鬼說鬼話，見人說人話」，「把白的說成黑的」這種顛倒是非的本領。

這個死囚犯似乎是看穿太后心中欲打倒李氏宗族的鐵般意志，也許是她心中的慾望，在這個時期已表現出某種程度的行動，街坊上已開始流傳她的企圖了——因為民眾嗅覺是敏銳而正確的。

至於太后，對來俊臣所說的冤情，從一開始就不把它當作問題看。然而，來俊臣敢從「死囚犯」這個極不利的處境中，把一切希望都寄託在「告密」之上；上奏時能有條理地冷靜沉著敘述，了解場所和身分的禮貌，對於這個人的膽量，太后給了很高的分數。

從他對獄吏不說半句不滿或怨恨的話，只是針對和州刺史為對象上奏誣告，僅僅從這一點看來，來俊臣這個人，和其他告密者的確截然不同，絕非一般宵小出身的人物可比擬。

來俊臣誣告的對象，是李氏宗室的郡王殿下，不管他如何花言巧語，把事情說得如何天花亂墜，只要仔細調查事實真相，立刻會發覺這是誣告，而且是十分惡毒的誣告。如果太后對他的上奏付諸一笑，他的上奏無論真假如何，仍能平安無事地度過，否則，他緊接著就得被送回原來的牢獄，準備受死罪刑罰。然而，即使是死刑，也有不同的死法。普通的砍頭，和肢解、腰斬等極刑，在死亡之前所受的痛苦，是無法相比的。

對來俊臣而言，這的確是一場大賭博——以生命為賭注！

最後，來俊臣這位死囚犯，不但沒被送回監牢，反而即刻被提拔為從八品司刑評事。光宅年間，大理寺改名司刑寺，掌管被告的調查、判決書起草、管理牢獄等。來俊臣就暫時在索元禮那裡實地見習。不久，來俊臣就充分地發揮了他那兇惡的天才。

第三個被武則天利用的酷吏就是周興了。這個人，後來與來俊臣被世人並稱為「周、來」。

周興和來俊臣，同是出生於長安，年齡不詳，但從前後狀況推測，他可能比來俊臣大上幾歲。家庭貧寒，但自幼聰慧，也有旺盛的好學心。長大後學習法律，當一名下級官吏，任職尚書都事。

周興的才華很快就展露出來，升任孟州河陽縣令，由於他擅長法律，又是有才幹的官吏，人們都認為他在鄉下當一名縣令，實在很可惜。這消息最後傳到武則天的耳朵裡。

武則天和高宗特別召見，對他的才能、學識十分賞識，想提拔他任較高的適合官職，並把這個想法告訴周興。可是，由貴族掌管的官僚社會，重視「血統」甚於一切，最討厭下級人物貿然闖入他們的集團，當然會有人提出反對：「周興並非內官出身，請取消對他的提拔。」高宗只得聽從，沒有提升周興。

李治已經告訴了周興自己有意提拔的想法，結果招來官僚集團的反對，計畫未遂後，覺得對不起周興，又沒有面子去面對面地宣告他結果的決定。而周興尚不知情，每天滿懷希望的在殿前等聖旨。

魏玄同這年正好六十七歲，已步入老年階段，加以曾親身嘗受過流放的辛酸，所以對蒙在鼓裡的周興，甚是同情：「周明府，你該回任職地去了。」唐朝時代稱縣令為明府，所以魏玄同這樣稱呼他。適時暗示他「再等也無益」，從這句話得知自己晉升希望粉碎之後，周興不但不感謝魏玄同的暗示，反而認為老宰相是阻止他榮升的元兇，至少也是幫兇之一。

此後，在周興的心裡，開始懷恨魏玄同了。久而久之，他內心就養成以魏玄同為中心，對整個貴族官吏的強烈憎恨。

這次索元禮的突然高升，不免使周興深受刺激，像索元禮那種窮波斯人，為什麼會受到那麼優厚的賞賜呢？至於這背後潛存的種種黑暗內幕，對現在的周興來說，不但絲毫不為之可恥，反而令他高興，畢竟這樣子，他的擢升又有一線希望了。周興下定決心，寫了一篇有關刑獄的文章，投入告密銅箱裡。

太后曾規定，凡是官吏，沒有特殊情況一律不准在告密用的銅箱裡投書，周興膽敢冒犯，可見他的決心是多麼堅定！他不怕會因為投書這件事而受到責備，足見他內心裡，已經有了相當的勝算。果然，投書立刻受到的賞識，他不但沒受責罰，還即刻官拜掌管制獄事宜。

後來這三人形成了武則天的酷吏集團，他們還編著了上面也介紹過的《羅織經》，他們壞事幹盡、喪盡天良，誣陷了無數好壞，殺害了無數條無辜的生命，但是天下也安寧了，百姓們和那些士族階層的小官小吏再也不敢吭聲了，人人都自畏，深怕哪一樁謀反罪不小心就落在自己的頭上。漸漸的時間一長，從官到民的叛逆起義沒有了，甚至連一些李氏宗室子孫都看到了武則天的能力和成績了。

這時的武則天很開心，她要的就是這種效果，人民開始畏懼她，開始承認她，話就好說，事就好辦了。「你敬我一尺，我敬你一丈。」她開始以「仁愛」來籠絡民心。

來俊臣、周興此時正步步高升，春風得意。之後，野心也愈來愈大了。他們看到武則天年歲愈來愈大了，立太子的事是不可推拖的，然而立李家子孫，對於他們來說太可怕了，李家人一旦上台，來俊臣、周興他們恐怕連骨頭也沒得剩。於是他們鼓勵武承嗣去干涉此事，武承嗣早想自己能立為太子，做皇帝，一經兩個酷吏的挑唆，更加大膽放肆起來。他們開始密謀陷害朝廷忠臣。另一面偽造聖旨，令武三思派人到唐州逼迫廬陵王李顯自殺。如果這樣朝野忠誠除盡，廬陵王又一死，那麼太子之位非武承嗣莫屬。

於是他們馬上行動誣告狄仁傑等忠賢之臣連合謀後叛亂。武則天一向明白狄公等人志節高超，公正廉明，若失去這般股肱二臣，大周天下如何了得，經過一番周密調查之後，清楚了是來俊臣偽造了謝死表誣告狄公等人的。武則天想，先放你們這一馬，畢竟爾等為我效勞過多年，給你們一個機會多活幾天，到時候可不能怪我翻臉無情了。武則天比任何人都了解他們本性中的殘忍，是她一手提拔了他們，還能不懂他們嗎？

緊接著，後來就發生了誣告太平公主謀反之案，由太平公主的門客徐堅向武則天獻計。「請君入甕」這個結局，上已講過的。周興、來俊臣陰謀失敗，打入了天牢，朝廷中大臣或百姓紛紛上書，要求將兩人斬首示眾，武則天便順應了民心，將他們處死。處死那日，刑場人流如湧，人民憤恨而歡快。劊子手刑刀一落，人群沸騰而起，將周興、來俊臣的屍首四分五裂，屍骨不剩，連殘骸都被踩成肉漿。可見武則天此一舉動多麼大快人心。

利用迷信，興造輿論

俗話說：公雞跳，老翁笑，母雞跳，是凶兆。然而這個武家女人偏要跳起來走出庭堂，要掌握李家江山管理朝政。人們所不能容忍的似乎只是認為女人出來掌朝，必是禍根，大唐江山必定搖搖欲墜，必敗無存也，另外傳統的意識促使他們不能容許女人爬到男人頭上來。因此他們反對的正如武則天所言，似乎只是一個手無縛雞之力的女人，對她所做出的實績避而不談，原來他們反對的僅僅是因為她是個女人，一個並非李家的人。

唐朝，由於受到多方面的限制，科學並不發達。相對來說人民的思想極為迷信、愚昧，落後。人們信天、信神、信佛、信前生後世、信一切都是上天早已註定的。武則天清楚地看到了這一點。她抓住了人們這個弱點，大作文章，心想：你們不是信天信佛嗎？那就讓你們徹徹底底信個夠。以其人之道還治其人之身，是她慣用的手段。

於是她與她的親信武承嗣密謀，他們決定制定謠言，散佈輿論，藉機天意的力量，壓倒群眾的誹議。於是在朝廷演出了一場「天授皇權」的假戲，雖說是假戲，一旦真做起來，似乎連她自已都被自己騙得服服帖帖的，連自己都信以為真。

一個叫唐同泰的雍州人，來向武則天上奏表，同時還呈上一塊石頭。

這是一塊看上去平淡無奇的河石。白色，表面光滑，晶瑩剔透，像是一塊久經河水沖刷的、失去稜角的卵石，卵石的一面鐫刻著八個蒼勁的篆書，寫的是：「聖母臨人，永昌帝業。」篆文為陰刻，塗以暗紅色。這暗紅色與潔白相映稱，顯得十分素雅而莊重。而石頭的陳舊古拙則像是來自於某一個久遠的朝代或神奇的天國。

關於這塊奇石的來歷，唐同泰這樣講到：

「一個暮春的傍晚，小人漫步在洛水之濱。此時，晚霞初上，微風徐徐，洛水騰著細浪，岸柳拂著枝條，使人心曠神怡，小人斜倚在一棵垂柳下，陶醉了，睡著了。忽然，在朦朧中聽到一聲巨物入水似的聲音，睜眼看，一道紅光自天而下，直入洛水，水上濺起一簇浪花。那浪花彷彿兩隻巨手，托著一個閃閃發光的物體，慢慢沉入河底。浪花平靜了，紅光不見了，那物體也失去蹤影，一切又如平常。

「這神奇的一幕使小人大為驚駭。小人懷著一種好奇而又膽怯的心情在洛水岸邊站立許久。後來，小人被那個閃閃發光的奇異物體所吸引，脫了衣服，潛入水中，在那物體墜落處尋找起來。忽然，小人眼睛一亮。光芒四射，小人大著膽子用手去摸，原來是一塊玲瓏剔透的石頭。小人拿上岸來，見石上還有八個大字，心頭大喜，如獲至寶。心想，這石頭絕非凡物，這八個大字必定是上天在昭示臣民，陛下若登臨大定，將使大唐帝業隆盛，天下太平。陛下，這是天大的祥瑞啊！天意不可違，望陛下早日登基，統馭萬民……」

武則天真是又驚又喜，她不知道她的親信們會出如此一招，安排得這般周密，她不甚歡喜，此時的歡喜可不是裝出來的，是由衷地表現出來的。

看到獻來的「瑞石」上刻有的八個字，武則天腦海裡突然浮現一種靈感。她把這塊白石，命名為「寶圖」。所謂寶圖，代表天子的企圖，獻寶的唐同秦則被提升為游擊將軍。

接著武則天在五月十一日頒發制敕，大意是：

「朕從洛水得到珍貴的『寶圖』，要親拜洛水，今將在南郊設立祭壇，以謝昊天。禮畢後在明堂接受群臣的朝賀；至於外戚等均需在親拜洛水的前十日，在神都集合，以示虔誠。」

五月十八日，武則天仿照「寶圖」上的八個字，給自己加上「聖母神皇」的尊號；六月，自製刻有「神皇」的三個玉璽。

七月一日，武則天將「寶圖」改稱「天授聖圖」，接著也藉機上述八字，將洛水改為永昌洛水，封洛神為顯聖侯，禁止在洛水捕魚。武則天又將洛水出現「天授聖圖」的地點，命名為「聖圖泉」，將此泉沿岸一帶，改稱永昌縣。又把接近洛陽的嵩山，改稱為神岳，封其山神為中天王。

此外，她又把以前得過瑞石的汜水改稱廣武，汜水是流自洛陽以東鄭州的河川。

自此以後，武則天向著目的一步一步地布棋，這些棋步除了充滿道教的神秘氣氛以外，具體的又顯示什麼呢？武則天露出適於「聖母神皇」尊號的玄妙微笑，緊接她又如約地實踐拜洛受圖。這日，武則天率領著一支浩浩蕩蕩的隊伍前往洛水。隊伍中有嗣立皇帝豫王旦、皇太子成器、文武百官、四夷酋長及外官多人。各種服色的鸞衛儀仗令人目不暇接，各種羽扇、團扇遮天蔽日，車輛、乘馬、鼓吹、腰挎宮刀的侍衛、穿著鮮豔服裝的宮娥組成一支彩色的人流，綿延數里。沿途百姓獻酒獻食，侍立圍觀，盛況空前。

洛水岸邊，已建立起一座高大的祭壇，壇上設神位、祭果、祭案上盛陳祭器，裡面裝滿了肉食果品及甜酒等祭品。禮設之時，樂歌《昭和》聲起：

九玄眷命，三聖基隆。
奉承先旨，明台畢功。
宗禮殿敬，冀表深衷。
永昌帝業，式播淳風。
接著是《致和》樂：
神功不測兮運陰陽，
包藏萬宇兮孕八荒。
天符既出兮帝業昌，
願臨朝禮兮降禎祥。

一回合之後，武則天由壇前下輿，在百官佇列的恭迎下，太后從鑾車裡由女官攙扶著，悠然的步出，她的姿態在澄明的旭日照耀下，發射出燦爛輝煌的光芒，神韻飄渺輕巧，充滿西王母般神秘的氣氛。

武則天先是祭拜洛水之神，此時《顯和》歌起：

菲躬承睿顏，薄德忝坤儀。
乾乾遵后命，翼翼奉先規。
撫俗勤雖切，還淳化尚虧。
未能弘至道，何以契明祇。

拜洛之後是受圖。先是由宣禍宣讀祭文，接著將案上的「天授聖圖」恭敬的捧下，移置到新建造的受圖亭中，此刻，樂歌又起：

顧德有慚虛菲，明祇屢降禎符，
汜水初呈秘象，溫洛薦表早圖。
玄澤流恩載洽，丹襟荷渥增愉。

後方禁苑獸園內，養了許多珍鳥奇獸。這天都一派上了用場。不一會，天空發出紫、紅、金的美麗色彩，這正是壯麗的日出時刻，在鮮豔的晨光中，首先惹人注目的，是天竺進貢的白色巨象群，頭上戴著黃金裝飾，象牙上也戴著黃金鞘，身體披著繡有花樣的錦緞；也許是為那燦爛的金紅色對照之美感染，巨象柔和的眼光中，也露出了榮耀的光澤。

連同塗成紅色獸欄一起搬來的阿拉伯雄獅，安南貢獻的白虎，七彩的孔雀，五彩的鸚鵡，以及停在鷹師肩頭上的巨鷹……在在呈現出有如涅槃圖上所見的百鳥千獸壯觀景象。

武則天盛重地舉行「拜洛受圖」，當然是有目的的，她要製造浩大的聲勢，告訴民眾「天授皇權」之事，她要讓天下的百姓都知道這件事。她的大權是上天賜予的，是合乎天意的，並非是逆天而行的禍殃之災而是一切都是上天註定的。她以如此的耗費與精力，終於解除了篡唐醜名所帶來的壓力。

另外，由於在當時傳統的封建社會裡，當時的讀書人更是擁護《書經》中嚴禁「牝雞司晨」的觀念。這根深柢固在存留在這些人的心中，神聖不得侵犯，如同金科玉律。

於是，武則天密召薛懷義暗商此事。現在缺少的，就是能一舉粉碎此金科玉律，具有宗教性神秘色彩的靈雲，讓能乘著這朵雲，飛升到昊天之上。時機已經成熟，天時地利都已掌握，要盡快發現「某種東西」，並付諸實施。

薛懷義深思熟慮，終於想到，利用社會上盛行的對彌勒的信仰，不失為上策。

由於以前，高宗頗敬重佛教，曾在長安為亡母長孫皇后建大慈恩寺，並對以玄奘三藏為首的譯經事業，給予很多的方便。雖然如此，麟德元年玄奘病歿之前，請求在公開的場合，將「道先佛後」的次序改為「佛先道後」，高宗宣稱「道教是朕的家教」，堅持不肯答應。因此武則天想要建立新王朝，首先得提倡佛教，提倡佛教首先得將李治認可的道教排擠在外，使佛教佔主導地位。佛教一旦為人們熟悉後，人們便隨處可見一尊尊莊嚴肅穆的女菩薩的佛像。這樣就為往後的女皇的出現，打下了一個完美的基礎。想到這裡，素來對佛教和道教都沒有好感的薛懷義，不禁拍案叫絕。

薛懷義立刻前訪當時洛陽的高僧，東魏國寺的住持法明。法明就是先前奉太后之令，教導薛懷義佛法之人。法明聽完薛懷義一番話後，認為非但可博得武則天的好感，也可擴大佛教勢力，立刻表示贊同薛懷義的看法，並願積極協助。

幸好武則天原本已喜歡佛教，從皇后時代以來，不斷獎勵佛教，使得佛教界增加了不少活力，更使佛教欣欣向榮。

由玄奘主持的譯經工作，所譯的經典多達七十五部，一千三百三十五卷，其中最重要的是《瑜伽師地論》百卷。《瑜伽師地論》據說由彌勒菩薩口述後，再由他人記載下來。傳說，彌勒菩薩生於南天竺的婆羅門家族，他在繼承釋尊佛位之前不知何種原因生命泯滅了。據說，在五十六億七千萬年後，才能再度以凡人之身降生於世，化成芸芸眾生中的一員。這種對來生輪迴的期望，逐漸演成對納福遠害的彌勒的信仰。這和中國已有的道教思想頗有相似之處，所以廣受庶民的歡迎。

關於利用信仰彌勒之事，薛懷義和法明的意見完全一致。於是，法明和九位弟子，共同撰寫《大雲經》四卷，由薛懷義獻給武則天。其中並附有佛的讖文。

「武則天武媚娘，正是世世代代的佛教徒盼望已久的彌勒菩薩降世，正是該取代唐朝，成為釋尊所說的人類世界閻浮提之主的人。」

這部《大雲經》，在唐朝以前本有譯文，但並不為世人所知，於是遂宣稱為法明首次譯述，後世則說為抄本。不過，當時號稱是法明及弟子所譯的經，沒有人敢提出異議。在《大雲經》裡，有一節是釋迦對淨光天女說道：「汝將降生於人間，成為女王，天下之人都將崇拜歸順。」本來不能斷然論定彌勒菩薩為女性，但由於有以上這一節附記讖文，薛懷義等遂企圖將淨光天女，與彌勒菩薩混為一談。法明令弟子為《大雲經》擴大宣傳，很快的，「太后是彌勒菩薩降世」的傳言，風起雲湧，一時蔚為一股澎湃的浪潮。從此，大唐從朝野到民間，形成了「彌勒菩薩降世」的流言。

於是，大唐宮廷中紛紛出現了無數顯天兆和預示的百姓，無數小人也趁機邀寵，想撈一把油水。武承嗣和武三思二兄弟掌管此事。許多人都紛紛來獻寵。這天武氏兄弟又召見了一些獻天兆的人。武攸嗣也在一旁。第一人拿一隻烏龜，說龜甲上天然有字，分明是上天授意，上面果然寫著：「則天萬歲！」武三思大怒：「你敢欺君？！把他拉出去殺了。」第二人稱自己昨天做了一個夢，夢見大明宮上有一鳳凰鳴叫，又落在了梧桐樹上。國家陰氣之勝，鳳字當頭。武氏兄弟聽後高興，讓他呈文進宮見武后。

不論這些天兆是真是假，但從中說明百姓已經順服武則天稱帝了，這使得武則天登基之大業更加順理成章了。能如此大言不愧地瞞天過海欺騙天下人，當然需要一定的魄力和決心。然而魄力和決心是有所依持的那就是能力。有了能力，再騙得個名譽，皇位就非她莫屬了。要騙得如此的「天意佛主」當然需要很高明的騙術。武則天深刻地明白一個道理：想要欺騙別人，先得騙得了自己，自己信，別人才能相信！

勸農桑，重農耕

「在其位，謀其政」，作為人主，當以人民的生活、生產的發展為自己的責任。俗話說：安邦興國，先要安邦，才能興國。安萬民於樂業之中，使百姓幼有所養，老有所終，這就是人主的當務之責，「民貴君輕，社稷次之」當為天下民眾著想，民眾能安心務職，自然天下也就太平了。

治民非難事，「民以食為天」，關鍵在務農致富，人富則易化，這是萬古不變深刻而簡單的道理，

武則天是重視農業生產的。早在上元元年（六七四年）當皇后時，她就曾向高宗建言十二事，其中第一條就是「勸農桑，薄徭賦」。她並且將所撰農書《兆人本業記》發給諸州來京的朝集使，頒行天下。以後唐朝歷代皇帝都推崇武則天的這部農書，「每年二月一日，以農務方興，令百僚具則天大聖皇后所刪定《兆人本業記》進奉」，成為定制，足見其影響是很大的。為發展農業生產，武則天以境內農田狀況作為獎懲官吏的標準。臨朝稱制伊始，即規定州縣境內，「田疇墾闢，家有餘糧」，則升獎其官吏；如「為政苛濫，戶口流移」，則必加懲處，「輕者年終貶考，甚者非時解替」。

為了調動農民的勞動積極性，她積極實行均田制，極大地促進了農民從事生產的積極性。

不過，武則天執政的時候，形勢並不是很好。當武則天從高宗手中接過一切大權的時候，長安、洛陽兩京剛剛遭受過一場嚴重災害的襲擊。永淳元年（六八二年）四月，高宗由於關中鬧饑荒，米每斗三百文，離開京師長安，赴東都洛陽，「時出幸倉猝，扈從之士有餓死於中道者」。五月，東都又遭水災，洛水氾濫，淹沒居民千餘家。關中先水災，後又發生旱、蝗災害，接著是疾疫，百姓死亡很多，米每斗漲價至四百文，「兩京間死者相枕於路，人相食」。外地的經濟狀況也不太景氣。光宅元年（六八四）秋七月，「溫州大水，流四千餘家」，八月「栝（括）州大水，流二千餘家」。連綿不斷的災害威脅著剛剛臨朝稱制的武則天。

首先是農民授田普遍不足。

當時，據彭澤縣的調查，百姓經營的土地一戶不過十畝、五畝，照百畝的法定數額相差很遠。當然，這並不是個新問題，打自均田制創立以來，就沒真正達到「均田」。這是因為均田制並不是把土地重新分配，正相反，它的基礎是建立在地主佔有制之上的。唐朝的土地佔有，分皇帝直接佔有、貴族官僚佔有、一般地主佔有，農民佔有少量土地等四種情況。前三種由各類地主佔有的土地都不在均田的範圍之內，均田並不觸動大官僚地主的土地，供「均田」的土地，只能來自國家掌握的無主荒地，還要有很大一部分供軍隊屯田之用，皇帝又經常以各種名義賜封給臣下，官僚貴族又常常以「借荒」、「請牧地」為名把大片荒地掠為己有。因此，真正分到農民手中的土地是很有限的。

百姓授田不足的情況非常惡劣，據大臣們的考查，唐太宗六四四年百姓授地已很不足，唐太宗為此非常不滿，而武則天當政初，較之唐太宗時期，民間百姓每丁授地是他的六分之一。

其次是土地兼併嚴重。

這也是一個老問題。均田制規定，永業田和口分田在一定情況下允許買賣，這就為豪強的兼併開了方便之門。就在太宗執政後期和高宗執政初期，兼併之風就很盛行，豪強以各種不同的手段吞併農民的小塊耕地。那時，澤州刺史張長貴、趙士達侵佔肥田九十頃，洛州一帶豪族僅在本州之外就霸佔民田三千餘頃。武則天執政時期，這種情況愈演愈烈，王公貴族和富豪之家，廣置莊田，恣行吞併，大批農民的耕地轉變為官僚地主的田莊。

繼之而來的是百姓的逃亡。

百姓失去了土地，又交納不起名目繁多的賦稅，只好走上逃亡的道路。陳子昂在他的文集《陳伯玉文集》中，有一篇《上蜀川安危事》，裡面說，諸州逃走戶有三萬餘，聚集在政府控制力量較薄弱的山林偏僻地區，不屬州縣，不耕種國家的土地，逃戶被土豪、大族所徵斂驅使，其中一部分公然反抗朝廷，當了「盜賊」。

耳聞目睹均田制受到破壞，武則天常常為之勞神，因為它關係到國家的收入、政權的鞏固。她經常向大臣們詢問鄉間的情況，每年地方上派朝集使進京，她都要賜給他們酒食，詳細聽取他們的奏報。她還派出巡撫使出使各地，了解諸州的土地、生產、人口等情況，作為她制定政策的依據。

為了維護均田制，解決百姓的逃亡現象，她採取了許多措施。

首先是制止士族豪強多佔土地。她下令，無論永業田還是口分田，一律不准買賣，違者給以處罰。對於已經兼併的土地也進行清查，嚴重的予以沒收。這樣做，對於士族豪強是一項打擊。因為土地可以買賣為他們兼併土地提供了可乘之機，現在明令禁止，他們便難以明目張膽地兼併了。

其次就是使逃亡戶還鄉，稱之為「括戶」。逃戶脫離了國家控制，易生禍亂，是武則天的心腹之患。她採取引誘、恫嚇等各種辦法使農民復歸於戶籍，給他們地種，向他們收稅，再把籍外佔田和剩田收回來，使國家保有一定的土地，以便隨時分配給無地的農民。鼓勵地少人多地方的無地少地農民，遷往地多人少的寬鄉耕墾，開墾的荒地可免三年租調。是所謂徙狹就寬的「樂遷」政策。為鼓勵農民「樂遷」，制度規定優待寬鄉居民，減輕寬鄉的賦役。但是，逃戶已經在客居地開墾了土地，適應了那裡的環境和生活，不願再離開那裡，按法律強行迫其遷徙是不現實的。所以，由於現實趨勢，允許逃戶留在客居地，只要在戶籍冊上登記即可，不再遣送回鄉。

證聖元年（六九五年），鳳閣舍人李𤥁向武則天上了一道奏疏，提出了制止戶口逃亡的一些方案，其中有一條曰「權衡」，主張允許流浪他鄉者任意擇地居住。他說，不能光顧小計忘了大計，只見眼前不看長遠。要因變化了的情況靈活變化政策。逃戶離開家鄉到外地，習慣了外地的生活，不願再回來，就應允許逃戶就地落籍。

從後來的一些文獻資料看，李𤥁的建議被武皇採納了。逃戶就地落籍已成事實。如開元七年（

七一九年）唐玄宗《科禁逃亡制》中說，逃戶限制在百日內自首「准令式合所在編戶，情願住者即附入簿籍，差科賦斂，與附人令式，仍與本貫計會停讓」，那些情願歸原籍的和「據令式不合附者」，就使其還鄉。詔書所說的辦法和李嶠的建議是一致的。

經過多次努力，君臣共同齊心協力。她看到了大唐江山一片生機勃勃。舉國上下充盈富裕。她滿心歡喜，感到欣慰。可見武則天治國有其卓越的政治才能。當時，朝廷每年一次舉行接見諸州奉貢物的朝集使。武則天喜歡那一派歌舞昇平其樂融融的情景。四月初十道諸州的朝集使們陸續來到神都洛陽。一時間，八方土產，四海珍奇，咸集都城，彷彿是一次博覽盛會，琳琅滿目。

參比的主要產區河北、河南、劍南、山南、關內諸道，主要貢奉了各種綾羅，其中有供製御服的紋綾，三品以上穿的大料細綾和七品以上穿的龜甲綾、雙豆綾、十花綾等，還有人參、滑石、牛黃、當歸、甘草等藥材及鹿皮、野馬皮、磁石、犛牛尾，犀牛角、弓刀等物。

河東道貢獻的是：席、氈、胡女布、蜂蜜、銅鏡和豹尾、雕羽等；

隴右道貢獻的是：金屑、礪石、山雞尾、羚羊角；

江南、淮南二道乃魚米之鄉，主要貢獻白米、糯米及各種魚製品，此外還有酒器、鐵器、茶、竹扇、草席、斑竹等特產，蕃客袍錦、半臂錦則是淮南道獨具色彩的貢物；

嶺南道地處南部偏遠之地，貢獻則有竹席，蚺蛇膽、水銀、玳瑁、孔雀尾等，其中不少是內地的稀罕之物。

武則天在宮中接見了這些朝集使，並設宴進行款待。暢飲的御酒是西域葡萄酒，甜美醇厚，芳香撲鼻。席間還演出了動人的歌舞。其中，有來自西域的胡旋舞、胡騰舞等。

武則天還做了一套舞蹈樂曲《鳥歌萬歲樂舞》。當時，宮中養有一種鳥，當時南方人稱「吉了」，樣子頗像鸚鵡（俗名八哥），宮中人稱它為能言鳥，會說人語，又常叫「萬歲」。因此，武則天又開啟智慧，完成了此樂曲，讓樂工演奏，舞者為三人，身著緋衣大袖，畫上能言鳥的像，戴著鳥冠，學著鳥步舞蹈，樂曲中不時發出能言鳥的「萬歲」、「萬歲」的聲音。武則天欣賞著樂曲舞蹈，心裡樂滋滋的。武則天喜愛並在宮中流行的二十五部樂曲中，就有這首樂曲。武則天和朝使工集們一邊飲著美酒，一邊觀看著歌舞，大家都陶醉在唐帝國國庫充盈、民富國強的氛圍裡。

酒宴臨終時，到了武皇向朝集使們頒賜賞物之時，大殿之上剎時變得非常肅靜，朝集使們伸直了脖子，睜圓了眼睛，一齊注視大殿的內側門。此刻，他們不約而同地想著一個問題：武則天陛下將給予什麼賞物呢？是金？是帛？還是武則天御筆親書的大字？他們知道，武則天也像太宗皇帝一樣，頗愛書法，尤其是對二王（王羲之、王獻之）墨蹟更是視若珍寶，經常摹習。能得到武則天賜字，也是十分難得的榮譽。

然而，武則天的賞賜卻完全出於朝集使們的意料之外。賜物一不是金，二不是帛，也不是御筆題字，而是一函書。函上的書名大字是武則天手書：《兆人本業記》。對於這部農書，武則天極為重視，也傾注了精力。她讓周思茂、范履冰、衛敬業等文臣撰寫此書的目的是想借鑑古來的經驗，指導本朝的農桑生產。朝集使們來自全國各地，現在正好藉此機會傳播開去。

朝集使們鄭重地接受了這一特殊的獎勵。他們手捧賜書，高呼萬歲，跪地謝恩。頒賜已畢，武則天又嚴肅而親切地囑咐他們，此書帶回州府後，一定要與州府官員認真研讀，致力農桑，不可懈怠，使億兆人的本業更加興旺發達。朝集使們帶著武則天的賜書離開了洛陽。特別的恩寵使他們心曠神怡，但他們並不感到輕鬆。他們深深地意識到賜書的分量。

以後，唐朝皇帝將進呈她的農書定為制度。每年二月一日，以農務方興，令百僚將武則天所刪定的《兆人本業》頒示百姓，用以督導農事生產。

武則天此一舉動，實踐了《臣軌》中《利人章》所述：「天下之事很多，君主一個人不能事事都管，要有大大小小的官吏來幫助。幫助君主治理天下，最重要的就是使百姓富足，而使百姓富足，主要在於務農……」她藉此機會實行她的計畫，弘揚她的務農措施，被天下百姓傳為美談。

粟多則人富，人富則易化

武則天執政後，在《臣軌》一章中又說：「然俱王天下者，必國富而粟多，粟生於農，故先王貴之。……田墾則粟多，粟多則人富」。她懂得「建國之本，必在於農」，「家足人足，則國自安焉」。從而她採用一系列措施，興修水利，為了發展農業生產，她注重修水利，以溉田地；又實行了屯田、營田計策，來緩和軍隊戰爭時造成勞民傷財的衝突；並且繼續推行均田制，以恢復貞觀，永徽時期帶來的經濟盛況。

正因為武則天重視農業生產，又採取了獎勵墾闢，廣開屯田，興修水利，推行均田制等措施，所以在她統治的二十一年中，從總的方面來說，社會生產是比較進步的。人民生活水準也有所提高。這些成績突出地表現在兩個方面：

一方面，國家倉庫裡儲滿了糧食。陳子昂說：「太原蓄鉅萬之倉，洛口積天下之粟，國家之寶，斯為大矣。」楊齊哲說：「神都帑藏，積年充實，淮海漕運，日夕流衍」。張說亦曾說：神都帑藏儲粟，積年充實。」陳子昂還說：「僅江、淮南諸州租船就有數千艘，載糧百餘萬斛」。他們都是當時人談當代事，應屬可信。

一九七一年考古工作者在洛陽發掘隋唐含嘉倉時，僅一窖中發現的一大堆炭化穀子，估計存放時就有二十五萬千克左右。根據從窖中發現的許多刻有「天授」、「長壽」、「萬歲通天」、「聖曆」等年號的磚銘推斷，這堆穀子絕大部分是武則天時期儲藏的。這就足以證明，當時國家的倉庫裡確實裝滿了糧食。

一方面，地方州縣儲糧亦很多。唐代常平倉多用和糴粟儲存，以備急需。而武則天登基後不久，便於證聖元年（六九五年）三月二十一日敕令「州縣軍司府官等，不得輒取和糴物，亦不得遣人替名代取」，使州縣和糴粟受到國家保護。當時正是和糴制度更加全面推廣的時期，並且起了一定的積極作用。唐代義倉粟始於貞觀二年太宗採納戴胄的建議，每畝納粟二升，交於州縣以備凶年。其後至「高宗、武太后數十年間義倉不許雜用」，嚴格遵守儲糧備荒的原則。酷吏來俊臣濫用御史中丞的職權，欲用藍田縣義倉米數千石償還私債，因受到縣令薛訥的抵制未能得逞。

這說明當時義倉粟是不許私人侵吞或挪為他用的，也說明當時州縣確實儲藏有大量的義倉粟。由此可見，武則天統治時期，不僅神都、太原等地官倉儲糧豐富，而且存放在州縣的和糴粟、義倉粟亦倉廩皆滿。在人口不斷增加的情況下，尚有這麼多的糧食儲備，由此可見，當時的生產力發展水準是較高的。

當國家有了豐富的糧食儲備，武則天曾下令：「天下百姓須嫁娶以時，勿使外有曠夫，內有寡女」，她及時採取了鼓勵生育的措施。永徽三年（六五二年）唐有戶三百八十五萬，到神龍元年武則天駕崩時，有戶六百一十五萬六千一百四十一戶、人口三千七百一十四萬。大唐人口數量幾乎增長了一倍。當時人口的增長是經濟繁榮，社會興盛的一個重要標誌。可見武則天執政期間，社會經濟狀況是可想而知的。

一個國家的安定和社會經濟狀況有著直接的密不可分的聯繫，相對來說，經濟繁榮會造就國富民安的情形。相反的，經濟惡劣的地方，戰爭、叛亂就頻出不止。俗話說：窮山惡水出刁民。講的就是這個道理。

《臣軌》中道：過去子貢問怎樣治理政事。孔子說：「充足糧食，充足軍備，百姓就會信任了。」子貢說：「如果迫不得已要去掉哪一項，在糧食、軍備、百姓的信任這三者之中先去掉哪一項？」孔子說：「去掉軍備。」子貢說：「如果迫不得已要去掉一項，在糧食和百姓的信任兩者之中先去掉哪一項？」孔子說：「去掉糧食。人沒有糧食會死亡，自古以來誰都免不了死。但是人沒有了信譽就無法自立於社會。」

又道：《管子》說：「輔助國家的方法，必須首先讓百姓富裕。百姓富裕就容易教化。所以七十九代的國君，制定的法律都不一樣，但是都能統治天下，必定是國家富足並且糧食充裕。糧食由農業生產，所以先王重視農業。勉勵農耕最緊迫的，必然是首先禁止從事工商末業。禁止從事工商末業，那麼百姓就不會遊蕩坐食；百姓沒有遊蕩坐食，就會從事農耕；從事農耕，土地就會得到開墾；土地開墾，糧食就會充裕；糧食充裕，百姓就富裕。」因此上、古代禁止工商末業的原因，是為了有利於農業。因此，善於做臣子的，一定要先為君主除害興利。所謂「除害」，是指除末業；所謂「興利」，是興農耕。

腳受寒會傷到心，百姓受勞累會傷害國家，這是自然的規律。養護心臟，就不能讓腳受寒；治理國家，就不能讓百姓受勞累。臣子與君主共同撫育百姓，一定要減少徭役減輕賦稅，來增加人民的財富；不侵佔百姓的農時，來充足百姓的費用。

百姓對於君主，就像子女對於父母，沒有子女貧困而父母富裕，或者子女富足而父母貧困的。因此，百姓充足，不僅僅是百姓個人的充足，而是國家的充足；百姓匱乏，不僅僅是百姓匱乏，更是國家的匱乏。因此《論語》說：「如果百姓的用度不足，國君您又怎麼會充足呢？」所以幫助君主體恤百姓的，是最忠誠的長遠計策；損害下人而增加君主收入的，是大臣的短淺考慮。

《賈子》說：「上古時代，致力於勉勵農耕，因此三年耕種而剩下一年的儲藏，九年耕種而剩下三年的儲藏，三十年耕種而剩下十年的儲藏。所以堯時遭九年水災，湯遇七年乾旱，田野中沒有青草，但卻沒有飢餓之人，實在是因為有這樣的儲備。」

因此，建設國家的根本，必定是在農業。忠臣考慮利於百姓，務必勸導人們務農。家庭富裕百姓充足，那麼國家自然安定了。

她巧妙地利用《舊唐書·儒學傳》，經學「可以正君臣，明貴賤，養教化，移風俗」。藉此倡導自己佈施的教化方向，從而有利於自己的統治。

此外，文化也有了極大的發展。大唐的文化是為後世人所景仰的，此處不做重提。由於農業及文化的發展，農業的迅速發展自然而然促進了工商業。手工業的發展，從而也促進了唐交通事業的發達。大唐的「市」在增加，神都洛陽和西京長安更是一幅繁榮的景象，據各種記載發現當時各大城市便已經出現了熱鬧非凡的夜市情景，連賣包子、煮餛飩的老翁們都互相聊聊述述著說：「李家突然姓了武了……武則天還行，關鍵是咱百姓能不能吃飽、吃好。」

水利通，民力鬆

明代的徐光啟的《農政全書．水利．東南水利上》周、漢、唐、宋之世，未嘗不一日用心盡力，經營水利之事，列之史傳，代不乏人，故修曰：「水利通，民力鬆，斯言信矣。」意指興修水利，河渠貫通，農民種田，運輸就便利了，既省心，又省力了。

「水是人類的生命之源」。這是亙古永恆的道理，早在幾百萬年以前人類的祖先就知道逐水草而居。如果說那時候是人類矇昧時代的思想，那麼現在則是人類智慧的體現。歷代封建王朝都對水利事業較為重視，以至於有了聞名於世的「都江堰」。武則天也知此理，很重視水利事業的建設和發展。

當時武則天和李治雙聖治國理政，她「天后」的皇位剛剛坐正，雙方她都不能得罪，更何況這幫朝臣又是為國盡忠盡職的。她心裡明白，單純一味地賑災，根本就是治標不治本，救得了一時，救不了一世，往後黃河依舊會氾濫成災。只有讓水暢通無阻，它才會順流而行，她心頭突然一亮，她幾乎明白了治水如治民，只有將民心理順了，他們才會擁護你這個君主，而不是光靠壓力去堵塞人民的口，不讓他們說話，這樣只會讓事情變得更加嚴重，一旦有事激發，必然會群起而攻之，如大水氾濫。原來治水治民是如此相通的道理，此時她當然是贊成黃河改道，以通水勢，然而她又不能立即站出來支持這方，批判那方。

小太平從簾子後面跑出來，走到大臣們中間。由於太平年紀尚幼，武則天疼愛有加，因此總是帶著小公主，母子同時臨朝，三年有餘了。這時小太平仰臉看著大鬍子裴炎。太平把裴炎的玉佩解下來，裴炎正在陳述，沒有理會她的胡鬧。太平拿著玉佩站在他面前，裴炎垂眼看著這個小人，拿她很無奈。太平蹲下來，一條細細小河流淌開來，流到裴炎腳下，太平「哇」地哭了。

李治聽到哭聲，從萎靡中振作起來。一看是太平，急了，說：「妳怎麼跑那兒去了？快上來。」武則天在後面說：「把孩子抱上來，她怎麼哭了？你怎麼弄的？」

裴炎尷尬道：「她尿了。」

武則天受到啟發，眼睛一亮，她找到了一個既能平息雙方爭論，又能解決問題的辦法說：「孩子不是已經告訴你們了嗎？沒有什麼好爭的，花多少錢也必須把水渠修好，這是上天的旨意……。」大臣們一聽，覺得有道理，或許冥冥中上天又幫了大唐一次。便無言以對，紛紛退堂離去。

同時，她獎勵了官員們興修水利，從而又推動了農桑的政策。垂拱四年（六八八年），新漕渠開成。這條渠成自江蘇漣水縣，向南接連淮河，向北到達蘇北地區的東海和魯南地區的臨沂、諸城等地。載初元年（六八九年），又引開封附近的開湛渠水向北，以通山東曹縣、兗州等地。

根據《新唐書．地理志》記載，在武則天統治時期，地方水利建設蓬勃發展，據統計就有以下十七項水利工程：

第一項是文明元年（六八四），陵州（治所仁壽，在今四川仁壽縣）籍縣令陳充複置漢陰堰，引漢水溉田二〇〇頃。

第二項是光宅元年（六八四），朗州刺史胡處立在武陵縣（今湖南常德市）北開鑿開泰渠，以通漕運。

第三項是垂拱初年（六八五），關中虢縣（今陝西寶雞縣）西北原有升原渠，引水至咸陽。此時又引岐、隴水入京城長安。

第四項是垂拱四年（六八八），綿州巴西縣（在今四川綿陽市東）長史樊思孝、縣令夏侯奭在故渠基礎上開廣濟陂，引渠溉田百餘頃。

第五項是在泗州漣水（今屬江蘇）開成新漕渠，南連淮水，以通海、沂、密等州。

第六項是載初元年（六八九），在汴州開封縣（今河南開封市）開鑿湛渠，引汴水注入白溝，經漕運曹、兖二州賦租。

第七項是載初中（六八九—六九〇），冀州衡水（在今河北衡水之西）縣令羊元圭引漳水北流，灌注護城壕，名羊令渠。

第八項是如意元年（六九二），在關中虢縣東北十里開鑿高泉渠，引水入縣城。

第九項是長壽元年（六九二），桂州臨桂縣（在今廣西桂林市西南）修築相思埭，分相思水使東西流。

第十項是延載元年（六九四），冀州南宮縣（在今河北南宮縣西北）開通利渠，以利灌田。

第十一項是證聖元年（六九五），在楚州（治所山陽，在今江蘇淮安市）寶應縣西南八十里，開白水塘、羨塘，設置屯田。

第十二項是萬歲登封元年（六九六），杭州富陽（今浙江富陽）縣令李睿，在縣城北十四里的陽陂湖南修堤，「東自海，西至於莧浦，以捍水患」。

第十三項是聖曆初年（六九八），郎州武陵縣令崔嗣業於縣北開津石陂，溉田數百頃。崔嗣業又於縣東修槎陂，用以溉田。

第十四項是大足元年（七〇一）六月，在東都立德坊南，開洛漕新潭，安置諸州租船。

第十五項是長安初年（七〇一年十月以後），在彭州導江縣（今四川灌縣）修小堰，用以灌溉農田。

第十六項是長安中（七〇一—七〇四），青州北海縣令竇琰於故營丘城（今山東昌樂縣東南）東北修渠，引白浪水曲折三十里以溉田，號竇公渠。

還有一項水利工程，開鑿年代不詳。史載，武后時，長安劉易從在彭州九隴縣、唐昌縣（今四川彭縣及其西南一帶）決唐昌縣　江，「鑿川派流，合堋口、壤岐水溉九隴、唐昌田，民為立祠」。

水利建設是農業發展的命脈。武則天時期地方水利事業如此興旺，大大促進了農業生產的發展，並且治理了水災，在一定程度上減少了氾濫的次數和氾濫的程度。

從中可見她智巧並用，八面玲瓏，神不知鬼不覺，使人採納了她理政的方針，收到了特異的功效，又將自身的謀略與才能發揮得淋漓盡致。

未雨綢繆，移民邊境

吐蕃於唐朝建國之前後，在現在的西藏地區成立國家。北有崑崙山脈，西南有喜馬拉雅山脈，東有大雪山脈與劍南相連接。在這群山環繞的險要地區，約四、五千米的大高原上，一個名叫棄宗弄瓚的豪傑，統一了生存於其間的遊牧民族。

他整頓內政，征服邊界各族。太宗貞觀八年，首次遣使出至唐朝，要求公主下嫁。吐蕃除了仰慕中國豐富多姿的文化，想方設法引進之外，娶唐室的公主為王妃，不僅可增加國家的光彩，更有助於唐朝文化的輸入。不僅吐蕃，當時四夷對中國文化都有強烈的渴望。

太宗對於棄宗弄瓚的要求，認為十分不合理，斷然拒絕。弄瓚大怒，立刻發兵攻擊東方的吐谷渾，並趁勢侵入松州（四川省松藩縣），數年之間盤踞於此，不肯撤兵。後與唐軍交戰，唐軍不幸慘敗。

太宗不得已，只好答應公主下嫁，勉強締結和約。

太宗皇帝有許多女兒，據記載初步了解，太宗有二十一個女兒，但他不願將親生女兒送往野蠻的民族與其通婚。歷代沒有一個帝王在心眼裡看得起吐蕃等這些邊疆民族。但迫於無奈，他將一個姪女認為自已的女兒封其為公主，這個公主，天生麗質、溫柔、賢慧，又文才俱備，此人即文成公主，太宗戀戀不捨，將這個可愛的姪女下嫁吐蕃，當時在武則天十四歲入宮前不久的事情。

西藏的首府拉薩藏有文成公主的畫像，眼睛很大，鼻樑挺直，嘴角的弧度表現了她堅強的意志，蛋形的臉，健康豐滿的身材，給人聰明、健美的印象。據說文成公主下嫁時十六歲，具有大唐帝國泱泱的風範。

吐蕃的名稱如何來的？「吐」字是翻譯西、北方少數民族的慣用字，又與有褒義的「大」字通讀，偏旁從口，表示人丁興旺。「蕃」字表示「草稼茂盛，羊馬繁多，財用增殖」，有高度頌祝、讚美的寓意。這位年輕貌美的公主，所嫁的對象，是在遙遠西界民族的領袖，一位七十多歲，足可當她祖父的老人。

在文成公主下嫁時，棄宗弄瓚把首府遷到北方的喜水河畔，也就是現在西藏首府拉薩。

文成公主下嫁時，棄宗弄瓚當然已經有了王妃。以前征服泥波羅時，曾將公主布林庫姬納為王妃。由於這位王妃的緣故，當地的密教已輸入吐蕃。文成公主也是密教的信徒，所以，在吐蕃國內，密教逐漸發達。由於這兩位王妃的影響，老當益壯，愈來愈勇猛的弄瓚，卻也漸漸變得溫和了，不再侵擾唐朝國境。

此時，密教和當地原有的信仰結合，演成後世的喇嘛教。

棄宗弄瓚讓各豪族的子弟，到大唐留學。並聘請養蠶、釀酒的專家，協助國內發展農業。如此，和唐朝之間開始有了和平的外交。高宗即位後，正式承認弄瓚為唐朝的駙馬都尉，封為西海郡王。就在這一年，也就是永徽元年，棄宗弄瓚以八十二歲高齡去世，吐蕃和唐朝的關係也開始惡化。繼承贊普的新王年紀尚幼，不久之後便夭折了。往後都是年幼的國王，大權遂落入宰相祿東贊父子手中。

祿東贊個性剛強，頗具才略，漸漸使國富兵強。他死後，由他的四個孩子分別掌管國家大權，割據四方。到了高宗龍朔三年，再一次攻陷吐谷渾，且不撤軍。

儀鳳三年，吐蕃又派大軍攻打青海，中書令李敬玄率十八萬大軍前往征伐，亦慘敗而回。

這個時候，左領軍員外將軍黑齒常之，率領五百名敢死隊，夜襲吐蕃陣地，暫時使敵軍混亂。唐軍因此勉強避免全軍覆沒。李敬玄收拾殘兵，回到鄯州（青海省樂都縣）。

此時力挽狂瀾，化解危機的，是李敬玄麾下的勇士婁師德。後來，他卻演變成我們前面提過的，「臉上被吐了口水，也不可以擦掉」的老成人物。

不久之後，婁師德奉敕出使吐蕃，詳細說明兩國交戰的害處，終於和吐蕃簽訂了互不侵犯條約。在往後的幾年，唐朝的西境得以暫時維持和平。由於這一次的功勞，婁師德晉升為殿中侍御史，兼河源軍司馬。

吐蕃指名要太平公主下嫁，也是在這一年。武后不想把唯一的愛女遠嫁吐蕃。可是，對方既然指名要太平公主，就不能像太宗時代一樣，另外選擇宗女代替公主下嫁。於是，匆匆地使太平公主成為女冠，以作為不能結婚的藉口。

明明白白地拒絕吐蕃的要求，以前所締結的和約就不知能維持多久了。

朝廷在危險的情況下，召開緊急會議，朝臣的意見分成二派：一派是主張忍耐的和平派，另一派就是為了大唐的威信，要斷然處罰吐蕃的主戰派。

兩派爭執了許久，也沒有一個結論。因為這兩派的主張，實際上都有窒礙難行的地方。不管唐朝多麼渴望和平，兇猛的吐蕃，隨時都有可能發動攻擊，而且可以隨時找到冠冕堂皇的理由。

當時，一位中年的太學生魏元忠，曾上疏非難朝臣無用，並主張解除禁止民間養馬的命令，讓人民自由養馬，一旦遇到緊急狀況，即可由國家收購，組成大騎兵團。如此，才可抵抗擅長騎射的遊牧民族——吐蕃和突厥。這是魏元忠當時提出的方略。此計略被朝廷採納了，相對而言比較靈活機動，既能減少戰爭的經費，又能對應敵有所準備。

此外，突厥可汗默啜歸順周朝後成為大將軍，又成為則天皇帝的養子，雖然備受恩寵，但內心並不快樂。任周朝的大將軍攻擊契丹的事，激起他身為朔北君王的矜持與榮譽感。萬歲通天二年正月，他突然反叛，攻入靈州（寧夏靈武縣），近逼州城。以前成為突厥俘虜的許欽明，主動要求為突厥軍工作，加入突厥軍的行列。到了靈州城外，許欽明這一次也主動地擔任突厥軍的前鋒。他來到城邊，一再地對城裡的人高聲呼道：「我們要美醬及粟米、墨，馬上貢獻出來！」醬和將同音。粟米以黃色為上等，一般為青色，「米」字和「青」字合為「精」，墨可能是驀，許欽明是想藉機字謎，向城裡的人表達以良將和精兵，迅速奇襲的意思。

可是城裡的人沒有人聽懂他的意思。

另一方面，契丹又發動激烈的攻擊。則天皇帝決定再度啟用萬歲登封元年，與吐蕃之戰，因戰敗而被免官的王孝傑，任王孝傑為清邊道總管，率副總管蘇宏暉等十七萬大軍征討契丹。三月，王孝傑率領的軍隊，在東硤石谷，與孫萬榮率領的契丹軍相遇。王孝傑派精兵為先鋒奮戰。不久，契丹軍認為難以抵擋，急急後退。王孝傑認為這是一個非常好的機會，於是拚命地追擊。此時的王孝傑顯然很急躁。上一次對吐蕃之戰，嘗到了大敗的恥辱，又因此被免官。這一次對契丹之戰，無論如何也要將功補罪才行，否則簡直沒有臉活著回去。拚命追擊退卻的敵軍時，不知不覺間山路愈來愈險峻，一邊是萬丈絕崖，另一邊是無底的深淵。此時退卻中的契丹軍，突然改變方向，猛攻王孝傑的精銳部隊。由於事出突然，王孝傑的軍隊一片混亂，在契丹軍的攻擊之下，被迫後退。王孝傑知道中計了，一面鼓舞心志動搖的部下，一面冒險奮戰。然而，在隘路上終於進退維谷，連馬一起墜入深谷之中。他的部下大部分被趕落深谷，幾乎全軍覆沒。

副總管蘇宏暉看到前鋒部隊的慘狀，立刻調轉馬頭，循原路逃走。

大敗的消息傳到洛陽朝廷，武則天對王孝傑的陣亡非常痛惜，追贈為夏官尚書及耿國公，其子王無澤授朝散大夫。

另一方面，立刻派遣使節，準備將蘇宏暉處死。但在敕使到達之前，蘇宏暉又整頓軍隊，力戰為王孝傑報仇，打敗了契丹軍。死刑遂因功取消。

如此反反覆覆的侵犯與回擊的戰爭，武則天為之非常懊惱，如此看來吐厥、契丹這些鄰邊是不會輕易地停止戰爭的，中國物產豐富，風調雨順，人民勤勞以致富，而鄰邊民族，氣候惡劣，土地貧瘠，怎能叫他們輕易放掉這塊肥肉，更何況他們不怕打，也不怕輸，他們的民族性格就如此熱愛自由，奔放不羈，好打好殺。於是武則天一邊對邊疆民族以懷柔撫慰，一邊建立第二道邊防線移民邊疆，派官駐守，未雨綢繆，以待備戰。如此雙管齊下，得以安寧。

懷柔政策的施行，首先是廣泛吸收少數民族成員參預武周政治。《朝野僉載》卷四中記載：「周則天朝，蕃人上封事，多加官賞。」這便是武則天吸引蕃人參政的明證之一。由於吸引蕃人做官，因而當時少數民族成員任職，尤其是任武職者很多。如鐵勒人契苾明為左鷹揚衛大將軍兼賀蘭都督，百濟人沙吒忠義為右武衛將軍，靺鞨人李多祚為右羽林大將軍。其次是允許少數民族酋長改過、和親。突厥默啜反叛，侵擾靈州（治所回樂，在今寧夏靈武縣西南），殺掠居人。

武則天遣薛懷義為代北道行軍大總管，率十八將軍前去討伐，不遇而還。默啜遣使入朝，「則天大悅，冊授左衛大將軍，封歸國公，賜物五千段」。第二年，加授「遷善可汗」。後默啜請以女和親，鳳閣舍人張柬之以為不可，上書稱：「自古未有中國親王娶夷狄女者。」則天不以為然。「命淮陽王武延秀入突厥，納默啜女為妃」。

再次是幫助少數民族政權發展經濟。最明顯的例子就是神功元年（六九七）給突厥穀種四萬斛，雜彩五萬段，農器三千件、鐵器萬斤。這些種子、農具等等，對邊疆少數民族地區的開發，無疑會產生積極的影響。四是妥善安置降戶。如意元年二月，吐蕃黨項部萬餘人內附，五月吐蕃八千內附；延載元年六月，永昌蠻二十萬戶內附；神功元年，昆明內附；聖曆二年七月，吐谷渾一千四百帳內附。對這些內附者，皆指定區域，予以存撫。正因為武則天與唐太宗一樣，在很大程度上排除了民族偏見，對少數民族採取了懷柔、撫慰政策，因而，她也與唐太宗一樣，贏得了不少「蕃夷酋長」的支持和愛戴。

天授元年九月，來到洛陽的「蕃夷酋長」與文武百官一起，上書贊成「革命」，請求武則天登基稱帝，改唐為周。延載元年，「四夷酋長」又捐資請修「天樞」，以頌則天之德。

此外為了防止邊疆再度受少數民族的干擾，本來武則天是打算派兵駐守邊疆的，然而派大軍重兵駐在邊界，需要一筆龐大的經費，對百姓對國家的負擔都很大。宰相狄仁傑考慮到駐軍帶來各方面的危害，於是上書說：

臣聞天生四夷，皆在先王封域之外。故東距滄海，西隔流沙，北橫大漠，南阻五嶺，此天所以限夷狄而隔中外也。自典籍所記，聲教所及，三代不能致者，國家兼之矣。……陛下今日之土宇，過於周漢前朝遠矣。若使越荒外以為限，竭資財以騁欲，非但不愛人力，亦所以失天心也。近者，國家頻歲出師，所費滋廣。西戍四鎮，東戍安東，……費用不支，有損無益。……如臣所見，請捐四鎮以肥中國，罷安東以實遼西。況綏撫夷狄，蓋防其越逸。苟無侵侮之患則可矣，何必窮其窟穴，與螻蟻計較長短哉！伏願陛下棄之度外，無以絕域未平為念。但當敕邊兵謹守，以待其自敗，然後擊之。

狄仁傑是一個有傑出作為的大忠臣，但在這時他只看到守邊疆四鎮的艱難，卻沒想到失四鎮之後對中原的危害。當然武則天不會全聽他的，將費千軍之力得之的安西四鎮白白放棄。然而她只遣派了良將駐守，並且鼓勵地少人多地區的人民百姓遷移邊疆。如此一來既減輕了國家的負擔又更好地實行了均田制。同時，為了激勵遷移邊疆的百姓，她還採取了一連串措施。

因此，她選用良將，鎮守邊陲。要想保衛邊疆，克敵制勝，沒有良將是不行的。武則天很早就認識到了這一點。在《臣軌》一書中，武則天就曾列《良將》一章，提出良將要有五材四藝。

所謂「五材」，指「智而不亂，明不可蔽，信不可欺，廉不可貨，直不可曲」。

所謂「四藝」，即「受命之日，忘家；出家之日，忘親；張軍鼓宿，忘主；援槍合戰，忘身」。

其中守邊最有名的大將當數婁師德、唐休璟、張仁願、郭元振等人。史載，婁師德任大將在河隴，「前後四十年，恭勤不怠，民夷安之」。

唐休璟熟知邊事，「自碣石西逾四鎮，綿亙萬里，山川要害，皆有記之。」

張仁願先後任幽州都督、並州都督府長史，善用兵，號令嚴，將吏信伏，按邊撫師，賞罰必直功罪。

郭元振，善於撫御，在涼州五年，夷夏畏慕，令行禁止，牛羊被野，路不拾遺。

此外，解琬、薛訥等人也比較突出。解琬熟習邊事，安撫烏質勒及十姓部落，以功擢御史中丞、兼北庭都護、西域安撫使，「多為長利，華虜安之」。

薛訥是已故左武衛大將軍薛仁貴的兒子，前後攝左武威衛將軍、安東經略、幽州都督兼安東都護、並州大都督府長史等職，「久當邊鎮之任，累有戰功。」

接著就是優待移民，廣置屯田。設置第二道防線，必然需要重兵。能否照顧軍屬利益，對於邊防能否鞏固是十分重要的。

武則天堅持不向移民徵收租調。這一點不見於史書，但在《敦煌資料》和《吐魯番出土文書》中有原始記載。不僅不徵租庸，而且命令州縣「勸課殷有之家，助其營種，勿使外人侵欺」，時時「加意撫存」。為了減輕內地人民的軍費負擔，減少轉運之勞，特別是保障邊兵的供給，武則天還鼓勵邊將廣開屯田。如婁師德在豐州、河源等地，郭元振在涼州等處，墾荒種糧，積穀甚豐，對經濟的發展，對西北邊防的鞏固，起到了積極的作用。

此外，還在沿邊地區建立民兵組織。萬歲登封元年（六九六年）令山東近邊諸州置武騎團兵。聖曆元年（六九八年）復令大河南北置武騎團兵。所謂武騎團兵，就是不脫產的武裝騎兵，敵來即上馬拒戰，敵退則解甲耕田。

從總的情況看，武則天所建立的第二道防線是比較完整的，而且是非常成功的，在特定的時候，發揮了一定的作用。

在軍事制度上，武則天大膽改革，這也是她身為一國之君治軍的又一大特點，由於改進措施得當、將帥同心，自然軍威大振，確保了邊關安寧。

第七篇　千秋功過，誰與評說

就這樣，她以一生的精力付諸於大唐江山，她為政期間政治趨於穩定，經濟得以發展，封建統治的社會基礎擴大了，人口增長了，國防也加強了。然而「兼聽則明，偏信則暗」是至理名言，「順我者昌，逆我者亡」又豈能久行，所謂：皮之不存，毛將焉附？弒子如仇，母將何去何從……

就這樣，她立了無字碑：「我死後，墓前立一塊無字碑就行了，功與過留給後人去評說。」

就這樣，一個女人，一則人生，一段歷史……

改朝換代，登基為皇

拋棄一切傳統的觀念，拋棄個人的偏見，單把武則天個人的才能和謀略提出來理論：武則天的確是一位頗具政治才能和標新立異的女君主。她以令人意想不到的謀略一步步致敵對勢力於死地，並且以出其不意的手段鞏固了邊防。同樣在改朝換代的整個過程中更是不拘一格，標新立異。

所謂，制度是死的，人是活的。一切規矩都是人定的，傳統是前人留下來的，必然有它不可否認的弊端，所謂計畫不如變化快。面對這個令人窒息的傳統，她毫不猶豫敢為天下先，邁出了這艱難而巨大的一步。從此，她堂堂正正地登上了封建王權的至高的寶座，她不拘於專法，不同於傳統，對一切等級森嚴的宗族制度、陳規陋習進行了一一的改革。

高宗繼位後，曾於顯慶四年（六五九年）十月下詔，高門大族不得自為婚姻，並限定嫁女受財數量，不得接受「陪門財」。但是，舊風仍在好多地方悄悄地延續著。有的在黑夜無人時將女竊送夫家，有的士族之女即使坐待紅顏老，也不肯下嫁異姓人。

對此，武則天一直耿耿於懷，常思繼續太宗的事業，進一步摧毀士族譜籍，改造陳規舊習，按照自己的意願重新劃定高下尊卑，提高新權貴的地位，特別是要提高武氏家族的地位。武家門第寒微，武則天因此受過不少淩辱。廢立皇后時那場爭鬥她刻骨銘心。當時，褚遂良之流就是因為保留皇后出自名家而力阻皇上易后的。他還說什麼「皇上必欲易皇后，請妙選天下望族，何必武氏？」武則天一想起褚遂良那可憎的面孔，就禁不住怒火中燒。她決心把這個陳規陋習蕩滌乾淨。是啊，我今既為皇后，誰敢說武家卑微？本朝名臣力將如雲，何必只重高門名家？

武則天登上政治舞台以後，諷諫李治下了一道詔立：將唐初的《氏族志》改修為《姓氏錄》。《姓氏錄》終於以嶄新的面貌問世了。

這只是她為自身的地位和等級比較低下的士族階層的利益著想而為之。但是卻是她以後統馭天下大業的前提基礎。

武則天要名正言順地做皇帝，當然需要找到合法的依據。然而她所為的哪件事哪個方面不是破天規的行為呢，她從來都是與正統的君權觀念相違背的，以冀得到天下臣民的擁戴，她更只能修改朝綱。

武則天安然生下第三個男孩子，她很想在這個時候緩和一下情緒，並藉此修改一番權勢，多年的奮戰使她的神經一直呈緊張狀態。她希望藉此休養，為來日的戰鬥養精蓄銳。

根據武則天的說法，蟒氏和梟氏的鬼魂雖然有一段時間消聲匿跡，但自從生產以後，每到夜裡，便在皇后的住處徘徊不去。由於皇后不怕鬼神的氣魄和對下人的德意，使得鬼魂專找她，別人不見，而在她的眼前卻不斷出現。

「我想暫時換個地方休息一陣子。」皇后這般請求，高宗認為理所當然，立刻答應。

顯慶二年二月，高宗行幸陪都洛陽。原則上，天下絕不可一日無主，因此按照往例，除一部分人留在長安外，朝廷及後宮又是一次大搬家。

遷到洛陽的宮殿後，武則天馬上喜歡上洛陽宮。

武則天高興，高宗認為最好不過。高宗也知道為了自己的健康著想，洛陽宮要比陰森森的太極宮好多了，所以高宗也很喜歡留在洛陽宮。然而，有人說這只是武則天一個藉口而已。

從此以後，雖然有時回長安一陣子，但高宗和武則天都長住洛陽。從結果上看來，這等於是一次沒有正式宣佈的遷都。

在這裡簡單地介紹一下今後的歷史舞台——洛陽。洛陽位於長安東北約八百五十華里處，與長安相同，是中華文化的搖籃。同時又因在黃河支流洛水之北，習慣上山南水北為陽，所以稱為洛陽。洛陽地處華北平原與渭水盆地的交通要衝上，作為首都的歷史非常悠久。

從隋煬帝開始，隋唐幾代皇帝常常往來於長安、洛陽之間，唐太宗曾經三次移到洛陽辦公，唐高宗有七次，朝廷每個部門都在洛陽設立分支機構，這樣洛陽被稱為「東京」或「東都」，長安雖居京師之名，實際上在空蕩蕩的城中只保留一個小小的留守政府。洛陽城郭宮闕經屢次修繕增築而日益壯麗，它不像長安那樣以宮城、皇城居中軸北部，街坊左右對稱的格局，而是將皇宮位置於全城西北隅地勢高莽處，街坊格局則不規整地布列於洛水南北，周圍六十餘里（實測二萬七千五百一十六米），宮城十三里（實測五千六百五十五米），高四丈八尺，應天門內列置殿台堂院和官署。全城共一百一十三坊，主幹大道「天街」寬一百步，長七里多。城西禁苑中有離宮別館十四所，風景優美，豪華壯麗。

唐高宗因而認為長安、洛陽兩處是他的「東西二宅」，並在苑東建造巍峨壯觀的東、西上陽宮，水上架虹梁飛橋以通往來，東接皇城，南臨洛水。

據說武則天於顯慶二年（六五七年）就想把洛陽定為永久性首都，但高宗似乎沒有同意，雖然在他統治的二十六年中有十年在洛陽上朝，但直到他死後，武則天才把朝廷徹底遷往洛陽。對遷都有不同說法的解釋，有人認為長安是關隴軍事貴族集團的發源地，武后遷都是要擺脫元老的束縛控制。有人則認為長安人多地狹、旱澇頻繁，而運糧困難、費用極大，經濟上無法供應百官士民的需要，只好遷移洛陽「就食」。

還有人認為武則天在殘酷除掉王皇后、蕭淑妃後，她們的鬼魂經常作祟，使迷信的武后精神狀態極為恐懼，無法在長安繼續待下去。這三種解釋都有一定道理。但筆者認為，實際上，這是武則天的遠見卓識。首先太極宮是李家的宮殿，是唐太宗創業的場所，更是三朝元老們的老營地，他們在這個古舊的太極宮裡接受過三番五次的榮升，太極宮的一切對她來說是陌生的。她只是太極宮的一個外來客，她在這裡無法大顯身手，這裡對她是有晦氣的，她要為自己另設一塊風水寶地，另立門戶，不受任何干擾栽培自己的心腹。唐朝時四疆拓展，重心南移，長安於統治全境不利，洛陽則要便利得多。自此以後，洛陽的政治地位上升，成為新興的經濟、政治和文化的中心都市。以後幾個朝代也都以洛陽為首都。

古代新王朝建立後，都要封前兩個朝代的後裔為諸侯國君，稱為「二王」；要封前代三個王朝的子孫，給以王侯的名號，稱為「三恪」。如周得天下後，封禹的後裔於杞，封湯的後裔於宋，為「二王」，又封舜的後裔，和「二王」並稱「三恪」。新王朝的統治者這樣做，不過是做出一種姿態，籠絡人心，鞏固統治。

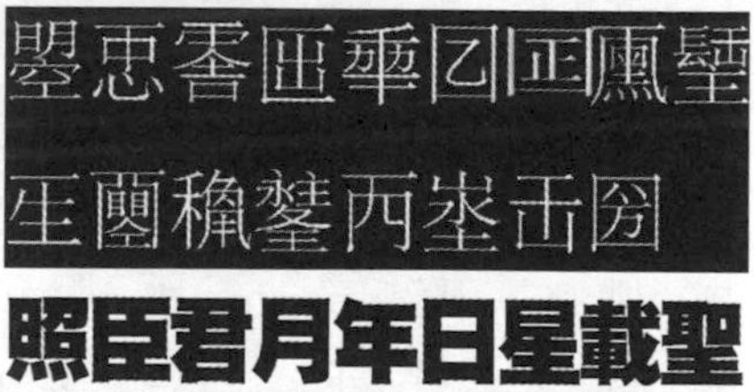

武則天所造字的對照圖

大唐開國後，是以後周和隋的後裔為二王后，以商、周、漢的後裔為三恪的。武則天為了準備當皇帝，改朝換代，一改大唐舊制，以周、漢之後為二王后，以舜、禹、成湯之後為三恪。這一改革，顯示了武則天要徹底地革唐命的決心。

武則天拉開架勢要進行改革，凡是一些有革新和獨創精神的建議她都欣然接受，有時甚至忽略了它的可行性。比如，鳳閣侍郎宗秦客改造了十七個漢字進獻給武則天，那字改得很怪：「照」改為「曌」，「臣」改為「恴」，「人」改為「𤯔」，「國」字改為「圀」等等。武則天因其新奇，下令天下通用，她自己還帶頭使用這種新造的文字，因此，當初明清遠在破廟宇裡給她寫出這個字，可見她多麼驚訝，並且早有謀勢奪權的野心。

這些日子裡，武則天全然不像個六十七歲的老人，她躊躇滿志，意氣風發，膽略驚人，銳意圖新。她似乎對大唐的一切都看不慣，必欲全部進行革除才能滿意。她要建立以自己為天子的新王朝，既不沿襲李唐的舊制，也不效仿古代的模式，她要獨創一個全新的王朝。在這裡，一切都是按照她的意願重新設置，一切都合乎她的性格。她要掃蕩李唐的舊跡，重新打上嶄新的武氏的烙印，她要向天下人顯示：這是她武則天的新王朝，一個女人坐天下的史無前例的國度。

聰明的大臣們猜測到武則天的心思，看清了已經不可逆轉的形勢，紛紛採取明智的行動。九月間，一個叫傅遊藝的侍御史率關中百姓九百人到宮中上疏，請求改唐為周，賜皇帝姓武。那表奏言辭華美，對武則天極盡恭維之能事，說當今太后乃千古一人，任何賢明的君主都不可與之相比。李唐運數已盡，改唐為周乃歷史之必然，民心所向，勸武則天萬勿猶豫，速革唐命，上應天意，下符民願。

群臣又上表奏祥瑞，說看到鳳凰從明堂飛入上陽宮，還集在左肅政台的桐樹之上，很久才向東南飛去。上陽宮是唐高宗李治在東都苑東部修建的一座宮殿，地處宮城的西南角，南臨谷水，是唐代洛陽宮殿建築中最壯麗的建築。宮的正門叫提象門，正殿叫觀風殿，門都向東開，和皇城緊緊地連在一起。上陽宮西隔谷水又有西上陽宮，虹梁跨谷，往來方便。

高宗末年常在上陽宮聽政，武則天主持朝政後也住在上陽宮。上陽宮是東都的主要宮殿，是武則天權力的象徵。群臣說鳳凰自明堂飛入上陽宮，是天意暗示武則天盡早稱帝，一統天下。

武則天此時多麼興奮，佛言天意已備，臣心民意篤誠，萬事俱備，時機已到，登基的時刻就要來臨了。她順乎了民意，接受了文武百官的請求，載初元年，九月九日，武則天在明堂舉行了登基大典。

這日五更，待漏院門啟，百官相繼進院，各據班品站好，等待禁門開後入朝。不多時，皇城南街靜街，禁人來往。禁門開後，文武官員序班，依次進宮。此時，明堂已列仗衛，武則天在羽扇的屏障下升御座。坐定之後，宮娥羽扇撤離至兩廂。只見武則天頭戴朱紅花冠，身穿黃色龍紋袞袍，佩十三環金玉革帶，神采奕奕，端坐在御座之上。御座前面，文武百官皆按品級與各國和四夷使節排列兩廂。

明堂前是金甲武士、鼓吹、歌舞伎、服色繽紛，絢麗奪目。三聲號炮響過，十二面金鼓齊鳴，大典宣告開始。首先，納言宣讀新皇帝即位詔書，宣佈改唐為周，改元為「天授」。接著，獻上皇帝寶璽。典儀高呼「拜賀」，贊者應和承傳，來使、百官依次向武則天拜賀。

先是各國、諸夷來使。他們有的袍靴冠帶，一如漢裝；有的以匹帛纏頭，散披其服；有的金花氈笠，金絲窄袍。有的立左足，跪右足，以兩手著右肩而拜，有的低首合掌，拜如僧人。然後是文武百官，他們接續地向武則天行大禮，三呼萬歲，共祝周祚萬年，景福長存。典禮一畢，便大開御宴，與群臣和外國使臣共飲。眾多的宮女飾以珠翠，衣以錦繡，來往於宴前，為來賓、官員斟酒，來賓、官員又向女皇敬酒，觥籌交錯，笑語聲喧，萬歲之聲，不絕於耳。

首先，立武氏七廟於東都，東都改名為神都。

其次，追贈文太尉太原武士彠為孝明皇帝，五代祖以下皆封王。

然後，大封武氏子孫。

武承嗣為魏王，武三思為梁王。納言武攸寧為建昌王，太子通事舍人攸歸為九江王，司禮卿重規為高平王，左衛京府中郎將載德為穎川王，右衛將軍攸暨為千乘王，司農卿懿宗為河內王，左千牛中郎將嗣宗為臨川王，右衛勳二府中郎將攸宜為建安王，尚乘直長攸望為會稽王，太子通事舍人攸緒為安平王，攸止為恒安王，武承嗣子延基為南陽王，延秀為淮陽王，武三思子崇訓為高陽王，崇烈為新安王，武承業子延暉為嗣陳王，延祚為咸安王。

已死的，就是被武則天殺了的武元慶封為梁憲王，武元爽封為魏德王。改她的家鄉並州文水縣為武興縣，為武氏隆興之意，百姓世世免役。

六十七歲的武則天此時處於興奮之中，她感到自己像是年輕了許多。她本來是很少飲酒和觀看歌舞的，現在則經常陶醉在歌舞美酒之中。她能不激動嗎？

從二十九歲由感業寺第二次進宮以後，近四十年來，她沒有支援，沒有照應，獨自一人在險惡的環境中苦鬥，飲嘗艱難，歷盡辛勞。為了實現她的政治抱負，她運籌帷幄，通盤謀化，不知闖過了多少風險，戰勝了多少勁敵，絕不亞於戰場上刀劍的拚搏，血的廝殺。時至今日，她勝利了，她不再是一個沒有正名的李家的皇帝，而是名正言順的武氏女皇，是自古以來中國唯一的女皇。她在男尊女卑的社會裡，作為一個女人登上了皇帝的寶座，僅此一點，就足可使她無比自豪了。

然而儘管如此，武則天並未因此而得意忘形，她知道，還有更遙遠的路等著她去走，更艱巨的使命在等著她去完成。她不僅要當女皇，而且要做明君，做一個像堯舜那樣的明君，唐太宗那樣的明君，把先皇開創的「貞觀盛世」延續下去，發揚光大！

何等雄心！何等氣魄！這種想法出自男尊女卑社會中的一個女人的頭腦中，僅此一點，足以讓天下男兒汗顏。

破格用人，敢為天下先

武則天是一位什麼樣的人？她是中國歷史上唯一的一位真正的女皇。她死後在乾陵立了一塊中國唯一的無字大碑。她又是中國歷史上唯一的能與皇帝合葬的女人。

她所佔的「唯一」實在太多，在無數傑出的古代女性當中，在數不清的爭權稱制的帝妃皇后當中，能佔得到一個「唯一」的，就已很了不起，而武則天卻在許多方面都「創下了歷史記錄」。如果把中國的歷史比作一場群雄逐鹿的運動會的話，那麼，武則天不僅囊括了女子項目的絕大多數金牌，連男子項目的一些獎牌，她也當仁不讓地摘走了！

確實，武則天的出現「留給史書一頁新」，儘管「後人紛紛論古今」，她的歷史意義卻是誰也抹煞不了的。

她在選官用人上更是別具一格，自有一套，敢為天下先。她本身是個女性，那麼，朝臣同樣也可以有女性，她為打破這一傳統首開先例。

由此可見，武則天開明的政治思想，用官不避男女，敢於向封建傳統挑戰，向世人證明：不管男女，只要有能力同樣可列朝為官。上官婉兒就是一例。

麟德元年，上官儀得罪了武則天後，被貶他鄉，死於途中，上官儀整個家族也沒能逃出此禍害，上官門庭所有的男丁都被處斬，只留下一個年僅一歲躺在襁褓中的女嬰，武則天內心也知道上官儀是冤枉的，他只是一個替死鬼，他替懦弱懼內的高宗背了一個永劫不復的黑鍋。因此她網開一面留下這個女嬰與其母親，使她們母女能夠相依為命。並將她們安頓在掖庭宮。就這樣她們過著官非官，奴非奴的生活。

剛到掖庭宮的時候，過去西台侍郎同東西台三品宰相，上官儀家的年輕媳婦，過慣了優裕的生活，實在受不了那種悲苦的生活。她對宮婢奴隸般的身分，極端地厭惡和反感，但她除了抱著懷中的嬰兒暗自飲泣外，又有什麼辦法呢？

但鄭氏並沒有因為上官家唯一的孩子不是男兒而悲哀。如果是男孩子，一定流放到嶺南，孩子那麼小，出發不了幾天一定會死在路上。即使僥倖能長大成人，保住了一命，這輩子也絕不可能有再見面的機會。正因為是女兒，才能夠留在身邊，一起生活，鄭氏恢復平靜後，反而感謝上蒼這一番安排。婉兒能順利成長，是她唯一的精神寄託，她也靠著這點希望，熬過漫長的歲月。

大人們可分地位高低，彼此勾心鬥角，互相競爭，但對於活潑可愛、天真無邪的孩子，不少人都會產生一種特殊的感情。被強迫無法生育的女人們，無法滿足女性的需求，以及生理上無法成為父親的宦官們，對「父」的憧憬，在這些特殊的感情交織下，婉兒成為他們心目中的偶像，或者該說是憐惜的對象吧！

雖然身上蓋著「宮婢」的烙印，婉兒在多數人的呵護下，順利地成長。她從小記性就很好，由母親鄭氏親自作為她的啟蒙老師。鄭氏是後來成為太常少卿的鄭休遠的姊姊，學識和教養都很不錯。

一段時間後，鄭氏所學已不敷應用。獲得特別的許可後，婉兒和宮人們同去習藝館，婉兒開始跟宮教博士正式學習。婉兒立刻嶄露頭角，成為久未得到教學樂趣的博士們得意的學生。

不論經書、史書，甚至於書法、算術、吟詩，以及宮廷的禮節、棋弈均有優秀的成績，尤其做詩方面更有非凡的才能。

據說，有一次武則天早朝散後，去花園散步。突然聽到近處有朗誦詩的聲音。武則天駐足細聽。「孟冬寒令至，北風何慘慄。愁多知夜長，仰觀眾星列。三五明月滿，四五蟾兔缺。客從遠方來，遺我一書箚。上言長相思……」聲音清脆悅耳，卻突然斷了。武則天順著聲音的方向走過去，繞過一小片竹林，發現竹林叢中有一個女人。

為什麼籠統說是個女人？因為武則天無法斷定她的年齡，說她是少女吧，個子很高，比幾個宮女還略高一點兒。說她是個婦人吧，不是，尚未開臉，說她是個大姑娘吧，她那臉還有些少女的天真。然而，這個女子衣著簡潔而樸素，胸前掛著領巾。頭髮的樣式和宮人的高髻不同，梳成雙鬟，這是宮婢的髮型。可能她平常穿的是衣裝，像年輕的羚羊似的，敏捷地到處走動。但是，她本身散發出來非凡的氣質，卻逃不過武則天的慧眼，這個女子認出武則天來了，因為她聽母親鄭氏多次描述過武則天的形象與威容。

她到了武則天面前，立即跪倒，叩頭在地，口中道：「上官婉兒拜見陛下，願陛下萬歲，萬歲，萬萬歲！」

上官婉兒？上官婉兒？好像聽說過這個名字，又好像不知道。

武則天道：「平身！」上官婉兒站起來，低著頭，站在武則天面前。

「抬起頭來，朕看看你。」上官婉兒聽到皇上的命令，慢慢抬起頭。武則天仔細看著。是個美人。面似桃花，白中帶粉紅。眼似秋水，眉黛春山。柳腰櫻唇。

「你多大了？」

「回皇上，罪女二十一歲。」

「罪女？你是哪個宮的？」

「回皇上，罪女在掖庭宮。」

「上官婉兒……掖庭宮……」武則天自語道，突然，心中一動，她想起來了，便問：「上官儀是你什麼人？」

「罪女之祖父。」

武則天想起來了。因為廢后詔書的事，殺了上官儀。她知道上官儀是替罪的，所以網開一面，赦了上官儀的孫女，因為其孫女尚在襁褓之中，故也赦了上官儀的兒媳。

「你方才讀的是古詩十九首嗎？」

「是的。」

「是讀還是背誦？」

「是背誦。」

武則天有些喜歡上官婉兒。長相喜人，莊重，懂禮儀。所以她才想再問一些什麼。

「你讀過多少古詩？」

「回皇上，罪女無事時，喜讀書，古詩讀了不少，《詩經》、古詩十九首、三曹父子的詩、七賢、七子的詩……」

「婉兒，你聽著，我讀一句，你要接下去。」武則天道。她也讀了許多詩，不過，自從當了皇后，很少摸書本了。她的精力全放到政治上了。但是，她的記憶很好，如今還記得許多詩，不過記不全了。她想考考上官儀的孫女。所以她左右看了看，不遠處有凳、有石，均可坐。武則天坐在一木凳上，婉兒便坐在她對面的一處樹丫子上，風吹起婉兒的衣衫，飄飄蕩蕩，武則天更是英姿颯爽，遠遠望上去如同兩個忘年的知己在聊聊敘敘。

武則天道：「聽清了，我要念了。『采采卷耳』……」

「不盈頃筐。」上官婉兒立即接上一句，一點兒未停。

「漢之廣矣。」「不可泳思。」

「母氏聖善。」「我無令人。」

「《詩三百》，你全讀過嗎？」武則天問道。

「回皇上，全讀過。」

「能背誦嗎？」「勉強可以。」

「婉兒，聽著，我又要念了。『人生寄一世。』」「奄忽如飆塵。」

「不惜歌者苦，」「但傷知音稀。」

「邪經敗良田，」「讒口亂善人。」

「行役在戰場，」「相見未有期。」

「攜手何梁上，」「遊子幕何之？」

「婉兒！你讀了不少書吧？」

「罪臣女從八歲開始讀書，一直未間斷。」

「很好，」上官婉兒莫名其妙的站在那兒，也不知道武皇葫蘆裡賣的是什麼藥。

第二天，聖旨傳到，婉兒蒙武則天召見。因為要覲見皇上，母親為她準備了宮人的衣服，換上乾淨而樸素的上衣和裙子，與宮裡的皇親貴族們一比，顯得那樣落落大方，清純脫俗，而又與眾不同。

婉兒生平第一次跨進正殿的門檻，第一次以如此正式的方式朝見武則天，凜於她的威嚴，和仙女下凡似的面貌，即使堂堂正正的壯年男子，也難免有幾分畏懼。可是這位小姑娘一點都不害怕，舉止完全合於禮法。

從懂事起，即長於「宮婢」的環境中，居然有如此的膽識，以及端正、優雅的舉止，實在出人意料！在測驗她的學識程度時，提出相當困難的問題，她也能以朗朗的聲音，毫不遲疑地回答，再讓她執筆寫字，強勁、雄渾的筆法，不像出自少女之手。「此女絕非凡骨」。

武則天非常欣賞上官婉兒，她像嫩竹一般直爽，而且柔軟之中又蘊藏著不凡的膽識。

平常聽到的，都是一些頭腦簡單、反應遲鈍、沒有感性的人，高談闊論，專說些老掉牙的言論。武則天每次聽到這些，心裡忍不住厭煩。還有那些侍女們，多半其蠢如豬。武則天生活在這般人當中，實在覺得又煩、又無趣。

看到這個女孩兒比想像中還聰明伶俐，武則天掩不住內心的興奮。

看到這個少女，武則天感到一種過去在太平公主身上感受不到的東西，使她想起自己初入宮時的情景。如果把這名少女留在身邊，悉心指導，培養成有用的秘書人才，日常庶務一定能處理得更迅速、妥善。另外，武則天也想盡量讓她學習、充實，綻放她應有的光芒。

武則天立刻命婉兒離開掖庭宮，常侍她。並吩咐身邊的女宮長福說：「長福，你去告訴副總管，在朕寢殿附近，給婉兒收拾一個屋子，設備要好一些。給婉兒預備三品明色，今天就辦好！」宮女長福答應著走了。

第二天，武則天即領著文武百官祀南郭。從此，上官婉兒正式成為武則天的貼身秘書，服侍在武則天左右，直到她病老終死。

武則天打破封建傳統，破格用人，使當時婦女地位得以極大的提高。在提高封建婦女的地位這一政策上，早在顯慶五年「雙聖」理政期間，武則天就採取過一些措施，並為提高婦女地位打下了基礎。

當時，武皇后陪同唐高宗，從東都洛陽出發，曾北上並州。雖然這時是春寒凜冽，但是盛大的儀仗隊，華麗的車駕，沿途八百里迎送群眾熱烈的氣氛，早已將那寒意掃蕩淨盡了。這時，武皇后心情十分激動，愈近並州，愈無法平靜。這是自己的故鄉呵！

淒涼的往事一幕幕地重新在腦海中展現，為父親安葬的場面，守喪的年月……。現在，她在心底裡呼喊：「我回來了，榮耀地回來了，比當初夢想的還要榮耀得多地回來了！」

並州的父老兄弟都匍匐在地，拜迎皇帝和皇后駕臨。武皇后的自尊心得到極大的滿足。她想：當年她在並州是無人理睬的孤女，可是如今卻成了萬人瞻仰的統治者。權力和地位是多麼神奇，它竟能改變世界，創造至尊！

這時，武皇后精力充沛，意氣風發。可是高宗卻感到精力支持不住，經常頭痛目眩，所以很少露面接見群眾。按照舊例，天子行幸所到的地方，都設有朝堂，皇帝每天在朝堂接見群臣，皇后則居住在內殿。如今高宗患病，一切事權都只好由武皇后出面代皇帝行使。她既要在朝堂上代皇帝接受朝賀，舉行宴會，又要在內殿作為皇后接受婦人的祝拜。當時，武皇后就以高宗的名義下詔說：並州八十歲以上的婦女，都授給郡君的榮銜。這是武皇后為了提高婦女地位做出的一項措施，也是她給故鄉人民的一種榮典。

從並州回到洛陽後，高宗的病日益嚴重，經常不能處理政事，於是百官的奏事只得交給武皇后直接裁決。武皇后對唐太宗貞觀年間的政事進行過精心研究和總結，所以她處理政務很有經驗。加上她生性聰明，辦事果斷，把許多複雜的事情處理得井井有條。高宗自愧不如，所以即使健康狀況好轉，也乾脆把政事交給武皇后去辦，自己卻去安心靜養，或者到後宮各嬪妃那裡去尋歡作樂。

唐朝時北方的社會風氣，因為受鮮卑族的影響，婦女的社會地位比較高。在家庭裡，往往是婦女主持一切大事。家庭裡如果要打官司訴訟案件，請人幫忙，或者到官府去為兒子求官，請客送禮，都是婦女穿著精美的衣服，佩戴貴重的首飾，坐著車子親自處理。在文化、思想處處都受到各種限制的古代，社會風氣竟已開放至此。由此可見，帝王和臣民們意識的先進程度較之今天，一點也不遜色。

而男子卻只有老奴、瘦馬可供使用。當時的北方人，禮法束縛比較鬆，婦女有充分發揮才能的機會。因此，當時武皇后代替高宗處理朝政，不但武皇后覺得很自然，高宗也覺得沒有什麼不對，而且社會輿論也毫不介意。

武則天以嶄新的姿態出現在皇帝寶座上，給門閥士族勢力以毀滅性的一擊，也給黑沉沉的男人世界以沉重的一擊，使中國的男人們終於被迫正眼看看女人，也重重地當眾打了中國宗法觀念一記耳光，讓中國男人從此不敢忘記中國女人的威力。

明堂立誓，李武聯姻

在現代來看，婚姻是你情我願兩性的結合，它本來是不具有政治目的的，只是讓兩個家庭結成眷屬，讓兩個人結合為一個人……等等，但是在階級社會，特別是封建統治的社會，在統治階級的上層裡，婚姻關係卻常常帶有明顯的政治色彩。

自西漢以來與少數民族政權之間的所謂「和親」，絕大多數是某種政治原因的需要。即透過婚姻關係融洽民族關係，溝通情感，達到緩和政治衝突的目的。而且，這種方法在常常能收到良好的效果，最為著名的是文成公主與松贊干布的婚姻，使大唐安寧了許多年，不受吐蕃的干擾。唐初，高祖給武士彠做媒，將楊氏嫁給武士彠也是這個原因。對此，武則天當然非常熟悉。

當武家與李家的衝突愈積愈深，特別在武則天立太子之事，李家太子與武氏姪子的衝突更加激化了。

開始時，武則天為了緩和衝突，她打算透過家宴的形式，來解決兩家的不合。日子定下了。武則天發出制書：李氏子孫凡十六歲以上諸王，皆赴宴，武氏子孫已封王、郡王者皆赴宴。到了既定日期，李家的人來了，武家的人到了，相比之下，武家的人可比李家的人多。眾人到齊後，武則天即駕臨宴會廳。

武則天先來段開場白，道：「朕今天舉行一次大型家宴。這樣的家宴自朕登位以來，還是第一次。你們可能在想，朕為什麼要舉行這樣一個宴會？朕當告訴你們。」武則天說到此，掃視了大家一眼，她看大家看著她，全是疑問的目光。便道：「歷朝各代，為了爭奪皇位，子弒父，弟弒兄，甚至有王莽篡奪政權等事，此皆不和之故。朕已知，你們在座的李氏諸王與武氏諸王，多有不和。」武則天又停下來，掃視眾人。眾人全低下頭。道：「你們這樣做太不應該，朕為此痛心。你們雙方，一方為朕之子孫，一方為朕之娘家姪及孫，怎麼能不一心為朕呢？為什麼勾心鬥角？為什麼互相仇視？你們是敵人嗎？」武則天又停了一會兒，接道：「不！你們是親人，是至近的親人，因為全是朕的親人。如果你們雙方因不和而互鬥，無論傷了任何一方，傷了哪一個人，全如同傷了朕的肌膚，傷了朕的心。你們想一想，應該如何做？今天，我要在開宴前，你們各說一下心思，究竟是怎麼想的？以後，當怎樣做？朕就說至此，下面由你們自己發表想法。」

梁王武三思首先站起，道：「皇上好意，臣等明白。想我李武二家至親至近，皇上是臣親姑母，又是相王之母，全天下，沒有比我們兩家再親的了。請皇上放心，臣三思代表武家所有的人，向皇上保證，絕不與李家各位表兄、表弟、各位表姪有不利之行動。」

相王李旦聽了武三思的話，當即起立，道：「皇上好意，兒臣明白，今見梁王武三思之言，令小王感動，兒臣李旦，在此代表李家子姪，向皇上保證，李家絕不會做出對武家諸位表兄、表弟及表姪們不利的行為。兒臣此言，對天可表。」

武則天見兩人說得言真意切，當下即道：「甚妙，你們能心胸坦蕩，以誠相待，朕就放心了，為了紀念這難忘的一天，可寫下誓言，各人簽名認可。」

眾人齊起立，高呼：「願在皇上面前立誓。」

然後大家在廟堂上共同祭告天地，焚香頂禮，一起宣誓。那誓詞是武則天親自為他們擬定的，內容是關於彼此相扶、共保帝業之類。宣誓儀式非常鄭重，廟堂內香煙繚繞，司儀高聲領頌，等候他們的還有宮娥、內侍，禁軍兵士在廟堂門口把守。

最後，武則天還是接受了大臣們提出的有關母子紐帶及有朝一日需後嗣的祭祀等方面的問題，拒絕了武承嗣的請求，並將他一切政治權力都剝奪了。李、武爭奪皇嗣鬥爭暫告結束。這一結局，與其說是武則天的英明果決，毋寧說是朝廷大臣們的勝利。而聰明的武則天也已看出：繼位問題是平衡分裂大臣中不同利益集團的很有價值、很有效率的手段，因此她寧肯使此事懸而不決，後來在狄仁傑、張柬之等忠臣的強烈要求之下，迫於無奈武則天接回了被流放十四年的李顯，李顯帶著一家十二口人回到洛陽宮。當武承嗣知道廬陵王回宮的消息之後，原來想當太子的希望完全滅絕，從此悶悶不樂。原來就有病的身子，一天比一天衰弱，終於一病不起。這時距離廬陵王回宮，只有四個月的時間。

對武三思而言，廬陵王回宮也是一大打擊。他比武承嗣有膽識，也聰明一些，心中雖有動搖，卻沒有表現出來。是年八月，原來是春官尚書的武三思，升任檢校內史（中書令），很可能是則天皇帝為了安慰他失望情緒所作的措施。

當李顯帶著自己的妻兒從遙遠的房州回來後，則天皇帝在後宮召見顯的子女，除了見過小時候的重潤之外，其他都是第一次見到，十二名少男少女，緊張兮兮地跪在皇帝面前。

從血統上而言，則天皇帝是他們的親祖母，可是在他們眼中，她是個龐大、可怕、遠在天邊的人物。這雖然由於父親顯被幽禁的原因，但就算不是這個原因，或對象不是則天皇帝，當時的天子和他的子孫間，仍有一種無法超越的隔閡。聽到「起來」的命令後，他們按照禮法，緊張地半低著頭，站在原地不敢動。則天皇帝默默地，一一看著這十二人，一會兒揮揮手，表示他們可以退下了。十二個人又恭恭敬敬地行禮，由重潤代表答謝皇上的召見後退出。

在他們之中，則天皇帝只有對自我介紹時自稱裹兒的少女感興趣。她和其他的兄弟姊妹不同，見到皇帝也不緊張，是個漂亮又聰明伶俐的少女。則天皇帝在他們退出時，只留下裹兒一個人，試著問她幾個問題。

「你的名字叫裹兒，這是非常少有的名字，有什麼原因嗎？」

「有。」裹兒以清亮的聲音回答後，便一五一十的，把父母告訴她的，有關自己名字的由來，簡潔且滑稽，毫不畏縮地說出來：由於中宗被廢為廬陵王後，攜永泰、永樂、長寧公主遷到房州，在赴房州途中，韋氏分娩，中宗脫衣做襁褓，於是起名裹兒。甚至不管在不在皇帝跟前，輕輕地露出笑聲，以可愛的眼神望著皇帝。

「原來如此，看來你們的生活相當不自由。對於朕流放你父親的事，你有什麼看法？」

則天皇帝想試一試這個小女孩的膽識，遂單刀直入地問。裹兒瞪著圓圓的大眼睛，看一看皇帝，又瞇著眼睛，臉上保持笑容，以開朗的聲音回答道：「不論現在或過去，陛下所做的事不可能有錯誤，所以父親過去一定犯了什麼錯？可是陛下，父親已經很後悔了，今後還請陛下多多寬容！」

則天皇帝不由得破顏一笑。這個小女孩毫不畏縮地，把心裡想說的話說出來，而且還了解如何不使對方生氣或不愉快。

則天皇帝突然想起，自己十四歲，和裹兒一般大時進宮的情景，同時也想到十四、五歲時的太平公主和上官婉兒。她們兩個人都是有膽識、活潑有才華、個性又好強的美麗少女。則天皇帝大概特別喜歡這一類的少女。

第一次見面，裹兒就討則天皇帝的歡喜。往後她常常承蒙皇上單獨召見，有時候還陪皇帝吃飯。

武則天突發奇想：何不將裹兒嫁到武家，憑裹兒自身的聰明與才情必能溝通兩家的感情、緩和李武兩家的衝突。武則天當然沒想到的是這個安樂公主像是韋氏一個人的似的，全心在母后韋氏身上，哪會為李家著想，並且加上她的確有些像祖母，年紀輕輕便想做皇太子的野心，最後導致母女連心，連心殺了父皇李顯、並且使韋武兩家形成韋武集團謀權奪位。此事，當然不在話下，不作詳敘。

李顯被立為太子後，其子女統統為王子公主，裹兒封為「安樂公主」。武則天出面賜媒，將安樂公主嫁於姪兒武三思之子武延秀。安樂公主的婚禮，十分隆重，不亞於皇太子成親。貴戚顯宦，無不前來賀喜，宰相李嶠、蘇味道，郎官沈佺期、宋之問等學士，以詩文稱頌祝賀。上官婉兒也作詩賀喜。

安樂公主與武延秀的確是相敬如賓，相親相愛的，直到後來武三思謀反叛亂，武延秀也參與其中，武三思被太平公主捉來，要拿下武延秀時，安樂公主極力相救，卻仍保不住丈夫，她非常痛心悲憤。

那日，太平公主帶兵來到安樂府。衝開韋家侍衛，逕直走到安樂公主面前。太平公主厲聲質問：「妳把武延秀藏在哪裡了？」安樂下跪，淚水縱橫，「我求公主饒他一命，看在他是我丈夫的份上。」

「我憑哪點饒他？就憑他是你的丈夫？他是叛臣你知道嗎？」

安樂公主說：「知道。」

太平公主對她曉之以理說：「君子犯法與庶民同罪，他公然謀反，何理之有？我必須把他帶走！」安樂公主開始耍無賴，抱著太平公主的雙腿，高呼：「你如果真要把他帶走，那你把我也給帶走吧。」這時，有人來報：「韋皇后到。」

韋氏進來，大家都等韋氏的反應。韋氏很有心計地說：「把他帶走吧。」安樂公主一下就急了，有些瘋狂，「母后您為什麼也這麼說！」

韋氏無奈地說：「因為他聚眾謀反。」武延秀就這樣被帶走了。安樂公主徹底撕破臉面，說：「妳把自己的丈夫，所有的男人都給殺了，現在，又來殺我的男人！妳這個女人，心如蛇蠍，妳比武則天還要狠！你記住，妳欠我一個丈夫！」

不僅如此，武則天還親自出面，促使李氏與武氏通婚。除先前以武攸暨尚太平公主以外，又以皇太子之女新都郡主嫁武承業之子陳王武延暉，永泰郡主嫁武承嗣之子南陽王武延基，這種姑表婚姻，對調節緩和李武兩家家庭上的一些大大小小的衝突的確產生了一定的作用，然而也由此結合、繁衍出一個李武婚姻政治集團。

但是武則天這一切做法都是合乎情理的，雖然明堂立誓、敬告天地、以鐵券誓文保證以後不再相互殘殺，然而在武則天千秋之後，依然成了一頁廢紙，但是武則天她已經盡心盡力了，除了這麼做還能怎樣。

武李聯姻勸義教子，以求身後朝廷的安寧，也可謂武則天是善始善終之舉了。教子與戰爭一樣向來是政治的延續。勸義教子，為歷代封建統治家統馭大法。一一被傳為美談，奉勸子孫建信立義不論於自於人都是善舉。

武則天晚年，李武聯姻，勸義立誓，以求身後朝廷的安寧，也可謂她的善始善終之舉了。

當退則退，民意難違

一代女皇武則天雖然建立了赫赫功業，但也不可避免地遇到一個難以解決的問題。那就是選定繼承人的問題，這件事讓她費了好多頭腦，也沒得出個結論。

她的最初想法是傳位給武氏。因為大周政權姓武，她本人姓武，宗廟裡供奉的是武氏先祖，最尊貴的姓氏也命定為武氏，天下是她武家的，武家的天下不能容許外姓人掌管和接替。

遺憾的是，她的兒子都是李家的人，她只有姓武的姪子。顯而易見，接續武家的帝業只能指望她的姪子。她將姪子提拔為宰相，交給他們朝廷大權，給予他們特殊的恩寵，一步步地培植他們，為他們奠定繼承帝位的基礎。

在所有的姪子中，最有希望的要算是武承嗣了。武則天臨朝聽政後，把他提拔為宰相，封他為魏王。武承嗣領悟到姑母的用心，忠誠地執行她姑母的政令，維護他姑母的權力。他和武則天的專制工具來俊臣等酷吏一道，大殺李氏宗室，打擊武則天的政敵，親手將澤王上金、許王素節，和在平定徐敬業之亂中建立戰功的李孝逸置於死地，為武周政權立下了汗馬功勞。他還別出心裁地假造洛水瑞石，討武則天歡心，力助她改唐為周，君臨天下。他這樣做與其說是效忠他姑母，莫如說是為了他自己。因為姑母做了皇帝，他自己也會沾光，姑母登基之時也意味著他向皇權走近了一步。武承嗣有些自以為是，沾沾自喜，認為自己理所當然是武氏天下的繼承人，嗣位非他莫屬。所以，他對太子李旦是不能容忍的。要想奪得李旦的儲位，排除自己繼承帝位的障礙，他煞費苦心地導演了一幕「勸立」的鬧劇。

天授二年（六九一年）九月，洛陽人王慶之帶領數百名請願者鬧哄哄地來到洛陽宮前，請求立武承嗣為太子。

武則天以為現在立武承嗣還不是時候，弄得不好，會引起朝野的共憤，那樣會斷送她的事業。於是沉著臉對王慶之說：「這是朕自家的事，無須勞你多管，你回去吧！」

王慶之被潑了一盆冷水，心裡涼了半截。但他仍不肯就走，伏地叩頭不止，流著淚說：「小人是一片忠心為了大周事業，陛下可以將我轟走，可是難道不為子孫後代想想嗎？」

武則天的態度有些緩和，令人送他一張有武則天簽名蓋章的印條，說：「你的心意我知道，你可暫回，以後再來見我，到時將此印條向守門人出示即可。」

此後，王慶之多次求見，反覆表達自己的想法，武則天因一直拿不定主意，都一一拒絕了。後來，竟對王慶之沒完沒了的糾纏有些厭煩，交由鳳閣侍郎李昭德將他杖責一頓。李昭德對王慶之的行為非常鄙視，將他拉到洛陽宮城光政門外，對朝臣說：「這個逆賊，妄圖廢掉我皇嗣，立武承嗣為太子，諸位看他何其可惡！」

大臣們異口同聲地說：「此賊絕不可留！」李昭德一聲令下，兩兵士將王慶之按倒在地，一陣拳打腳踢。王慶之口鼻流血，連聲討饒，李昭德毫不動容。相臣齊呼：「侍郎不可手軟！」李昭德又命兵士用棍，七、八條大棍雨點般地砸下，不大工夫，王慶之便斷了氣。眾朝臣拍手稱快，都誇李昭德做了件大好事。王慶之死後，那些請願者也如獸散，「勸立」鬧劇就此收場。武則天費盡心機企圖穩妥地解決繼承人問題終究沒能解決。

長壽元年，李昭德與眾臣暗自商量後，眾人先派李昭德出面上奏武則天，諫請對武承嗣過大的權力給予限制。武則天有些不忍，說：「承嗣是朕的姪子，我信任他不是理所應當的嗎？」

李昭德道：「陛下還記得隋煬帝楊廣殺父奪位的往事吧，姑姪再親也超不過父子，兒子為了篡政尚能殺害他的父親，何況姪子呢？現在，陛下的姪子承嗣又是親王，又是宰相，權力和陛下差不多，臣實在擔心陛下的天位能否久安！」

武則天沉默了。是啊，武承嗣雖然親如己生，也頗忠篤順旨，但他心裡究竟想的什麼，誰也無法知道。皇權是武則天數十年艱難奮鬥的結果，絕不能因一時疏忽而喪失。昭德說得對，姑姪之間即便再親密，也難以擺脫政治利害的制約，權力之爭可使君不君、臣不臣、父不父、子不子，可以引誘人將一切置於腦後，為了奪得大權，不惜喪盡天良。武則天是在激烈的政治角逐中走過來的，她深諳此事，深知此理。李昭德的話使她恍然大悟，說：「朕還不曾想到這些，多虧你的提醒。」

武則天排斥了武承嗣後，又覺得另外一個姪子梁王武三思也是一個很好的繼位人選。從中可見武則天的私心很重，她想將自己四十多年打下的江山歸於武家的人繼位，往後是武氏天下，而非李氏天下。

這個武三思是武承嗣的堂弟，為人機警奸詐，喜好阿諛奉承，並且野心勃勃，為了得到寶座什麼事都做得出來。原先為武則天易寵薛懷義牽馬。武則天死後又和韋氏勾搭成奸，姦夫淫婦想雙雙奪取皇位。

武三思因是則天一族，年少時累轉右衛將軍，則天臨朝拜夏官尚書。革唐命後，封梁後，賜實封一千戶，歷任天官尚書、春官上書、檢校內史等職。在武則天的寵信下，武三思參與軍國政事，權威日盛，極盡奢華。他的二子崇訓封高陽郡王，娶安樂公主，成親時三思為他舉行了盛大的儀式，還讓宰相李嶠、蘇味道和詩人沈佺期、宋之問等人作《花燭行》以讚美。當時人對三思父子極為不滿，認為他們暗懷篡政之志，把他們比作曹操、司馬昭。

雍州人韋月將、高軫曾上書向武則天奏報：「三思父子必為逆亂。」三思得知，串通有司，將韋月將殺死，將高軫流放嶺南。黃門侍郎宋璟說了兩句公道話，也被逐出宮廷，當了外官。三思對那些剛正之臣心懷猜忌，對一些不逞之徒卻百般拉攏。他曾說：「我不知什麼樣算是好人，只有和我好的人才是好人。」他和親信兵部尚書宗楚客、將作大匠宗晉卿等人互相勾結，干黷時政，還以侍御史周利用、冉祖雍、太僕丞李俊、光祿丞宋之遜、監察御史姚紹之等五人為耳目，陷害忠良，幹盡壞事，當時人稱他們作「三思五狗」。

這次，武三思和武承嗣一樣，也千方百計地想當太子。他多次指使人對武則天說，自古以來天子沒有以異姓人為子嗣的，陛下姓武，理應立武氏為太子。武則天默許，擬定武三思為儲。

他自身也在背後暗自努力起來。他想競爭對手都死了，皇位不就擺著是他的嗎？於是便想先將李家子孫一個個除掉再說。接著便暗中召集他那些江湖流浪的趨炎附勢的狐朋狗友，商議此事。（當然，他自幼在家，沒被武則天召進朝廷之前也是這樣的社會殘渣）。

武三思道：「大家核計一下，先殺哪個龜孫子。」

「先擇軟的拿。」武重規道。「先從李家不重要的人下手，殺一個少一個。」

「對！」武三思拍了下桌案道：「既容易得手又不被人注意。也不會懷疑到我們頭上來。」眾人一致贊成。

又研究誰最軟，有人提出守禮，有人提出李範，最後一致認為還是李光順。理由是李光順乃李賢之子，李賢一向不被皇上喜歡。皇上又最不喜歡李光順，殺了他，皇上也許不會追究。武三思很高興。他道：「有六位高手去，本王放心了。切記，不要戀棧，只要能殺了李光順就成，要快速回來，但是，也不要讓安樂郡王府發現是我處派的人。」

「王爺放心。一切會乾淨利索的。」孔太石拍著胸脯道。

李光順就這樣被他們殺了。

再說武則天聽了長史的報告，有些驚詫，她並不是憐惜李光順的生命，而是感到奇怪，她不喜歡李賢，所以才在李治死後，立即派丘神績去巴州殺了李賢，她對李賢的兒子也不喜歡，她曾聽過傳言，說李光順對她將武氏多人封王不滿，本想找個藉口殺了他。今天，有人代她下手，她感到省事了。所以她聽了長史的報告，雖感奇怪，並不哀傷，她道：「你回去吧，朕自會處理這件事的。」事情就這樣不了了之。

當武三思正打算著下一步該殺誰的時候，同時武則天那頭也克制不住，立太子之事是拖不下去了。

一日，武則天召集近臣，說：「朕年老了，但國家還沒有太子，朕想挑選一人，你們以為哪個當立？朕雖有個人選，尚難以定奪，還賴眾卿議定。」聰明的大臣們都順著武則天的心思講話，一致認為當立三思。只有宰相狄仁傑不發一言，默然不快。武則天感到詫異，說：「卿獨無言，想必另有見地吧？」

狄仁傑點點頭，道：「太宗文皇帝櫛風沐雨，親冒鋒鏑，歷盡艱難困苦才打下了天下，理應傳給子孫後代，而今陛下卻擬移贈他姓，臣以為實難合天意、順民心。臣觀過天象，並沒有易主的徵兆；也考察過民情，都思大唐的功德。」

武則天問：「卿怎麼知道？」

狄仁傑道：「不久前突厥進犯邊境，陛下派梁王三思召募兵士，一個多月才召募了幾百人，後來廬陵王繼續此事，不出兩旬，募兵已滿五萬。這件事不是十分明顯地表明了人心向背嗎？臣以為，陛下欲立太子，除了廬陵王別無他人。」

武則天沒有應聲。募兵一事她並非不知，事實也的確如此。狄仁傑舊事重提激起了武則天思緒的漣漪。只聽狄仁傑繼續說：「高宗天皇大帝將廬陵王和皇嗣託付給陛下，陛下不立二子，卻欲將儲位轉賜給他姓，臣以為頗為不妥。」

武則天有些不耐煩了，說：「這是朕的家事，你不要干預了。」

狄仁傑道：「天子以四海為家，四海之內的事便是陛下的家事。天子好比元首，臣子好比股肱，義同一體，況且臣既為宰相，對此國家大事怎能不管呢？」狄仁傑力勸武則天將廬陵王李顯召回洛陽。

武則天嘴裡這麼說，心裡又何曾不猶豫呢，她覺得自己或者真是老了，做事不如往日那樣雷厲風行了。對大臣們的話，都是那麼拿不起、放不下，如同高宗當年那樣，但是可以肯定的是愈到老了，愈離不開這幫耿直忠心，勤勉牢靠的大臣們。事實也是如此，從最初容忍狄仁傑開始。女皇已不再去窮究大臣們是忠於她還是忠於唐室的問題了。她再也不願做一個淫刑之主，同時她更尊重這些耿直忠心、勤勉牢靠的大臣們。她選擇臣下，唯才德是舉，不再唯對她的大周忠心是舉了。

還有人說天意早先已定：「唐三代亡，女王昌」，之後：「秘記所言！當武王天下三十年，否，歸還李氏江山……」還有則傳奇故事，說當年武三思得一美女叫倚娘，姿色傾城傾國，絕對是個絕代佳人。武三思得意之餘大設宴席，請朝廷諸公都來瞧瞧我武三思是怎樣個財色雙全之輩，今日又抱得個美人歸。朝廷的同事們都一一前來道喜祝賀。只有忠誠耿直的狄仁傑不到位，三思很不痛快，大言不慚地說：「狄公就如此清高，竟置我武三思於不顧，想要整治他還不容易嗎？哈哈……。」

有些忠臣將此事告訴了狄仁傑，又勸道說：「狄公想讓自己的仁義布遍天下百姓，為了社稷打算，你也該敷衍他一下，這種奸臣敗類是什麼事都做得出來的呀！」狄仁傑感到很對。

過了幾天，武三思又開宴席，眾人皆紛紛前來賀喜，狄仁傑提前來到武三思的宅第，假作歉意地說：「上次未能見到麗人，至今為憾。所以這次先來一步，望能有幸一見。」

武三思聽到恭維，心中甚喜。宮人說倚娘不見了，三思臉色大變，親自進房去找。他來到一間很少有人去的小閣前，聞到有異香味兒，到門口一聽，裡面傳來倚娘嬌細的聲音，只是辨不清面目，三思大驚，問：「妳怎麼到了這裡？」

倚娘回答：「我並非世間之人，是天上的花月之妖，天帝派我來到人間。天帝在眷念著李氏，天意不可違。願公勿存異志，如此方能永保富貴。如若不然，武氏將被誅滅無遺。狄公是本朝正直之人，妾不敢去見，安定李氏天下的，必定是此人！」三思聽罷，大驚失色，回來對狄仁傑說，倚娘有病在身，不能見客。

當然，這樣的事極不可信，但是天意與人意並非是毫無聯繫的，正如武則天當初所為一樣，但此處的天意必然是民意。當時，處處可見民心思唐的跡象。人們往往把一些不便直言的想法、願望罩上「天意」的光環，在這時候，神秘的上蒼往往就賦予人性，為人代言了。

後來，武三思實在擔心天意所向，人力難違，否則將大禍臨頭，便將此事一五一十告訴了姑母武則天。

武則天當然不信什麼天意，當初她用「天意、佛言」之言去迷惑民眾，今日她豈能被天意所嚇，但是她知道這些無意的背後仍是人意所為，或者真乃民意所向。她想，武家天下至此也。於是她說：既然天意已定，不可強求，於是便將廬陵王召回宮中。

武則天在這個轉位立太子之事中，也是相當明智之舉，當仁則仁，當退則退，「大丈夫相時而動」，既然民勢所趨，局勢已定，如此而行，才為上策，向來她都是很識時務的。

世界菁英

01	拿破崙全傳：世界在我的馬背上	艾米爾路德維希	定價：320元
02	曼德拉傳：風雨中的自由鬥士	謝東	定價：350元
03	朴槿惠傳：只要不絕望，就會有希望	吳碩	定價：350元
04	柴契爾夫人傳：英國政壇鐵娘子	穆青	定價：350元
05	梅克爾傳：德國第一位女總理	王強	定價：350元
06	普京傳：還你一個奇蹟般的俄羅斯	謝東	定價：420元
07	制霸：李嘉誠和他的年代	艾伯特	定價：320元

職場生活

01	公司就是我的家	王寶瑩	定價：240元
02	改變一生的156個小習慣	憨氏	定價：230元
03	職場新人教戰手冊	魏一龍	定價：240元
04	面試聖經	RockForward	定價：350元
05	世界頂級CEO的商道智慧	葉光森劉紅強	定價：280元
06	在公司這些事，沒有人會教你	魏成晉	定價：230元
07	上學時不知，畢業後要懂	賈宇	定價：260元
08	在公司這樣做討人喜歡	大川修一	定價：250元
09	一流人絕不做二流事	陳宏威	定價：260元
10	聰明女孩的職場聖經	李娜	定價：220元
11	像貓一樣生活，像狗一樣工作	任悅	定價：320元
12	小業務創大財富—直銷致富	鄭鴻	定價：240元
13	跑業務的第一本SalesKey	趙建國	定價：240元
14	直銷寓言--激勵自己再次奮發的寓言故事	鄭鴻	定價：240元
15	日本經營之神松下幸之助的經營智慧	大川修一	定價：220元
16	世界推銷大師實戰實錄	大川修一	定價：240元
17	上班那檔事--職場中的讀心術	劉鵬飛	定價：280元
18	一切成功始於銷售	鄭鴻	定價：240元
19	職來職往--如何找份好工作	耿文國	定價：250元
20	世界上最偉大的推銷員	曼尼斯	定價：240元
21	畢業5年決定你一生的成敗	賈司丁	定價：260元

22	我富有，因為我這麼做	張俊杰	定價：260元
23	搞定自己搞定別人	張家名	定價：260元
24	銷售攻心術	王擁軍	定價：220元
25	給大學生的10項建議：祖克柏創業心得分享	張樂	定價：300元
26	給菁英的24堂心理課	李娜	定價：280元
27	20幾歲定好位；30幾歲有地位	姜文波	定價：280元
28	不怕被拒絕：銷售新人成長雞湯	鄭鴻	定價：280元
29	我富有，因為我這麼做－II	張俊杰	定價：240元

身心靈成長

01	心靈導師帶來的36堂靈性覺醒課	姜波	定價：300元
02	內向革命-心靈導師A.H.阿瑪斯的心靈語錄	姜波	定價：280元
03	生死講座——與智者一起聊生死	姜波	定價：280元
04	圓滿人生不等待	姜波	定價：240元
05	看得開放得下——本煥長老最後的啟示	淨因	定價：300元
06	安頓身心--喚醒內心最美好的感覺	麥克羅	定價：280元
07	捨不得 捨得是一種用金錢買不到的獲得	檸檬公爵	定價：260元
08	放不開--你為什麼不想放過自己？	檸檬公爵	定價：260元

經典中的感悟

01	莊子的人生64個感悟	秦漢唐	定價：280元
02	孫子的人生64個感悟	秦漢唐	定價：280元
03	三國演義的人生64個感悟	秦漢唐	定價：280元
04	菜根譚的人生88個感悟	秦漢唐	定價：280元
05	心經的人生88個感悟	魯衛賓	定價：280元
06	論語的人生64個感悟	馮麗莎	定價：280元
07	老子的人生64個感悟	馮麗莎	定價：280元
08	易經的人生64個感悟	魯衛賓	定價：280元

國家圖書館出版品預行編目資料

聖神皇帝 武媚娘傳奇 / 秦漢唐 作

-- 一版. -- 臺北市 ：廣達文化，2015.04

面; 公分. -（人物中國:40）（文經閣）

ISBN 978-957-713-567-4 (平裝)

1.（唐）武則天 2.傳奇

624.13 104004201

書山有路勤為徑
學海無涯苦作舟

聖神皇帝武媚娘傳奇

作　者：秦漢唐
叢書別：人物中國：40
出版者：廣達文化事業有限公司

文經閣企畫出版
Quanta Association Cultural Enterprises Co. Ltd
編輯執行總監：秦漢唐

編輯所：臺北市信義區中坡南路287號5樓
通訊：南港福德郵政7-49號
電話：27283588　傳真：27264126

E-mail：siraviko@seed.net.tw
www.quantabooks.com.tw
製　版：卡樂製版有限公司
印　刷：大裕印刷排版公司
裝　訂：秉成裝訂有限公司

代理行銷：創智文化有限公司
23674新北市土城區忠承路89號6樓
電話：02-2268-3489　傳真：02-2269-6560

CVS代理：美璟文化有限公司
電話：02-27239968　傳真：27239668

一版一刷：2015年4月
定 價：300元

本書如有倒裝、破損情形請於一週內退換
版權所有　翻印必究 *Printed in Taiwan*

書山有路勤為逕

學海無涯苦作舟

書山有路勤為徑
學海無涯苦作舟